Die Frau, die ich sein will

HERAUSGEBERIN
DANIELA LANDGRAF

HERZENSBOTSCHAFTEN

für Leaderinnen und Frauen,
die mehr vom Leben wollen

Lektorat: Verlagshaus Stopfer
Covergestaltung: Denise Gahn
Layout: Denise Gahn

ISBN-eBook: 978-3-910258-39-6
ISBN-Taschenbuch: 978-3-910258-41-9
ISBN-Hardcover: 978-3-910258-40-2

INHALTSVERZEICHNIS

VORWORT VON HEINRICH KÜRZEDER

Da ich seit fast 25 Jahren in der Rednerbranche bekannt bin, unter anderem durch die Gründung der Agentur fünf Sterne Redner, einer der erfolgreichsten Redneragenturen Deutschlands, werde ich regelmäßig gebeten, Vorworte für alle möglichen Bücher zu schreiben. Meistens lehne ich diese Anfragen ab und auch mein erster Impuls für dieses Buch war: „Das kannst du nicht machen, als bekennender Macho das Vorwort für ein Frauenbuch schreiben". Auch der zweite Impuls war: „Oh weh, das ist auch noch ein Buch mit esoterischen Inhalten", und das passt überhaupt nicht zu mir, als rational denkender Maschinenbauer.

Warum habe ich dieses Vorwort also trotzdem geschrieben?

Weil Daniela Landgraf mich mit ihrer unglaublich spannenden Lebensgeschichte, ihrem positiven und sympathischen Wesen und ihrer ansteckenden Lebensfreude überzeugt hat. Und weil dieses Buch Frauen sowie Männer zum Nachdenken anregt, Impulse dazu gibt, Neues zu wagen und unheimlich motivierend ist. Genau das hat mich angeregt, ebenfalls Neues zu wagen, neue Denkweisen zuzulassen und dieses Buch zu lesen.

Aus den oben genannten Gründen ist mir diese Aufgabe jedoch trotzdem nicht leichtgefallen. Jetzt bin ich froh, dass ich es getan habe. Insbesondere in Zeiten des radikalen Wandels, zunehmender Digitalisierung, einer künstlichen Intelligenz, von der man nicht weiß, was sie mit sich bringt, und zahlreichen weltpolitischen Entwicklungen, die nichts Gutes verheißen, ist es wichtig, positive Impulse für die Zukunft zu schaffen.

Und genau diese Impulse finden Sie in diesem Buch. Daniela Landgraf, 15 Autorinnen und ein Autor beschreiben aus eigenem Erleben, wie sie grundlegende Veränderungen in ihrem Leben meisterten und es geschafft haben, dauerhaft positiv in die Zukunft zu blicken. Es ist kein übliches Motivations- oder Fachbuch nach dem Motto „Du musst machen, was ich sage und dann kannst du alles erreichen", sondern ein herzliches und offenes Buch, das Laune macht zu lesen. Die Autorinnen und der Autor geben Tipps, wie man sich das Leben in privater Hinsicht und in der Beziehung schöner machen kann und nennen Beispiele, wie man trotz Widrigkeiten ein Unternehmen erfolgreich aufbaut. All dies über die Grenzen der normalen Wahrnehmung und Vorstellung hinaus.

Es ist ein Buch, das anregt, die Dinge zu hinterfragen und manche ganz neu zu denken, alte Zöpfe abzuschneiden und über den eigenen Schatten zu springen. Es inspiriert, Mauern im Kopf einzureißen und zuversichtlich in die Zukunft zu blicken.

Auch ich hätte in der Vergangenheit nicht so großen privaten und unternehmerischen Erfolg gehabt, wenn ich meine eigenen Grenzen nicht immer wieder verschoben und meine Komfortzone verlassen hätte. Ich bedauere, dass ich dieses Buch nicht 20 Jahre früher lesen konnte, denn es hätte mir sicherlich geholfen. Deshalb ist es mir eine Herzensbotschaft, Sie zum Lesen dieses Buches einzuladen und aufzurufen, selbstbestimmt, mutig und selbstbewusst in die Zukunft dieser Welt zu blicken und sie mitzugestalten!

Heinrich Kürzeder

DER Rednermacher

rednermacher.de

@ info@rednermacher.de

EIN PAAR EINLEITENDE WORTE

Herzlich willkommen, liebe Leserin, oder vielleicht auch lieber Leser,

auf dem Buchcover steht zwar „Die Frau, die ich sein will" aber natürlich freuen wir, die Autorinnen und der Autor, uns auch über männliche Leser. Und nicht nur das, denn eine der Herzensbotschaften kommt sogar von einem Mann. Warum auch er Teil dieses Buches geworden ist, das erzählt er uns in seinem Beitrag.

Alle Autorinnen und unser Autor dieses Buches haben wundervolle Botschaften für dich. Und du merkst schon, wir duzen uns. Wir kennen uns zwar noch nicht persönlich, aber nach dem Lesen dieses Buches wirst du die eine oder andere Person etwas besser kennengelernt haben.

Das Buch ist in drei Teile aufgeteilt.

Im ersten Teil geht es um dein schönes Leben. Lebst du bereits das Leben, was du leben möchtest? Oder fehlt es dir an der einen oder anderen Stelle noch an etwas? Vielleicht fehlt dir mehr Zeit für dich oder es fehlt gerade an Geld. Eventuell fühlst du dich häufig fremdbestimmt, weil zu viele Verpflichtungen und Herausforderungen auf dich einprasseln? Vielleicht läuft alles wunderbar, aber der Mensch fürs Herz ist nach wie vor noch nicht in deinem Leben?

In dem ersten Teil des Buches bekommst du Anregungen dafür, wie du die Richtung deines Lebens verändern kannst. Vielleicht braucht es nur ein bisschen Korrektur des Kurses. Eventuell sind aber auch ein Innehalten und ein komplettes Neudenken angesagt, damit du deinen Weg zum Glück finden kannst. Wie sehr ermächtigst du dich selbst dafür, dein Traumleben zu führen?

Im zweiten Teil geht es um das große Thema Führung, Selbstführung und Unternehmertum. Hier lernst du wunderbare Erfolgsfaktoren für ein erfülltes und erfolgreiches berufliches Leben kennen. Du erfährst einiges über Existenz- und Firmengründung, Selbst- und Mitarbeiterführung, Marketing für die Sichtbarkeit, die Wichtigkeit von Wertschätzung, wie Struktur und Ordnung dir das Leben erleichtern, sowie darüber, wie du Freude am Business erfahren kannst. Doch es geht nicht nur um dich! Denn wenn dein Business richtig gut läuft, wirst du irgendwann Unterstützung durch Mitarbeitende brauchen. Hier gilt, dass wer Freude am Arbeitsplatz empfindet, ist motivierter und leistet mehr. Du erfährst, wie du als Führungskraft viel mehr sein kannst als nur „Vorgesetzte" oder „Vorgesetzter". Wenn du als Begleiter, Coach und vertraute Person wahrgenommen wirst, dann ist im Team alles machbar.

Im dritten Teil geht es um unterschiedliche Perspektiven und Vorstellungen der Welt. Nicht alles ist für unseren Verstand zu begreifen. Immer wieder gibt es Phänomene, die nicht erklärbar sind. Und auch wenn es wissenschaftliche Untersuchungen zu manchen dieser gibt, ist man sich nicht immer einig.

Ich frage dich an dieser Stelle: Wie wahr ist eine vermeintliche Wahrheit? Wie wirklich ist die Wirklichkeit? Was ist tatsächlich real? Wie realistisch ist die Realität? Es gibt grundsätzlich unterschiedliche Perspektiven und Ansichten über unsere Welt und wie sie funktioniert. Niemand kennt die ganze Wahrheit, denn auch die Wahrheit entsteht oftmals nur aus einer Wahrnehmung heraus. Lass dich von den wissenschaftlichen, philosophischen und spirituellen Ansätzen überraschen. So erfährst du in diesem Teil beispielsweise, wie du mithilfe von Fotos die Göttin in dir erwecken kannst, wie aus der Umwelt die Unswelt entstehen kann, welche Magie in dir selbst schlummert und wie du deinen Seelenweg, vielleicht sogar mithilfe von Kontakten aus dem Jenseits, findest.

Bist du neugierig geworden?
Dann lass uns gleich starten!

Doch stopp! Einen wichtigen Hinweis möchte ich dir noch geben. Du brauchst dieses Buch nicht von vorn nach hinten zu lesen. Schau einfach, welche Kapitelüberschriften dich ansprechen. Was inspiriert dich momentan ganz besonders? Welche Impulse brauchst du? Was möchte dein Herz in diesem Augenblick? Folge deinem Herzensgefühl in diesem Buch.

Jede der Autorinnen und der Autor sind einen ganz persönlichen, sehr spannenden, äußerst interessanten Weg gegangen und auch du wirst deinen eigenen, besonderen Weg finden.

Bevor es so richtig losgeht, möchtest du bestimmt wissen, wer ich bin und warum ich dieses Buch initiiert habe.

Ich bin Daniela Landgraf und ich bin Vortragsrednerin, Moderatorin und Mentorin für Autorinnen und Autoren. Ich führe heutzutage ein sehr glückliches Leben in Freiheit und Zufriedenheit. Das war nicht immer so. Auch mein Weg war hart und steinig, mit einigen Momenten, in denen ich tieftraurig und verzweifelt war. Wenn ich zurückblicke, gleicht mein Leben nicht nur einer Achterbahn, sondern eher einer Loopingbahn. Wie viele andere habe ich auch Höhen und Tiefen erlebt. Ich wollte gern ein Buch kreieren, welches ich in meinen schlimmsten Zeiten gebraucht hätte. Ein Buch voller Herzensbotschaften und handfesten Tipps und Tricks, wie ich mit bestimmten Situationen umgehen kann. Bisher habe ich selbst knapp 20 Bücher geschrieben und veröffentlicht. Ungefähr die gleiche Anzahl an Büchern habe ich als Buch-Mentorin beim Schreiben und Veröffentlichen begleitet. Im Jahr 2023 hatte ich Idee, ein Gemeinschaftsbuch zu kreieren, um die Erfolgsgeheimnisse von vielen tollen Powerfrauen in einem Buch zu verewigen. Nun hältst du genau dieses Buch in den Händen. Gleich gehört die Bühne meinen Herzensbotschafterinnen und du findest zu jedem Kapitel ein paar einleitende Worte von mir.

Noch ein Hinweis zum Thema gegenderte Sprache.

Wir nutzen in diesem Buch primär die weibliche Form, da unsere Hauptlesergruppe dem weiblichen Geschlecht angehört. Falls du ein Mann bist, hoffen wir dennoch, dass du dich jederzeit angesprochen fühlst. Vielleicht öffnet es deine Sichtweise und du verstehst dein weibliches Umfeld, privat oder beruflich, anschließend besser.

Und jetzt lass uns starten. Lass dein Herz von den Herzensbotschaften verzaubern!

Deine Daniela Landgraf

und ihre wundervollen Herzensbotschafterinnen und Herzensbotschafter

01

LEBST DU DAS LEBEN, WAS DU WILLST?

Diese Frage ist gar nicht so einfach zu beantworten, oder? Da du zu diesem Buch gegriffen hast, könntest du zu den Menschen gehören, die ihr Leben schon überaus gut meistern. Doch vielleicht fehlt es dir trotzdem an der einen oder anderen Stelle noch an etwas, und du suchst Anregungen, Ideen und Möglichkeiten, dies zu verändern. Oder du bist sogar halbwegs zufrieden, aber irgendetwas fehlt doch noch in deinem Leben.

Vielleicht brauchst du auch einfach etwas Ermutigung.

Lass uns mit der ersten Autorin starten. Janine lebt ein unglaublich spannendes Leben. Sie ist erfolgreiche Moderatorin und weltweit für Jobs gebucht. Parallel hat sie eine Ausbildung zur Yogalehrerin gemacht, denn sie sagt ganz klar: „Es wird auch irgendwann eine Zeit geben, in der ich nicht mehr nur durch die Welt reisen werde." Doch bis dahin ist sie privat und beruflich noch mit Campervan, Kostüm und Kater unterwegs.

Ich bin mit Janine seit vielen Jahren befreundet. Wer sie heute kennenlernt, der hat das Gefühl, dass sie einfach eine von denen ist, die vom Leben reich beschenkt wurde. So eine hat es doch leicht, erfolgreich zu sein, mag man vielleicht denken. Doch glaub mir, auch Janine hat hart dafür gearbeitet, um heute dort zu stehen, wo sie steht. Ihr Weg war nicht immer leicht und manchmal auch von Tränen begleitet. Doch lies selbst, lass dich durch Janine und ihre Herzensimpulse inspirieren.

Janine Mehner

DER MYTHOS VON DER EINEN IDEE, DIE DICH ERFOLGREICH MACHT

Als ich von dem Buchprojekt von Daniela erfuhr, war ich sofort begeistert. Wie sehr habe ich mir selbst immer eine Anleitung oder einen Mutmacher für das Leben gewünscht, um von den Fehlern anderer lernen zu können. Wenn ich an meine Anfänge zurückdenke, kann ich heute über mich selbst schmunzeln. Die erste Rede, der erste Auftritt, die erste Präsentation waren nicht perfekt, aber durch ständiges Üben, Verbessern und Wiederholen, stehe ich heute da, wo ich bin. Ich lebe das Leben meiner Träume. Ich bin als Moderatorin auf internationalen Bühnen unterwegs, und wenn ich nicht auf der Bühne oder vor der Kamera stehe, reise ich als digitale Nomadin mit meinem Campervan und meinem Kater und verbinde die Businesswelt mit Yoga. Rückblickend kann ich sagen, dass es harte Arbeit war und zwei- oder dreimal hätte ich am liebsten das Handtuch geworfen. In solchen Momenten ist es immer schön, einen Anker zu haben und zu wissen, dass es andere Frauen und Menschen gibt, denen es genauso geht.

Doch was würde ich einer Businessfrau sagen, die bereits Erfolg hat oder gerade dabei ist, erfolgreich zu werden?

Natürlich sind da einige Dinge zu nennen, zum Beispiel, beharrlich sein, seine Wünsche äußern, Grenzen setzen, Hilfe annehmen, an sich selbst glauben und nicht nur für das Business zu leben. Auf all diese und weitere Punkte möchte ich nun gern eingehen.

Nach 13 Jahren Selbstständigkeit weiß ich, es gibt nicht die eine Regel, um erfolgreich zu sein, auch wenn sich das viele erhoffen. Ich arbeite gern mit Zitaten. An dieser Stelle fällt mir ein: „Alle wollen reich sein, keiner will reich werden". Dieses Zitat habe ich von Rayk Hahne bei dem Rednerevent „Nacht der Redner" im März 2023 gehört und bin direkt in Resonanz gegangen. Ich sage: „Alle wollen Tipps haben". Aber nur ein Tipp nützt niemandem etwas. Das Wichtige ist, überhaupt zu starten. Viele Menschen denken, sie müssten erst XY erreichen oder eine Ausbildung absolvieren, um endlich bereit zu sein. Aber wir sind nie fertig. Es liegt in der menschlichen Natur, sich immer weiterzuentwickeln. Wenn ich mir anschaue, wie ich früher moderiert habe, schmunzle ich auch. Viel zu übertriebene Gesten, zu schnell und unsicher gesprochen und online nutzlosen Content geteilt. Doch ich kann sagen, ich stand in dem Moment zu 100 % dahinter und habe in diesem Augenblick das Beste gegeben, was ich zu dem Zeitpunkt konnte, mit all meinem Herzen. Das ist wichtig. Ich habe mich stetig weiterentwickelt, Feedback eingeholt und reflektiert. Stetige Weiterbildung ist für mich ein Pfeiler zum Erfolg, denn wir sind nie fertig. Andererseits müssen wir auch irgendwann anfangen, das Wissen anzuwenden und nicht unser Leben lang warten, bis wir denken, endlich so weit zu sein.

Starte jetzt!

Nach einem Jahrzehnt Selbstständigkeit kann ich sagen: Beständigkeit zahlt sich aus. Ich habe mal ein Zitat von Dale Carnegie gelesen: „Ob eine Sache gelingt oder nicht, erfährst du erst, wenn du sie ausprobierst", und ein weiteres von ihm: „Ob du mit etwas Erfolg hast, erfährst du erst nach 20 Jahren". Ich treffe immer wieder Leute, die lange überlegen, ob sie sich selbstständig machen sollen (Fang einfach an!) und dann nach kurzer Zeit wieder aufgeben, weil etwas nicht funktioniert hat. Bei dem einen hat es nicht funktioniert und plötzlich wird infrage gestellt, ob die Selbstständigkeit oder der neue Job überhaupt das Richtige ist. Wenn die Tätigkeit an sich keinen Spaß macht, dann sollte man ihr nicht länger nachgehen. Aber den Erfolg von außen anhand eines Klienten oder Projekts bestimmen zu lassen, finde ich zu kurzfristig gedacht. Schau dir das Problem von allen Seiten an: Was hat sich am Markt geändert, wie kannst du dein Produkt oder Dienstleistung attraktiv gestalten, wie kannst du gefunden werden, wie kannst du deinen Markenauftritt nach außen professionalisieren? Nur weil dir jemand Außenstehendes sagt, dass du etwas nicht kannst oder dein Produkt nicht gekauft wird, heißt nicht, dass es nicht erfolgreich sein kann. Jedes Nein bringt dich dem nächsten Ja näher. Ich habe über 2.000 Nein bekommen, Bewerbungen und Angebote geschrieben und bin bei vielen Castings gewesen. Zwei- oder dreimal habe ich wirklich an der Tätigkeit und mir gezweifelt. Doch ich wollte es so sehr. Ich wollte auf die Bühne und da brannte dieses Feuer in mir und ich verspürte einen Durst, dieses Ziel zu erreichen. Doch der Weg ist eben ein Marathon mit vielen Höhen und Tiefen. Viele brechen vor der Ziellinie ab.

Ich habe einmal ein Bild von einem Läufer gesehen, der von vorn betrachtet Berge hoch- und herunterläuft. Kurz bevor er dachte, er sei am Ziel, muss er den größten Anstieg des Weges erklimmen. Hier bitte nicht aufgeben! Ich denke, das ist der Punkt, an dem die meisten einknicken und einen Weg gehen, mit dem sie nur halbherzig zufrieden sind. Warum soll ich aber ein Leben führen, mit dem ich nur so halb zufrieden bin? Am Ende meines Lebens bin ich auf dem Sterbebett und da ist niemand, der sagt: „Danke, dass du so schön still warst, dass du nicht die Karriereleiter hochgeklettert bist und dadurch Platz für andere gemacht hast. Prima, dass du nicht deine Idee vom Start-up umgesetzt hast und keine Millionen kreiert hast".

Im Gegenteil. Wenn du erst einmal erfolgreich bist, dann sagen viele Leute: „Dir ist alles in den Schoß gefallen" oder „Du hast Glück gehabt, warst zur richtigen Zeit am richtigen Ort". Die Wahrheit ist: wenn du dranbleibst, beharrlich bist und fleißig an deinem Traum arbeitest, dann wirst du zwangsweise zur richtigen Zeit am richtigen Ort sein und die richtigen Menschen treffen. Aber das kommt nicht davon, dass du auf dem Sofa sitzt. Kein Mensch wird mit 20.000€ in der Hand bei dir klingeln und sagen: „Wir haben nur auf Sie gewartet, wir haben 20.000€ und wollen gern für Ihre Dienstleistung bezahlen". Hinausgehen und Umsetzen musst du schon selbst. Aber du kannst dem Glück ja auf die Sprünge helfen.

Wie ging noch das Sprichwort? „Tue Gutes und rede darüber". Wenn du ein toller Mensch bist, ein tolles Produkt oder eine tolle Dienstleistung hast, aber nicht darüber redest, kann es auch keiner wissen. Also zeige dich. Nutze zum Beispiel die sozialen Medien. Hier gelten Kontinuität und die richtige Ansprache zur richtigen Zielgruppe. Baue dir zusätzlich eine Homepage auf, denn auch wenn wir es uns nicht vorstellen können, alle Plattformen könnten pleitegehen und als Folge deine online Präsenz auslöschen. Zeige dich aber nicht nur online, sondern auch unter Menschen auf Events in Präsenz. Eine Studie von IBM zeigt[1], dass der Erfolg eines Unternehmens zu 60 % von Kontakten abhängt. Ein funktionierendes Netzwerk ist demnach essenziell. Entweder von Befürwortern, die einen unterstützen, die Inhalte teilen und einen weiterempfehlen oder von denjenigen, die einen buchen oder seine Produkte kaufen. Hierbei ist es wichtig, nicht nur nett zu sein, weil man etwas verkaufen will, sondern aus dem Herzen heraus. Den Unterschied merkt das Gegenüber in jedem Fall. Vielleicht kennst du das, wenn sich ein alter Bekannter meldet und sich bald herausstellt, dass er dir etwas verkaufen möchte. Der Schwabe würde sagen: „Das hat ein Geschmäckle".

Ein Netzwerk ist also wichtig, um bei den Leuten im Kopf zu bleiben, aber bitte ehrlich.

Auch die Sichtbarkeit geht damit Hand in Hand. Ich staune manchmal nicht schlecht, wie viel Sichtbarkeit Nachwuchsmoderatorinnen heute durch Selbstinszenierung auf den sozialen Medien bekommen. Aber stopp, da liegt der Fehler. Sie bekommen es nicht, sondern schaffen es selbst. Getreu dem Motto: „Fake it, 'till you make it". Heutzutage ist es recht einfach, selbst online für Sichtbarkeit zu sorgen. Wenn du zum Bei-

1 https://www.zeit.de/karriere/beruf/2009-10/eigen-pr-erfolg-karriere-2?utm_referrer=https%3A%2F%2Fwww.google.com %2F, 06.09.2023, 17:08 Uhr

spiel auf einer Bühne stehst oder bei einem Event bist, könntest du dich von einem Kamerateam begleiten lassen und diese Videos teilen. Oder du initiierst Interviews mit Menschen, die mehr Reichweite haben als du selbst. Du kannst außerdem Blogbeiträge zu deinem Thema schreiben und Tipps weitergeben. Vielleicht ist deine erste Reaktion: „Was? Kostenfreie Tipps weitergeben?". Der Grund hierfür liegt darin, dass du deine fachliche Kompetenz durch eine Kostprobe zeigen kannst. Du sollst natürlich nicht all deine Geheimnisse preisgeben, sondern nur so viel, dass jemand neugierig wird und mit dir zusammenarbeiten möchte.

Es ist ein Trugschluss, dass es sich nur lohnt zu posten, wenn man schon viele Follower hat. Leider bekommt man keinen Instagram-Account mit einer Million Followern geschenkt und fängt erst dann an, sich zu steigern. Dann würde auch die damit einhergehende Erfahrung fehlen. Man kann den Prozess nicht überspringen und es gibt keine Abkürzung.

Das ist wie mit Theorie und Praxis. Die Eltern, Freunde, Freundinnen oder wer auch immer können einem sagen, dass man dies und jenes nicht tun sollte. Doch erst, wenn man die Erfahrung selbst gemacht hat, kann man das auch mit Fug und Recht behaupten. Es gibt auch das Sprichwort:

„Wer oder was nicht sichtbar ist, passiert nicht".

Onlinepräsenz hat übrigens noch weitere Vorteile, denn man kann rasant wachsen. Dale Carnegie schrieb in seinem Buch „Der Erfolg ist in dir", dass wir erst nach 20 Jahren wissen, ob Dinge erfolgreich waren. Er lebte allerdings von 1888 bis 1955, also lange vor dem digitalen Zeitalter. Heutzutage leben wir in einer Welt der Dynaxität, wo sich Dynamik und Komplexität vermischen. Ein Onlinebusiness wächst idealerweise rasend schnell. Die umsatzstärksten Unternehmen kommen alle aus der Tech-Branche und sind gerade mal 20 Jahre alt oder jünger. Die gute Nachricht hierbei ist, dass du dir diese Dinge zunutze machen kannst. Das Onlinebusiness unterliegt ähnlichen Maßstäben wie ein analoges Unternehmen, nur das Wachstumspotenzial und das Tempo sind anders. Daher kann dein Business online schnell durch die Decke gehen. Wie viele Leute kennst du, die heutzutage einen Onlineshop haben, Onlinekurse anbieten und damit vielleicht sogar wahnsinnig hohe Umsätze einfahren? Das kann gelingen, weil sie den Onlinemarkt nutzen, der viel Potenzial bietet.

Merke dir, dass du online zügig wachsen kannst.

Auch ein Austausch unter Kolleginnen ist sinnvoll. Ich habe damals den Tipp gehört, dass man sich Leute suchen sollte, die zwei oder drei Schritte weiter sind als man selbst. Jemand, der zehn Schritte weiter ist, bringt dir in den meisten Fällen nichts, weil du nicht in der Lage sein wirst, zu verstehen, was derjenige meint. Dir fehlt nämlich der bisherige Weg und den musst du erst selbst gehen. Da sind wir wieder bei der Einleitung. Leute wollen den einen Tipp haben, um erfolgreich zu sein. Nur ein Tipp nützt aber nichts und es gibt auch keine Abkürzung. Man kann viel recherchieren und Wissen sammeln; die Frage ist aber, was wir dann aus dem Wissen machen. Johann Wolfgang von Goethe sagte einmal: „Wir sind Wissensriesen und Umsetzungszwerge". Daher sollte man eher jemanden nach Rat fragen, der bloß zwei Schritte weiter ist und dann versuchen, Dinge zu adaptieren. Diese Informationen können zum Beispiel in einem Forum geteilt werden oder einer Art Labor, wo jeder Informationen und Wissen einbringen kann oder man für ein Coaching zahlt. Ich bekomme oft Anfragen darüber, ob ich schnell eine Frage zu meinem Business beantworten kann, aber so etwas geht nicht schnell. Ich kenne das Business des anderen nicht und es ist nicht meine Aufgabe, es kostenfrei zu analysieren. Zeit ist Geld und sollte honoriert werden.

Das führt uns direkt zum nächsten Thema: Zeitmanagement und Grenzen setzen. Lange Zeit wollte ich bei allen beliebt sein. Die Frage ist: Möchtest du beliebt sein oder Geld verdienen? Am Ende steht keiner da und hält mit dir Händchen, weil du so lieb warst und kostenfreie Tipps gegeben hast oder dich herunterhandeln lassen hast. Das ist am Anfang alles okay, aber ab einem bestimmten Punkt, nachdem man Referenzen gesammelt hat, kommt ein anderer Punkt, an dem das Business auch Geld abwirft. Und dazu gehört eben auch, dass man nicht mehr alles kostenfrei macht oder sogar für alles selbst aufkommt. Manchmal ist es schlauer, jemanden für sich arbeiten zu lassen, zum Beispiel in der Buchhaltung oder für die Reiseplanung und sich selbst auf das Business zu konzentrieren, um damit mehr Cashflow zu generieren. „Nein" ist hier das Zauberwort.

Lange habe ich mich versteckt, war lieb und nett und habe das gemacht, was von mir erwartet wurde. Im Gymnasium hatte ich einen Freund. Ich wollte damals unbedingt nach Amerika und ein Jahr an einer Highschool absolvieren, aber habe es nicht gemacht, weil er es nicht wollte. Ein Jahr später, als die Bewerbungszeit vorbei war, waren wir schon getrennt. So habe ich früh gelernt, dass ich nicht für andere Menschen auf mein Glück verzichten sollte. Später habe ich die Dinge dennoch durchgezogen und bin als Au-pair nach Frankreich gegangen und habe auf einem Kreuzfahrtschiff gearbeitet – trotz neuer Beziehung. „Risiken sind die Bugwellen des Erfolgs", sagte der deutsche Autor Carl Amery[2]. Wer seine Chancen erkennen und nutzen will, sollte auch seine Risiken managen. Ich wollte beispielsweise mit einem Wohnmobil als Moderatorin und digitale Nomadin umherfahren, aber habe gehadert, ob ich dann immer noch ernst genommen würde, insbesondere von konservativer Kundschaft. So habe ich zu Beginn erst einmal den Van gekauft, es aber nicht öffentlich kommuniziert. Doch irgendwann habe ich das Versteckspiel nicht mehr ausgehalten und wollte mich authentisch zeigen. Das Risiko war, dass Kunden abspringen. Das Ende des Liedes war aber, dass es viel positive Resonanz gab und ich viele Kunden gewonnen habe, denn gerade im Bereich Marketing waren auch andere Mitarbeitende mit einem Wohnmobil unterwegs und wir hatten sofort Gesprächsthemen durch Gemeinsamkeiten. Ob ich Kundschaft dadurch verloren habe, kann ich nicht sagen, denn die haben nicht offengelegt, dass sie mich aufgrund eines Fahrzeugs oder Lebensstils nicht mehr buchen. Doch wenn sich eine Tür schließt, öffnen sich drei neue. Ich konnte also freier und authentischer leben und mich ehrlich zeigen. Dazu gehört Mut. Gerade als Frauen werden wir oft dazu erzogen, immer lieb und artig zu sein, uns einzufügen und zu gefallen. Doch jetzt ist das Zeitalter gekommen, um für sich selbst einzustehen. Denn ein Nein zu anderen ist ein Ja zu sich selbst[3]. Das ist manchmal gar nicht so einfach, und es braucht Mut, Dinge klar zu kommunizieren. Erst einmal solltest du dir selbst bewusst sein, was du überhaupt möchtest. Ich empfand mein Leben lange Zeit als ok. Ich hatte meinen Traumberuf und dachte, dass man halt nicht alles haben kann, denn die Partnerschaft war nicht perfekt. Immer schön klein halten. Doch irgendwann kamen wir an einen Punkt, wo meine Bedürfnisse keineswegs befriedigt wurden und ich nur noch den Ausweg in der Trennung gesehen habe. Es gab zu unterschiedliche Visionen der Zukunft, und ich finde, dass man sich in einer Partnerschaft über grundlegende Dinge einig sein sollte. Früher habe ich länger probiert, den Dingen eine Chance zu geben. Heute vertraue ich meinem Bauchgefühl und sage wesentlich schneller Nein.

2 https://www.risknet.de/themen/risknews/risiken-sind-die-bugwelle-des-erfolgs/, 18.09.2023, 13:43 Uhr
3 https://www.n-tv.de/leben/Ein-Nein-zu-anderen-ist-oft-ein-Ja-zu-sich-article22225230.html, 18.09.2023, 13:52 Uhr

Neben der Partnerschaft ist unser Beruf eine weitere Beziehung in unserem Leben, die viel Zeit und Energie erfordert. Daher ist es auch wichtig, bei anderen Dingen zu wagen, Nein zu sagen. Zum Beispiel zu Kundschaft, die zu viel fordern, zu Freundinnen und Freunden, die nur nehmen, zu Eltern und Geschwistern, die Grenzen übertreten. Das ist sicherlich nicht immer angenehm. Ich bin selbst den Weg der Persönlichkeitsentwicklung gegangen, auch wenn ich das Wort nicht mag, denn die Persönlichkeit ist ja schon da. Jedenfalls habe ich mich geändert und dabei die Erfahrung gemacht, dass einige Menschen mit der Veränderung nicht klarkamen. Denn wenn ich mich ändere, ändert sich zwangsweise auch etwas an der Beziehung zu meinem Gegenüber, und das finden nicht immer alle toll. Vielleicht schien für denjenigen alles super und auf einmal heißt es: „Du hast dich verändert", mit einem Unterton à la „zum Schlechten". Oder wenn man neue Grenzen absteckt, heißt es: „Du hast aber Haare auf den Zähnen". Dann sage ich: „Nein, ich kommuniziere nur meine Bedürfnisse und lasse nicht mehr zu, dass jemand über meine Grenzen trampelt". Vielleicht kennst du die Situation, dass jemand kurz vor Feierabend oder am Wochenende noch schnell eine Aufgabe erledigt haben möchte. In dieser Situation kannst du auf verschiedene Weisen reagieren. Entweder du erledigst die Aufgabe noch und bist immer erreichbar, oder du sagst, dass du die Aufgabe gern zum für dich nächstmöglichen Termin erledigst. Ein Mensch, der ein offenes Kommunikationschakra hat, wird hierbei gar nicht erst gefragt, weil seine Ausstrahlung die Nachricht ohne Worte aussendet. Als Yogalehrerin weiß ich, dass sich vieles Äußere durch unsere Chakren widerspiegelt, auch ohne tief in das Thema einzutauchen. Das sind energetische Punkte in unserem Körper, die uns unterstützen und positive oder negative Merkmale haben können.

Ich denke, eine Aufgabe im Leben ist es, Nein zu sagen.

Immer wieder werden wir vom Leben getestet und bekommen neue Situationen und Menschen vor die Nase gesetzt, die wir für unsere Entwicklung benötigen. Manchmal klappt das auf Anhieb, manchmal nach ein paar Malen und manchmal benötigen wir viele Jahre für den Fortschritt. Dennoch ist Persönlichkeitsentwicklung kein Wettrennen. Alles passiert zur richtigen Zeit, wenn wir bereit sind. Grenzen zu setzen, ist essenziell. Das führt zum nächsten Thema: Mut. Du benötigst Mut, um Dinge zu verändern. Vielleicht denkst du, dass du dich selbst kennst, alles weißt und wägst dich in Sicherheit. Oder willst du vielleicht doch mehr, aber bleibst lieber im sicheren Hafen? Getreu dem Motto: „Lieber den Spatz in der Hand, als die Taube auf dem Dach". Hast du vielleicht Angst, das sichere Bekannte zu verlassen, weil du nicht weißt, was auf dich zukommt? Die Wahrheit ist, dass du Situationen nicht kontrollieren kannst. Keiner kann das, auch wenn das suggeriert wird. Eine Situation oder das Leben zu kontrollieren, ist nur eine Wunschvorstellung. In den Jahren während der Pandemie haben wir gemerkt, dass wir am Ende keine Kontrolle haben. Wir können nur das Beste aus dem Leben machen, denn der Moment ist alles, was wir haben. Schreib dir doch mal das Worst-Case-Szenario auf. Meist ist unsere Vorstellung der schlimmsten Dinge viel größer, als es am Ende eigentlich wäre. Man kann für alles eine Lösung finden. Und was wäre, wenn es doch funktioniert? Wenn dir dein Business Freiheit, Fülle und Geld kreiert? Wenn du aus einer „Geht-so-Beziehung" in eine erfüllte Partnerschaft kommen würdest? Wie fühlt sich diese Vorstellung für dich an? Was macht es mit dir? Du darfst im Leben alles haben. Du kannst alles erreichen, was du dir vorstellst. Dazu gehört eine Portion Mut, sich deinen Ängsten zu stellen und das richtige Mindset.

Das Mindset ist eines der wichtigsten Dinge. Wenn du selbst nicht an dich und dein Business glaubst, wer soll es dann tun? Das kann man nicht von anderen verlangen. Schön, wenn dem so ist und du Fans hast, die dich unterstützen, aber das Wichtigste ist, dass du an dich und deine Vision glaubst. Das ist die Grundlage für alles andere. Und dann ist es natürlich umso schöner, wenn ihr Erfolge gemeinsam feiern könnt. Dafür ist es gut, sich Meilensteine zu setzen. Anstatt zu verzweifeln, wenn der Verkauf oder Launch eines Produktes nicht so geklappt hat, wie er sollte, kannst du dennoch feiern, dass du für dich selbst eingestanden bist. Wir leben in einer Kultur, in der Fehler oft als etwas Schlechtes gesehen werden. Kennst du das Zitat von Kurt Tucholsky: „Es gibt keine Fehler, das sind alles Erfahrungen"[4]? Beim nächsten Mal kannst du es besser machen. Also, feiere auch die kleinen Dinge. Die meisten Leute schauen zu sehr auf Schwächen, anstatt auf die Stärken. Es heißt, dass bevor wir in die Schule gehen, 95 % der Menschen hochbegabt sind, und wenn wir aus der Schule kommen, sind es noch 5 %. Denn in der Schule wird den Kindern viel gezeigt, worin sie schlecht sind, zum Beispiel wenn es nach dem

4 https://www.careelite.de/fehler-zitate-maengel-sprueche/, 18.09.2023, 13:07 Uhr

Unterricht Mathenachhilfe anstatt Musikunterricht gibt. Was wäre, wenn man Mozart gesagt hätte, er wäre schlecht in Mathe und man hätte seine Mathefähigkeiten gefördert, sodass er ein durchschnittlicher Allrounder, anstatt ein überdurchschnittliches musikalisches Genie geworden wäre? Mein Vorschlag ist, dass es besser ist, wenn du deine Stärken kennst und dich auf diese konzentrierst.

Glaub an dich. Suche dir Leute, die es auch tun.

Vielleicht sagst du: „Ja, aber meine Familie tut es nicht. Meine Freunde wollen nicht, dass ich heraussteche". Dann baue dir ein Umfeld, das dich unterstützt. Wusstest du, dass laut Jim Rohn du die Summe der fünf Menschen, mit denen du am meisten Zeit verbringst bist?[5] Daher ist es wichtig, mit wem du deine Zeit verbringst.

Gleiches gilt auch für die Medien, die du täglich konsumierst oder wie du in den Tag startest. Welchen Einflüssen bist du jeden Tag ausgesetzt? Schau dir also dein engstes Umfeld an. Haben sie einen positiven oder negativen Einfluss auf dich? Fühlst du dich gestärkt und motiviert oder eher ausgelaugt und deine Stimmung ist nach dem Treffen schlechter als davor? Stelle dir diese Fragen und beantworte sie ehrlich. Wenn du etwas ändern möchtest, dann liegt es an dir.

Weißt du, was du vom Leben möchtest? Kennst du deine Ziele? Manche Menschen leben einfach vor sich hin. Mein Tipp ist, dass du schon wissen solltest, was du willst. Kenne dein Ziel, dann weißt du, wo du hinmusst und lässt das Leben nicht einfach geschehen. Pavel Kosorin sagte: „Ändere den Kurs, nicht das Ziel".[6] Kenne dein Ziel. Ich habe mein Ziel durch regelmäßige Meditation herausgefunden. Man sagt, dass man im Gebet zu Gott spricht und in der Meditation spricht Gott zu einem. Wenn Ruhe einkehrt bei Aktivitäten wie Joggen oder im Urlaub, kommen die Gedanken, denen man nachgehen kann, von ganz allein.

Damit sich Wünsche erfüllen, können wir in das Gefühl hineingehen. Ein bisschen wie bei „Fake it, 'till you make it". Wie willst du dich fühlen? Warum willst du etwas erreichen? Oft haben wir aber ein konkretes materielles Ziel, wie die Villa, das Boot oder eine Weltreise; aber Geld als

5 https://www.businessinsider.de/strategy/achtet-auf-die-fuenf-menschen-die-euch-am-naechsten-stehen-2017-2/, 18.09.2023, 13.53 Uhr
6 https://www.restchart.com/seefahrt-zitate/, 18.09.2023, 13.53 Uhr

alleinige Motivation funktioniert nicht. Versuche herauszufinden, was es benötigt, um dieses Ziel zu erreichen. Manchmal ist es nämlich gar nicht so schwer, wie wir denken. Und wenn das Ziel gesetzt ist, dann musst du nicht direkt den Weg kennen. John Lennon sagte, das Leben sei, was passiert, wenn wir gerade dabei sind, Pläne zu machen.

Hinterfrage andererseits auch nach einiger Zeit, ob du diese Dinge wirklich noch haben möchtest. Nur daran festzuhalten, weil wir etwas angefangen haben, ist genauso falsch, wie Dinge nach einem Fehltritt im Business direkt abzubrechen. Frage dich einfach, ob du das noch möchtest, es stimmig ist und noch immer zu dir gehört.

Wenn du dabei bist, für dich selbst loszugehen, kommuniziere bitte auch, was du möchtest. Unsere männlichen Artgenossen machen dies oft sehr gut und laut. Wenn du beispielsweise eine Beförderung möchtest oder eine Position in einem Projekt, dann sprich das laut aus, denn ansonsten können andere Menschen das nicht wissen. Manchmal bekommt jemand anderes eine Möglichkeit, die du wolltest, und du fragst dich, warum du sie nicht bekommen hast. Vielleicht hat derjenige einfach nur darüber geredet.

Wenn du nun denkst, dass du schon zu alt bist, dann lass mich das Zitat von Greta Silver anführen, aus ihrer Rede auf der Zukunft Personal Messe Nord in Hamburg im April 2022: „Die Zeit von 60 bis 90 ist genauso lang wie von 30 bis 60". Auch ich als Frau in meinen Dreißigern erwische mich bei dem Gedanken: „Wenn dann erst einmal Kinder da sind, bin ich ganz schön festgebunden. Wo ist da noch Platz für das Business? Oder ist das Leben dann komplett vorbei?". Als Selbstständige versuche ich hauptsächlich, gewissen engen Strukturen zu entfliehen. Mein Freiheitsdrang ist sehr groß. Ich mag es, mir den Tag selbst frei einzuteilen. Das wird mit einem Kind schwieriger, erst recht, wenn es dann zur Schule geht und man komplett an die Schul- und Ferienzeiten gebunden ist. Kinder unterliegen leider diesen Systemen des ständigen Vergleichens in unserer Leistungsgesellschaft. Das geht beim Wachstum los, über das Laufen, zum Lesen etc. Das tut uns als Menschen nicht gut. Das Schulsystem muss unbedingt revolutioniert werden. Ich habe während der Schulzeit nicht groß für das Leben gelernt. Ich bin allerdings dankbar für die Sprachen (Deutsch, Englisch, Latein und Französisch), die ich kostenfrei auf einem hohen Niveau lernen durfte, denn Sprachen verbinden. Doch die Vektoren aus dem Matheunterricht habe ich bisher nicht gebraucht. Ich wünsche mir Grundlagen zu Finanzen oder zur Selbstständigkeit. Dieses Wissen musste ich mir selbst aneignen. Und dennoch ist es nie zu spät, eine neue Idee umzusetzen. Auch mit 70 ist noch Zeit. Was wolltest du schon immer machen? Apropos Finanzen. Das Folgende sei nur kurz am Rande erwähnt: Wie oft sagen Frauen, dass sie Finanzen langweilig finden oder der Mann sich um die Finanzen kümmert? Auch wenn du einen Traumprinzen zu Hause hast, bitte kümmere dich selbst um deine Finanzen. Nach wie vor ist es im Durchschnitt in Deutschland so, dass der Mann mehr verdient als die Frau[7]. Zum Beispiel, da sie wegen der Kinder zu Hause bleibt, Care-Arbeit erledigt und daher finanziell zurücksteckt, weniger Rente bekommt und nicht weiß, wie es in Zukunft weitergeht. Da Ehen scheitern können, ist es wichtig, sich trotzdem um seine eigenen Finanzen zu kümmern. Du kannst auch in dich selbst und dein Business investieren oder finanzielle Förderungen beziehen. Und denke beim Investieren immer daran, das Risiko zu streuen.

Zusammenfassend möchte ich wiederholen, dass es nicht den einen Tipp gibt. Es ist eher eine Reihe richtiger Entscheidungen für sich selbst, wie das Mindset, das Umfeld, die Finanzen und überhaupt zu beginnen.

Zu guter Letzt das Allerwichtigste: Hab Spaß! Sei nicht zu verbissen.

Viele Jahre lang war ich verbissen, habe nur auf Ziele hingelebt und einige freie Zeit, Familienfeste und Partys versäumt. Es ist schön, wenn du liebst, was du tust. Aber Menschen, die ihren Job lieben und dafür brennen, tendieren auch dazu, sich zu verbrennen. Daher musste ich lernen, nicht nur zu arbeiten. Als Selbstständige, die mobil arbeitet, ist das Thema Feierabend und Wochenende nicht immer einfach konsequent umzusetzen. Oft habe ich abends oder am Sonntag schnell noch Instagram gecheckt. Da ist auch allgemein nichts gegen einzuwenden, aber der Stress der ständigen Erreichbarkeit nagte nach einiger Zeit an mir. Aber auch Termine in die Urlaubszeit legen, gar nicht erst Urlaub nehmen oder Terminen zusagen, obwohl ich eigentlich keine Zeit hatte, sind Dinge, die

7 https://www.destatis.de/DE/Presse/Pressemitteilungen/2023/01/PD23_036_621.html, 06.09.2023, 18:42 Uhr

ich in der Vergangenheit oft erlebt habe. Das ging dann so weit, dass ich bei Kund*innen einfach nur meinen Job gemacht habe und danach zum nächsten gefahren bin, ohne Freude. Ich war nicht mehr mit Herzblut dabei. Dementsprechend war ich abgestumpft und habe mich nicht mehr über große Jobs oder Gagen gefreut. Wenn mir ein Kunde oder eine Kundin mal absagen musste, war ich sogar froh darüber. In diesen Momenten habe ich gemerkt, dass ich dringend etwas verändern muss. Ich fragte mich, wo die Janine, die strahlend zu Auftritten gefahren ist, geblieben ist. Glücklicherweise habe ich meinen Weg gefunden, pflege nun meine Work-Life-Balance und fahre mit meinem Campervan und meiner Katze umher. Von der Bühne ins Grüne. Doch auch das benötigte einiges an Zeit und Hinterfragen.

Heute habe ich wieder Spaß, sogar wenn etwas mal nicht funktioniert, denn das sind alles Learnings. Wie schon erwähnt, lernen wir aus den Dingen, die nicht funktionieren, viel mehr, als wenn alles glattläuft. In solchen Momenten sage ich zu mir selbst: „Hey, das Leben hat mir wieder eine Herausforderung gegeben", und die packe ich dann mit einem Lächeln im Gesicht an. Das ganze Leben ist zum Lernen da, und das darf Spaß machen.

Das gilt natürlich nicht nur für den Job, sondern auch für Beziehungen. Kennst du Menschen, die nur fürs Business leben und nie Zeit haben, sich zu treffen oder immer gestresst sind? So war ich auch mal. Bis ich mir endlich wieder Zeit für Freunde, Familie und Freizeitaktivitäten genommen habe. Wie viel Zeit wir für die Arbeit und privat nutzen, haben wir nämlich selbst in der Hand. Manchmal ist ein Abendessen mit Freund*innen wichtiger als noch zwei Stunden an den Mails zu arbeiten. Dabei können wir entspannen und werden vielleicht sogar inspiriert. Und selbst wenn nicht, es muss nicht aus allem und jedem immer etwas herausspringen. Manchmal geht es um die kleinen Dinge im Leben, wie Zeit mit Freund*innen zu verbringen oder einfach mal nichts zu tun. Daraus schöpfe ich Kraft und Kreativität.

Was wäre das beste Leben, das du dir ausmalen kannst? Alles, was in deinem Kopf ist, ist möglich. Die Frage ist, wie kannst du es umsetzen? Wenn der Plan nicht funktioniert, mach einen neuen. Gib nicht auf und glaube an deine Träume. Es ist dieses eine Mal mehr aufstehen und weitermachen. Schließen möchte ich mit dem Zitat von Oscar Wilde:

„Am Ende ist alles gut und wenn es noch nicht gut ist, ist es noch nicht das Ende."[8]

AUTORINNEN-VORSTELLUNG

Janine Mehner

info@janinemehner.de

janinemehner.de

instagram.com/janinemehner

gypsylife.style

DEIN BUSINESS IN MAXIMAL DREI SÄTZEN?

Janine Mehner ist Moderatorin, und wenn sie nicht gerade auf der Bühne oder vor der Kamera steht, ist sie als digitale Nomadin mit ihrem Campervan und Kater unterwegs. Über dieses Leben hat sie auch schon ein Buch geschrieben: „Meine Workation – Reisen mit Kater, Campervan und Kostüm -Von der Bühne ins Grüne. " Als Yogalehrerin gibt sie Tipps, um im Moment zu bleiben und als Moderatorin Einblicke hinter die Kulissen des Showbiz.

FÜR WEN BIST DU GENAU DIE RICHTIGE ANSPRECHPARTNERIN?

Reisen mit einer Katze im Wohnmobil geht nicht? Stimmt nicht. Janine zeigt dir, wie es geht und wie du deine Werte findest und nach ihnen leben kannst. „Lebe deine Träume", ist ihr Motto.

8 https://www.aphorismen.de/zitat/198951, 18.09.2023, 13:49 Uhr

ARBEITEST DU OFFLINE, ONLINE ODER BEIDES?

Moderation auf Bühnen, bei Kundinnen und Kunden oder Messen vor Ort, aber auch als Livestream aus dem Home Studio oder Campervan. Außerdem bietet sie Rhetorikseminare an, online und offline.

WELCHE WAREN DEINE DREI WICHTIGSTEN LEBENS- UND LERNSTATIONEN?

Eine der wichtigsten Lebensstationen war, als sie von der Musicalschule geflogen ist und ohne Abschluss und mit Kredit ihre Selbstständigkeit als freiberufliche Moderatorin gestartet hat. Zehn Jahre später folgte eine Trennung und dadurch das Reisen allein als Frau, mit Campervan und Katze.

MAL ANGENOMMEN, DU KÖNNTEST 15 JAHRE IN DIE VERGANGENHEIT REISEN. WAS WÄRE DEIN WICHTIGSTER TIPP AN DEIN 15 JAHRE JÜNGERES ICH?

Durchhalten, am Ende wird alles besser, als du es dir jetzt vorstellen kannst. Und wenn es noch nicht gut ist, ist es noch nicht das Ende.

Am Ende wird alles gut. Das Ende von Janines Beitrag ist jedoch noch lange nicht das Ende von diesem Buch. Vielleicht konntest du schon die eine oder andere wundervolle Herzensinspiration für dich mitnehmen.

Damit kommen wir direkt zur zweiten Autorin. Auch Sophie lebt ein Leben, das so manch einer als Traumleben bezeichnen würde. Sie ist als Bewusstseins-Facilitatorin weltweit unterwegs und inspiriert jährlich Hunderte Menschen mit ihren Bewusstseinskursen. Auch ich durfte schon einige ihrer Kurse mitmachen und ich verrate dir, dass sie mein Welt- und Lebensbild nachhaltig verändert haben. Sophie ist eine der Frauen, von der ich unglaublich viel lernen durfte. Sie ist eine pure Inspirationsquelle.

Um ein Traumleben wie Janine oder Sophie leben zu können, ist es erforderlich, dass du dir selbst die Erlaubnis dazu gibst, dich selbst zu ermächtigen. Wie das geht? Das erfährst du von unserer großartigen Herzensbotschafterin Sophie im folgenden Beitrag.

Sophie Cerny

GIBST DU ANDEREN MENSCHEN MACHT ÜBER DICH?

Ob bewusst oder unbewusst, in nahezu jedem Bereich deines Lebens spiegelt sich der Einfluss anderer Menschen wider. Von den engsten Vertrauten bis zu flüchtigen Bekanntschaften haben, deine Beziehungen Auswirkungen auf deine Entscheidungen, Gefühle und dein Selbstbild. Die folgenden Zeilen sind eine Einladung dafür, zu entdecken, inwiefern du es anderen erlaubst, dein Leben zu lenken und zu beeinflussen. Lässt du dich durch andere leiten, obwohl es nicht deinem Wunsch entspricht? Ist jetzt die Zeit, dir bewusst zu werden und zu reflektieren, wie häufig du anderen Menschen unwissentlich Macht über dich gibst?

Du gibst Menschen durch die Art und Weise, wie du mit Situationen umgehst, Macht über dich. Jedes Mal, wenn du dich genervt, gedemütigt, enttäuscht, verletzt, verarscht, missbrauchst, verlassen, schuldig, verärgert oder ganz allgemein schlecht fühlst, gibst du anderen Menschen Macht über dich. Du öffnest die Tür für andere, dich zu kontrollieren. Du verbringst dein Leben in Reaktion, anstatt in Aktion. Wenn du der Effekt vom Verhalten deines Gegenübers bist, vermeidest du dein Leben, anstatt dein Leben zu kreieren. Anstatt der Regisseur deiner eigenen Geschichte zu sein, bist du nur der Schauspieler.

Hand auf's Herz. Es mag sein, dass jemand hässlich zu dir war oder ist, doch du wirst die anderen Menschen und wie sie mit dir umgehen, nicht immer ändern können. Was du allerdings ändern kannst, ist dein eigenes Verhalten. Du kannst ändern, wie du dich mit der Situation fühlst und wie du damit umgehst. Das ist immer deine eigene Wahl!

Diese Erkenntnis ist das Brillante an der Sache! Stell dir vor, du würdest es einfach nicht mehr zulassen, dich wegen des Verhaltens anderer schlecht zu fühlen. Stell dir vor, du würdest dein Happiness-Barometer für nichts und niemanden mehr herunterdrehen. Die Vorstellung mag simpel erscheinen, doch was wäre, wenn es tatsächlich so einfach ist?

Nichts und niemand kann Macht über dich haben, außer du erlaubst es!

Mach das Wissen anderer Menschen nicht größer als dein eigenes.

Die Annahme, dass andere Menschen überlegenes Wissen darüber haben, wie man mit bestimmten Situationen umgehen soll, ist eine leichte Falle. Doch diese Überzeugung, die oft aus einer Mischung von Bewunderung und Selbstzweifeln entsteht, kann dich dazu verleiten, dein eigenes Gewahrsein und deine eigene Weisheit zu untergraben.

Es mag so aussehen, als hätten alle anderen Menschen einen exklusiven Zugang zu Lösungen und Antworten, die dir verschlossen bleiben. Doch in Wahrheit verfügst du über eine einzigartige Sicht auf dein Leben.

Indem du das Wissen anderer über dein eigenes stellst, entsteht eine Kluft zwischen dem, was du weißt und dem, was andere denken. Dies führt zu einer Entfremdung deines inneren Kompasses.

Es kann verlockend sein, sich im Äußeren zu verlieren. Es kann verlockend sein, das, was du darüber gesagt bekommst, wie und was du tun musst, als gegeben hinzunehmen. In dieser Realität sind viele von uns nicht ermächtigt worden, zu wissen, was sie wissen. Die wenigsten vertrauen ihrem eigenen Gewahrsein und ihrer Intuition. Vielleicht gehörst du auch zu den Leuten, die Ratgebern, Experten und der Meinung anderer mehr Bedeutung schenken als dem eigenen Gewahrsein und den eigenen Ideen. Dabei vergisst du, dass schon alles in dir ist. Die stärksten Lösungen kommen immer aus deinem Inneren.

Wenn du dich von den Meinungen anderer überwältigen lässt und deine inneren Überzeugungen negierst, setzt du dich selbst in den Schatten. Doch mit Vertrauen in dein eigenes Wissen, mit dem nicht dein schulisches Wissen gemeint ist, gibst du dir und deinem Leben die Macht zurück. Du hast ein einzigartiges, inneres Wissen, das wertvoll ist! Du kannst Dinge wissen, die dir nie jemand beigebracht hat, und du kannst Dinge wissen, die andere Menschen nicht wissen.

Frag dich immer wieder: „Was weiß ich hier?", „Was weiß ich darüber?". Das ist eine sehr machtvolle Frage! Was weißt du über Business, Beziehungen, Körper, Geld, Sexualität, das Leben? Was weißt du, wunderschönes DU? Dieses Werkzeug wird dir Zugang zu deinem eigenen Wissen geben. Du weißt in Wahrheit schon alles, was du wissen musst, aber du wurdest nie dazu ermächtigt und hast vielleicht viele Ansichten und Konzepte über das Leben einfach blind übernommen.
Verwende das Werkzeug, erkenne dein Wissen an und werde in allen Lebensbereichen zu deinem eigenen Guru!

Wenn du deinem eigenen Wissen seit langer Zeit nicht vertraust, dann musst du es vielleicht trainieren und den Muskel aufbauen. Fest steht aber, dass dies der Schlüssel ist, um aus einem fremdbestimmten Leben auszusteigen. Du kannst gerne von anderen lernen und ihre Ratschläge als Information annehmen, aber du solltest dir bewusst sein, dass dein inneres Wissen trotzdem das Wichtigste ist. Keiner weiß es besser für dich und keiner kann es besser als du. Indem du dein eigenes Wissen anerkennst, schätzt und ehrst, erkennst du deine volle Größe und Kraft.

GIB BEWERTUNGEN KEINE MACHT

In der heutigen Welt sind Bewertungen allgegenwärtig und es ist wichtig, dass du ihnen nicht zu viel Macht gibst. Jedes Mal, wenn jemand eine Meinung über dich äußert, sei es positiv oder negativ, liegt die Wahl, ob du dir diese Meinung zu Herzen nimmst, bei dir.

Bewertungen sind dazu da, um dich zu kontrollieren. Jedes Mal, wenn dich jemand bewertet, achte darauf, wofür dich dieser Mensch bewertet. Entweder erlaubt er sich selbst nicht so zu sein wie du oder er bewertet dich für etwas, das er selbst ständig tut. Es sagt mehr über die andere Person aus als über dich. Seine Bewertung ist nicht real, sondern nur eine Sichtweise von jemandem, der beweisen möchte, dass seine Ansicht die richtige ist.

Es mag verführerisch sein, die Bewertung anderer als objektive Realität darzustellen, doch in Wahrheit sind sie nur subjektive Ansichten. Wenn du die Bewertungen anderer wahr und real machst, gibst du diesen Menschen Macht über dich. Du fängst an, dich zu rechtfertigen, dich zu erklären, dich zu beweisen, dich aufzuhalten, dich kleinzuhalten und dich zu verteidigen.

Anstatt der Effekt von Bewertungen anderer über dich zu sein, frage dich lieber, wie viel Spaß du mit den Bewertungen anderer haben kannst. Jede Bewertung, der du keine Bedeutung gibst, erstickst du im Keim. Du gibst ihr keinen Halt, wenn du sie nicht länger abkaufst und dich nicht davon beeinflussen lässt.

Wenn du Bewertungen nicht mehr zu ernst nimmst, gewinnst du die Macht über dein Selbstbild zurück und kannst dein Leben nach deinen Wünschen gestalten. Tu dir selbst den Gefallen und betrachte es aus einer anderen Sichtweise. Was wäre, wenn genau diese Bewertungen in Wahrheit meine größte Stärke sind? Wir sind alle anders und einzigartig, nur erlauben wir uns oft nicht, dies auszuleben. Was wäre also, wenn diese Bewertungen einfach bedeuten, dass du nicht durchschnittlich und normal bist? Was wäre, wenn du, anstatt dich von Bewertungen herunterziehen zu lassen, deine Einzigartigkeit feiern würdest? Was wäre, wenn du erkennst, dass gerade deine Besonderheiten das sind, was dich einzigartig macht? Indem du deine Einzigartigkeit annimmst, kannst du sie in deine größte Stärke verwandeln und in der Welt etwas Wunderbares beitragen.

Die Frage ist also, wie man seine Andersartigkeit zu seinem Vorteil nutzen kann, um etwas zu kreieren, das es noch nicht gibt. Was wäre, wenn gerade du den Unterschied machen würdest, den die Welt braucht? Ist jetzt die Zeit, dich zu zeigen und dein wahres Ich strahlen zu lassen? Menschen werden dich bewerten oder inspiriert von dir sein. Es ist nicht dein Problem, darüber nachzudenken, was sie wählen.

Wenn du bewertest, besitzt es dich. Wenn du nicht bewertest, ist alles möglich.

Das Einzige, was Menschen Macht über dich gibt, ist, welchen Stellenwert du ihnen zusprichst. Dementsprechend können dich andere besitzen und kontrollieren. Besitzen bedeutet, dass du mit einer hohen Intensität an etwas festhältst und dich davon nicht mehr befreien kannst. Wenn du bewertest, wie andere dich behandeln, dann verrennst du dich in einer Opferrolle. Dies macht dich wahlunfähig und hält dich in einem Gefängnis aus Handlungsunfähigkeit fest.

Eine Bewertung ist eine emotionale Ladung, die du auf ein Thema legst. Wenn du jemanden oder etwas bewertest, dann zeigst du eine Reaktion. Du bist wütend, verärgert oder es macht dich traurig. Kurz gesagt, befindest du dich in Ablehnung. Du gibst dem Thema eine Bedeutung und Energie, die du dir sparen könntest. Je stärker deine Bewertung, genauer gesagt dein Widerstand ist, desto mehr bist du in Reaktion und nicht in Aktion. Aktion bedeutet, unendliche Möglichkeiten zu haben und nicht getriggert zu werden.

Nicht mehr zu bewerten bedeutet nicht, dass du das Geschehene einfach akzeptierst, es beschönigst oder es rechtfertigst. Es bedeutet, dass du wählst, nicht länger unter deiner Vergangenheit leiden zu wollen. Du lässt diesen schmerzhaften Moment hinter dir und gestattest dir selbst, daraus zu wachsen. Wenn du die Bewertung beendest, dann kreierst du einen Raum für innere Stärke, Frieden und Leichtigkeit.

Nimm also radikal die Bewertung aus allem heraus! Denn alle Bewertungen, die du wahr werden lässt, wie die anderer über dich oder deine eigenen über dich oder deine über andere, kontrollieren letztlich nur dich selbst. Was wäre, wenn du dir erlauben würdest, alle Bewertungen loszulassen und weiterzuleben? Stell dir vor, du würdest nichts und niemanden bewerten. Fühlt sich das machtvoll an? Erinnere dich, dass deine Bewertung deine eigene Wahl ist und du sie auch ganz einfach wieder gehen lassen kannst. Wenn du nichts und niemanden bewertest, dann kannst du alles verändern.

DIE SUCHE NACH ANERKENNUNG

Wie sehr sehnst du dich nach der Anerkennung, Lob, Zustimmung und Bestätigung deiner Freund*innen, Arbeitskolleg*innen, Familie oder Nachbar*innen, die du eigentlich kaum kennst? Wie sehr sehnst du dich danach, dass die Menschen in deinem Umfeld dich wahrnehmen, empfangen und sehen, wie wertvoll, großartig und wundervoll du bist?

Du nimmst vielleicht an, dass, wenn du Anerkennung von anderen bekommst, es dich wertvoller und wichtiger fühlen lässt. Vielleicht nimmst du auch an, dass, wenn dein Umfeld dich bewundert, dies dein Selbstwertgefühl stärken wird. Aber ist das wirklich wahr?

Diese Sehnsucht nach Zustimmung, Zuneigung, Lob und Aufmerksamkeit von außen führt dazu, dass du deine Macht abgibst und du dich abhängig von anderen machst. Du triffst keine Entscheidungen mehr für dich selbst, sondern wählst, was du glaubst, dir Bestätigung von anderen zurückgeben wird. Du wirst heimlich, still und leise zu einem People-Pleaser, der es allen recht machen möchte, um auf eine Anerkennung hinzuarbeiten, die vielleicht nie kommen wird.

Lass mich dir ehrlich sagen, dass du bereits wundervoll, großartig und wertvoll bist. Das sind nicht nur schöne Worte! Du kannst jedoch nicht erwarten, dass andere sehen, wie wundervoll du bist, wenn du es nicht einmal selbst glaubst. Wie sollen dann andere die Schönheit in dir sehen können? Du kannst von niemandem Anerkennung erwarten, der sich selbst nicht anerkennt.

Mach dich nicht abhängig von anderen Menschen und beginne deine Reise zur Selbstanerkennung, denn dort verbirgt sich deine wahre Macht. Indem du anfängst, dich selbst anzuerkennen und für das, was du bist, wertzuschätzen, öffnest du eine Tür zu deiner inneren Stärke. Diese liegt darin, deine eigene Macht zurückzugewinnen, die Suche nach Anerkennung von außen loszulassen und beginnen frei zu sein und dein volles Potenzial zu entfalten. Die mächtigste Quelle für dein Selbstwertgefühl liegt in der Anerkennung von dir selbst.

Wenn du ganz allein am Ende der Welt sitzen würdest, wer kann dich dann anerkennen? Richtig, nur du dich selbst. Also fange jetzt damit an, denn am Ende der Welt wird es mühsam mit dir selbst, wenn du dich nicht ertragen kannst.

An dieser Stelle möchte ich dir danken. Danke, dass du da bist und die Welt zu einem schöneren Ort machst. Bitte erkenne an, dass du schon bis hierhin gelesen hast. Der erste Teil war dazu da, ein Bewusstsein dafür zu entwickeln, wie wir anderen Macht über uns geben, und das war definitiv nur ein kleiner Auszug. Wahrscheinlich hat es an der ein oder anderen Stelle wehgetan, denn es erfordert eine Menge Mut, ehrlich zu uns selbst zu sein.

Stell dir vor, wie es wäre, wenn du dich nie wieder schlecht fühlen müsstest, aus welchen Gründen auch immer. Genau damit befasst sich der Rest meines Beitrags. Er ist eine Einladung an dich zu erforschen, was wahre Macht bedeutet, wie du sie in Besitz nehmen kannst und mit ihr ein Leben kreierst, das noch phänomenaler ist, als du es dir vorstellen kannst.

Bitte frage dich regelmäßig, was du eigentlich über Macht weißt. Ich bin kein Guru und habe nicht die einzig richtige Antwort für dich. Ich befinde mich, genauso wie du, auf der gefühlt unendlichen Reise zu meinem Bewusstsein und kann dich lediglich zu Möglichkeiten ermächtigen, eine neue Sichtweise zu erlangen. Lehne dich zurück, genieße und vertraue nicht mir, sondern immer dir selbst!

MACHT VS. KONTROLLE

Die meisten von uns haben gelernt, dass Macht bedeutet, andere zu kontrollieren und zu dominieren. Viele von uns haben gelernt, es bedeute, anderen unseren Willen aufzuzwingen. Doch all dies hat nichts mit wahrer Macht zu tun, sondern mit Kontrolle. Menschen, die kontrollieren, wollen dich davon überzeugen, dass sie recht haben und brauchen Anhänger. Wenn dir der Unterschied zwischen Macht und Kontrolle bewusst geworden ist, wirst du merken, inwiefern du andere dein Leben kontrollieren lässt. Gibst du anderen Menschen Kontrolle über dein Leben? Das Wort Macht hat sich lediglich in unserem Sprachgebrauch etabliert.

An dieser Stelle möchte ich auch betonen, dass Menschen, die Kontrolle über andere ausüben, keine Macht haben. Das ist auch der Grund dafür, weshalb sie andere Menschen kleinmachen, erniedrigen und kontrollieren müssen. Sie wissen, dass sie machtlos sind und versuchen daher, dich zu bezwingen.

Menschen, die wahrhaftig machtvoll sind, haben nicht das Bedürfnis danach andere zu dominieren. Menschen, die sich ihrer Macht bewusst sind, ermächtigen und unterstützen dich in deiner Größe. Sie erlauben dir und ermutigen dich dazu, eigene Entscheidungen über sie hinaus zu treffen. Sie sagen dir nicht, was und wie du Dinge tun sollst. Sie ermächtigen dich dazu, deinen eigenen Weg zu gehen, deiner eigenen Wahrnehmung zu folgen und deine Ziele zu erreichen.

Machtvolle Menschen haben ihre Größe anerkannt und sehen die Größe auch in anderen. Sie sind nicht abhängig von äußerer Bestätigung. Sie wissen, dass sie die Erschaffer ihres Lebens sind und alles möglich ist. Sie müssen nicht immer recht haben, etwas beweisen, sich darstellen oder gegen etwas kämpfen. Sie treffen Entscheidungen, die Mehrwert für alle schaffen, ohne sich dabei aufzugeben oder entsprechen und gefallen zu wollen.

WAS IST WAHRE MACHT?

Wahre Macht ist die Fähigkeit, alles sein, tun, kreieren und generieren zu können. Wahre Macht ist die Bereitschaft, alles zu verändern.

Wunderschönes du, ja, die Rede ist von dir. Was wäre, wenn du deine Macht vollkommen anerkennen würdest? Was wäre, wenn du anerkennen würdest, wie mächtig du in Wahrheit bist?

Es gibt nichts, wirklich nichts, das du nicht verändern kannst. Also nutze deine Macht nicht gegen dich, obwohl du vielleicht ein gewisses Talent dafür hast. Wenn du bisher die Fähigkeit dazu hattest, viele Schwierigkeiten zu kreieren, dann überleg, ob du diese Energie auch nutzen könntest, um dein Leben in ein schönes, buntes, lebenswertes und glückliches umzuwandeln.

Wenn du allerdings darauf wartest, dass dich jemand oder etwas glücklich, gesund oder wohlhabend macht, dann machst du dich zum Opfer deines Umfeldes. Weißt du, wen du mit deinem Opferdasein am meisten kontrollierst? Nur dich selbst. Du wirst zu deinem eigenen Täter, weil du niemals anfängst, dir ein größeres Leben zu kreieren.

Also hör auf, dir selbst vorzutäuschen, dass du machtlos bist. Machtlos sein bedeutet, der Effekt anderer Dinge und anderer Menschen zu sein. Möchtest du ein Effekt sein oder würdest du lieber die Wahl darüber haben, wie sich dein Leben entwickelt? Du bist weitaus mächtiger, als du bisher bereit warst zu sehen. Wie oft hast du deine Macht wohl nicht anerkannt, weil es dich anders macht? Genau diese Frage führt mich zu der nächsten Überschrift.

ERLAUBST DU DIR MACHTVOLL ZU SEIN?

Die meisten Menschen haben entschieden, dass sie machtlos sind. Aber das Einzige, was einen machtlos macht, ist der Unwille, alles zu sein, zu tun, zu kreieren und zu generieren, was man will. Machtvoll zu sein bedeutet, seine Andersartigkeit anzuerkennen.

Die meisten Menschen haben Angst vor ihrer eigenen Macht und davor, anders zu sein. Wenn du vor nichts mehr Angst hättest, keine Probleme hättest, dich nicht kleinmachen und deine Freude immer ausdrücken würdest, dann würdest du in unserer Welt wie ein Alien wirken. Was kreiert mehr für dein Leben: Anderssein oder sich der Realität anpassen?

Anzuerkennen, dass du anders bist, mag für viele unbequem sein, doch sich selbst zu leugnen, kreiert dahingegen Schmerz, Leid und Drama.

Wunderschönes Du, bist du schon freudig aufgeregt, was dich alles erwartet? Stehst du so richtig in den Startlöchern, dein Leben voll und ganz in die Hand zu nehmen und niemandem mehr die Kontrolle über dich zu geben? Bist du gewillt, deine wahre Macht in Besitz zu nehmen? Vielleicht hast du dich bisher gefragt, wie du in dieser Welt klarkommen sollst, doch dein neues Mindset könnte die Gegenfrage stellen, wie die Welt mit dir klarkommen soll. Die nächsten Zeilen sollen als Inspiration dazu dienen, unkontrollierbar zu werden. Bist du bereit? Es mag dir simpel erscheinen, doch mein Geheimtipp ist: Lebe deine Freude! Als kleine Schleichwerbung am Rande möchte ich dir meinen Podcast empfehlen, der sich JOYBOMBS nennt und in welchem es jeden Montag um fünf Uhr um die Freude geht!

FREUDE MACHT DICH UNKONTROLLIERBAR UND MACHTVOLL

Freude ist eine machtvolle und zugleich unterschätzte Superpower. Sie in Besitz zu nehmen, macht dich unglaublich stark. Nur unglückliche Menschen sind kontrollierbar. Glückliche Menschen sind es nicht. Sie scheren sich nicht um Regeln, Bewertungen oder was das Außen sagt. Sie tun einfach, was sie wollen, und sind glücklich damit.

In dieser Welt wird Freude noch nicht als etwas Wertvolles gesehen. Sie wird sogar hochgradig unterschätzt und bewertet. Sie ist allerdings der wahre Schlüssel für die Kreation deines Lebens. Kennst du Tage, an denen du ohne nennenswerten Grund fröhlich bist und sich alles automatisch fügt? Plötzlich kommen die Dinge auf magische Art zu dir. Weißt du, warum? Weil du genau an diesen Tagen Freude gewählt hast. Was wäre, wenn du 365 von diesen Tagen im Jahr haben könntest? Wenn du dir erlaubst, mehr Freude in deinem Leben zu haben, wirst du deine Träume und Wünsche mit Leichtigkeit erfüllen können.

Wenn du in jeder Situation freudig bist, kann dich nichts und niemand mehr kontrollieren. Wenn du allerdings Freude von äußeren Umständen und Personen abhängig machst, dann hast du deine Macht bereits abgegeben. Wie oft hast du entschieden, dass du erst glücklich sein kannst, wenn du eine bestimmte Sache erreicht hast? Vielleicht ertappst du dich auch dabei, nach einem Grund zu suchen, um freudvoll zu sein. Zum Beispiel: „Ich bin erst glücklich, wenn ich meinen Traumpartner, mein Traumhaus und meinen Traumjob gefunden habe. Ich bin erst glücklich, wenn ich im Urlaub war, viel Geld verdiene, mein Körper die entsprechenden Maße hat". Freude findest du nicht im Außen. Sie ist in dir.

Es sind deine inneren Ansichten, die du im Laufe der Zeit übernommen hast, mit denen du deine Freude sabotierst. Vielleicht hast du die Ansicht, dass du es nicht verdient hast, glücklich zu sein, oder du hast die Ansicht übernommen, dass, wer fröhlich ist, egoistisch ist, insbesondere wenn sein Umfeld es nicht ist.

Freude ist ein Daseinszustand. Freude sucht man nicht, sondern Freude bist du. Für Freude brauchst du keinen Grund. Freude ist ein Empfinden von Frieden, Leichtigkeit und Gelassenheit. Freude ist, dass du über alles lachen kannst und nichts eine Signifikanz hat. Was wäre, wenn Freude keine Raketenwissenschaft wäre, sondern deine Entscheidung? Was wäre, wenn du dir wieder erlauben würdest, unabhängig davon, ob die Welt untergeht, freudig zu sein? Geteiltes Leid ist nicht halbes Leid. Geteiltes Leid ist doppeltes Leid.

Ich würde sogar noch einen Schritt weitergehen und sagen, dass der Sinn des Lebens deine Freude ist! Das mag dir wenig philosophisch oder tiefgründig vorkommen, doch was wäre, wenn du genau dafür auf die Welt gekommen bist? Denkst du wirklich, dass du nur zum Leiden, Überleben und Aushalten gekommen bist? Oder hast du, als du als Energie im Universum herumgeschwirrt bist und keine Erinnerung mehr daran hast, eine Verkörperung gewählt, in der du diesen schönen Planeten mit all deinen Sinnen genießen kannst? Bist du nicht auf diese Welt gekommen, um den warmen Sand zwischen deinen Zehen zu fühlen, auf die Weiten des Ozeans zu blicken, die frische Blumenwiese zu riechen, das beste Essen zu genießen und den Wellen, die sanft am Ufer brechen, lauschen zu können?

Stell dir vor, du würdest jeden Tag so leben, als wäre er der Beste deines Lebens. Wie würde die Welt aussehen, wenn sich jeder seine Freude erlaubt? Sie ist es schlussendlich, die uns Menschen und die Erde heilt, nicht der Schmerz und die Traurigkeit.
Wenn du das Leben genießt, wirst du sehen, dass du sie damit veränderst. Denn mit deiner Freude bist du eine Einladung für andere, auch diesen Weg zu wählen.

WÄHLE FÜR DICH, NICHT FÜR ANDERE

Wunderschönes du, es ist dein Leben! Es ist allerhöchste Eisenbahn, dich zu fragen, wie du dein Leben gestalten möchtest. Du hast wahrscheinlich schon oft Entscheidungen für andere getroffen, anstatt für dich, denn sonst hättest du nicht bis hier gelesen. Jetzt bist du an der Reihe! Wie willst du deine Zukunft gestalten? Mit wem möchtest du deine Zeit verbringen? Wo möchtest du wohnen? Was für einen Beitrag möchtest du in der Welt leisten? Was möchtest du kreieren? Welche Wünsche und Forderungen hast du an dich und dein Leben? Welche Abenteuer möchtest du beschreiten? Hier geht es nicht um eine Visualisierung, sondern darum, Gewahrsein und Energie aufzubringen, herauszufinden, wie du dein Leben gestalten möchtest.

Die Wahl zu haben, ist eines der schönsten Geschenke, die du dir und der Welt machen kannst. Entgegen der Annahme vieler, bedeutet für dich zu wählen nicht, dass du egoistisch bist. Ganz im Gegenteil, denn du bist eine unwiderstehliche Einladung für andere, dasselbe zu tun.

An diesem Punkt interessiert es dich bestimmt auch, wie du eine Wahl am besten treffen kannst. Du tust es einfach. Du wählst alles, was dir Freude bereitet. Von diesem Standpunkt aus betrachtet scheint es vielleicht zu einfach. Für dich zu wählen bedeutet, dass du wählst, was Freude und Leichtigkeit generiert. Sei dir auch bewusst, dass es keine richtige oder falsche Wahl gibt. Jede Wahl wird dir mehr Gewahrsein über all die Möglichkeiten, die dir zur Verfügung stehen, geben. Ist das nicht superaufregend?

Wenn du dir Gedanken darüber machst, ob sich andere Menschen durch deine Entscheidungen auf den Schlips getreten fühlen, frage dich, was du wählen würdest, wenn es nicht richtig und falsch gäbe. Was würdest du für dich selbst wählen? Was würdest du wählen, wenn du der einzige Mensch auf diesem Planeten wärst? Diese Fragen werden dir ein Gewahrsein darüber geben, was sich stimmig anfühlt, und dann wirst du wissen, was zu tun ist.

Für dich zu wählen bedeutet nicht gegen andere Menschen zu wählen. Es bedeutet, dich zu haben. Lasse sie ihre Wahlen und dich deine eigenen treffen.

Was wäre, wenn jeder mehr von dem wählen würde, was ihm Freude bereitet, ohne dabei das Bedürfnis zu haben, andere kontrollieren zu wollen? Wie würde die Welt aussehen? Vielleicht würden wir alle in eine unkontrollierte Party der Freude ausbrechen. Wäre das nicht fantastisch?

Was wählst du?

AUTORINNEN-VORSTELLUNG

Sophie Cerny

sophie@sophiecerny.com

sophiecerny.com

JOYBOMBS Podcast

DEIN BUSINESS IN MAXIMAL DREI SÄTZEN?

Hast du dich schon mal gefragt, wie dein Leben wäre, wenn du für dich wählen und dich nicht mehr beweisen, rechtfertigen und erklären würdest? Spürst du, wie sehr das alles verändern würde? Mein Name ist Sophie Cerny, zertifizierte Bewusstseins-Facilitatorin und ich ermächtige Menschen, ihre wahre Macht und Stärke zu entdecken.

FÜR WEN BIST DU GENAU DIE RICHTIGE ANSPRECHPARTNERIN?

Wenn du weiterhin Lust hast, anderen Menschen mehr Macht über dich zu geben und nicht endlich dein eigenes Leben zu kreieren, so wie es für dich funktioniert, dann bin ich definitiv nicht die richtige Ansprechpartnerin für dich.

ARBEITEST DU OFFLINE, ONLINE ODER BEIDES?

Als zertifizierte Facilitatorin biete ich weltweit offline und online Kurse an, in welchen ich Menschen ermächtige, das Leben so zu gestalten, wie sie es sich wahrhaftig wünschen.

WELCHE WAREN DEINE DREI WICHTIGSTEN LEBENS- BEZIEHUNGSWEISE LERNSTATIONEN?

Wo soll ich da anfangen? Es waren bestimmt mehr als drei. Was ich daraus gelernt habe und ich den Menschen heute gerne mitgeben würde, ist zum einen, dass man nicht erst einen Tiefpunkt erreichen muss, um ein geniales Leben zu kreieren. Und zum anderen, dass Persönlichkeitsarbeit niemals aus der Haltung an sich arbeiten zu müssen heraus sein sollte, sondern aus der Haltung, was man noch alles wählen kann. Mit niemandem von uns ist etwas falsch, denn wir schöpfen nur nicht aus dem Vollen. Zu dieser Ansicht wurden nur die wenigsten von uns ermächtigt.

MAL ANGENOMMEN, DU KÖNNTEST 15 JAHRE IN DIE VERGANGENHEIT REISEN. WAS WÄRE DEIN WICHTIGSTER TIPP AN DEIN 15 JAHRE JÜNGERES ICH?

Liebes 15-jähriges Ich, meine Herzensbotschaft an dich ist, dass du erkennen solltest, wo du anderen Menschen Macht über dich und dein Leben gibst. Oft ist dir das nämlich selbst gar nicht so bewusst. Ich möchte dich daran erinnern, wie machtvoll du eigentlich bist und dir verdeutlichen, dass du die Erschafferin deines Lebens bist. Fange jetzt an Wahlen für dich zu treffen.

Nach dieser Herzensbotschaft von Sophie hast du dir erst einmal eine kleine Pause verdient. Lass es wirken. Nimm dir die Zeit, die du dafür brauchst. Es lohnt sich.

Ich nenne solche Auszeiten gerne eine Verabredung mit meinem Unterbewusstsein. Nur aus Ruhe und Entspannung heraus wirst du die wichtigen Impulse aus deinem Unterbewusstsein wahrnehmen können, die für deinen Herzensweg wichtig sind. Mit den Impulsen von Sophie hast du nun auch die richtigen Schlüssel in der Hand, um diesen Weg zu beschreiten.

Doch denke daran, dass du auch jetzt schon eine Heldin bist! Ganz egal, wo im Leben du stehst. Und genau um dieses Thema geht es im folgenden Beitrag von meinem lieben Freund Markus. Er ist einer der Menschen, von denen ich sage: „Er ist Herzensmensch durch und durch, einfach nur zuckersüß". Die meisten Männer wären entsetzt, wenn ich sie als „zuckersüß" bezeichnen würde, doch ich weiß, dass ich das bei Markus darf. Eine wichtige Information über Markus ist, dass er alle Lebewesen rettet, egal ob zwei- oder vierbeinig, klein oder groß oder mit Flügeln oder Flossen. Es passiert des Öfteren, dass du das Badezimmer von Markus und seinem Lebensgefährten nicht betreten kannst, weil beispielsweise eine Entenfamilie zum Aufpäppeln nach der Tierrettung bei ihm abgegeben wurde.

Doch nun lies selbst, was Markus über Alltagsheldinnen zu berichten hat und welche Herzensbotschaft er für dich hat.

Markus Schönebach

Über Alltagsheldinnen

MEIN BEZUG ZU STARKEN FRAUEN

Wenn man in den engen Gassen meiner Kindheit spazieren ginge, würde man vielleicht zuerst die Graffitis an den Wänden, die spielenden Kinder, die Migrantenfamilien und den rauen Alltag eines Gettos bemerken. Aber was mich am meisten geprägt hat, sind nicht die harten Umstände oder die Gewalt, die ich täglich erlebte, sondern es waren die Frauen und Mädchen, die mich aufnahmen und beschützten, als ich verwundbar war. Ohne einen Vater oder jegliche männliche Bezugsperson wuchs ich in einer Umgebung auf, in der ich das Anderssein kennenlernte, bevor ich es wirklich verstand. Mein Bruder und ich, beide schwul, waren oft Zielscheiben in einer Gesellschaft, die das nicht akzeptieren konnte. Schon mit zwölf Jahren outete ich mich und die anschließenden Anfeindungen und das Mobbing waren heftig. In dieser dunklen Zeit waren es die Frauen, die mich aufnahmen. Sie boten mir Zuflucht, verstanden meinen Schmerz und unterstützten mich.

Diese Frauen, Mütter, Schwestern oder Freundinnen, hatten auch eigene Kämpfe und fanden doch die Zeit und Energie dazu, einem verlorenen Jungen beizustehen. In ihren Augen war ich nicht das „schwule Kind" oder der „Außenseiter", sondern ich war Markus, und das war genug.

Vielleicht fragst du dich, warum gerade ich, als nur einer von zwei Männern, einen Platz in diesem Buch erhalte. Meine Verbindung zur Herausgeberin ist besonders, aber es ist noch mehr als das, denn auf einer energetischen Ebene habe ich das Leben einer Frau gelebt. Ich habe ihre Kämpfe gespürt, ihre Liebe und Entschlossenheit. Dies hat mich geprägt und mir ermöglicht, das Leben aus einer Perspektive zu betrachten, die vielen Männern verschlossen bleibt.

Meine Geschichte gleicht der einer Heldenreise, mit einem harten Anfang, der von Dunkelheit geprägt war, hin zu einem Ort des Lichts und der Akzeptanz. Es ist diese Reise, die mich befähigt, über die Stärke und den Mut der Frauen zu schreiben, die mein Leben geformt haben. Ich habe aus erster Hand erfahren, was es heißt, in einer Welt aufzuwachsen, die einem oft nicht freundlich gesinnt ist, und dennoch standhaft zu bleiben. Es sind die Frauen in meinem Leben, die mir gezeigt haben, was wahre Stärke ist, und ich bin hier, um ihre Geschichten zu ehren und weiterzugeben.

DIE ALLEINERZIEHENDEN: WAHRE HELDINNEN DES ALLTAGS

In den wirbelnden Erinnerungsstrudeln meiner Kindheit blitzt immer wieder das Bild meiner Mutter hervor. Eine schlanke, bildhübsche Frau, deren starke äußere Erscheinung ihre innere Zerbrechlichkeit kaschierte. Meine Mutter war ein Workaholic, geprägt von einem unermüdlichen Antrieb, der sie dazu brachte, in der Fabrik zu arbeiten und mehr als zwei Nebenjobs zu jonglieren. In einer von Männern dominierten Arbeitsumgebung zeigte sie sich als kraftvolle, unabhängige Frau und eine Insel der Weiblichkeit in einem Meer von männlicher Energie.

Neben dieser erdrückenden Arbeitslast fand sie dennoch Zeit und Energie dafür, sich um meinen Bruder und mich zu kümmern. Ihre Tage begannen noch bevor die Sonne aufging und endeten oft, wenn die Sterne schon am Himmel standen. Aber sie zog es ohne zu klagen durch, angetrieben von einer unermesslichen Liebe zu uns.

Neben meiner Mutter war da auch Renata, meine Seelenschwester. Nur wenige Tage vor mir geboren, wuchsen wir zusammen auf und waren so eng verbunden, dass die Grenzen zwischen Freundschaft und Familie verschwammen. Ihre Herkunft aus Kroatien fügte unserer Kindheit eine zusätzliche Dimension hinzu, in Form einer reichen Mischung aus Kulturen und Erfahrungen. Trotz ihrer Löwennatur, die sie immer wieder zeigte, besonders wenn es darum ging, mich zu beschützen, trug Renata eine Zerbrechlichkeit in sich. Dies war ein Spiegelbild der vielen Frauen in unserer Gemeinschaft, die trotz aller Widrigkeiten unbeugsam blieben.

Die Kunst, zwischen Jobs und Kindererziehung zu jonglieren, ist eine, die ich aus erster Hand miterlebt habe. Ich sah, wie diese Frauen, trotz ihrer Müdigkeit, immer ein Lächeln auf den Lippen hatten, wenn sie ihre Kinder sahen. Ich erlebte ihre Opfer, ihre stillen Tränen und ihre unbezwingbare Entschlossenheit dazu, das Beste für ihre Familien zu tun.

Wenn ich an diese Zeit zurückdenke, bin ich überwältigt von meiner Bewunderung für diese Heldinnen des Alltags. Für Frauen wie meine Mutter und Renata, die trotz der Widrigkeiten, die das Leben ihnen bot, ihre Kinder mit Liebe, Fürsorge und Entschlossenheit großzogen. Es sind diese Frauen, die das wahre Gesicht von Stärke und Resilienz sind, und ich bin stolz, ihre Geschichten zu erzählen.

FRAUEN IN DER EHE: DAS STILLE OPFER

Etwas darüber, wie Frauen, besonders in der Ehe, ihre Rollen spielen, bleibt oft unausgesprochen, jedoch nie unbemerkt. Ihre täglichen Opfer, ihr unermüdlicher Einsatz für ihre Familien und das unvergleichliche Engagement beeindrucken und inspirieren mich jeden Tag.

Die Frau in der Ehe ist Mutter, Ehepartnerin, Hausverwalterin, Köchin, Krankenschwester, Psychologin und manchmal auch die Hauptverdienerin. Neben ihrer primären Rolle im Haushalt nehmen viele dieser Frauen Nebenjobs an, um den Lebensstandard ihrer Familien zu erhöhen. Diese zusätzliche Herausforderung bringt eine Last mit sich, über die ich sie sich selten beschweren höre. Es ist, als ob sich in ihrem Herzen ein unerschöpflicher Brunnen der Kraft und der Liebe befindet, der sie durch die härtesten Zeiten trägt.

Doch was mich am meisten bewegt, ist der Unterschied darin, wie Männer und Frauen aus denselben Haushalten mit dem Thema Homosexualität umgehen. Während die Frauen in meinem Leben oft einen Schutzraum boten, in dem ich meine wahre Identität akzeptieren und feiern konnte, war die Reaktion der Männer oft das genaue Gegenteil. Besonders in einigen ethnischen Gemeinschaften, in denen ich aufgewachsen bin, wurde Homosexualität oft als ein Tabuthema angesehen. Diese Männer, die in denselben Haushalten lebten und von denselben Frauen geliebt und gepflegt wurden, konnten eine Härte und eine Verschlossenheit hervorbringen, die schwer zu verstehen war.

Vielleicht war es das Resultat von kulturellen oder gesellschaftlichen Erwartungen, oder vielleicht war es die Furcht vor dem Unbekannten. Aber es war offensichtlich, dass während Frauen oft die Brückenbauerinnen und Heilerinnen in solchen Situationen waren, Männer sich zurückzogen und Mauern errichteten.

Dieses Kapitel soll nicht als Anklage gegen Männer dienen. Es ist vielmehr eine Hymne an die Frauen, die trotz der harten Umstände und der gesellschaftlichen Erwartungen ihre Familie zusammenhalten. Sie zeigen uns, dass Liebe und Akzeptanz auch inmitten von Missverständnissen und Vorurteilen immer möglich sind. Es ist diese stille, beharrliche Stärke, die sie zu den wahren Heldinnen des Alltags macht. Und ich hoffe, dass durch das Erzählen ihrer Geschichten mehr Menschen diese Liebe und Akzeptanz in ihren eigenen Herzen finden können.

HINTER DEN KULISSEN: DIE VERSTECKTEN KÄMPFE

Oberflächlich betrachtet schienen die Frauen in meiner Umgebung unbesiegbar. Sie waren wahre Felswände, die den Stürmen des Lebens trotzten. Aber hinter den Kulissen, im Verborgenen, trugen viele von ihnen Wunden, die tief und schmerzhaft waren.

Eine der heimtückischsten Wunden war die psychische Belastung. Depressionen waren weitverbreitet, oft unerkannt oder nicht angesprochen. Es war ein stilles Leiden, das sich oft in Alkoholismus oder körperlichen Beschwerden wie Rückenleiden und Kopfschmerzen manifestierte. Diese Symptome waren oft das Resultat von traumatischen Kindheitserlebnissen oder dem Fehlen positiver Vorbilder. Für viele Frauen wurde dieser Schmerz zur täglichen Begleitung und wütete im Hintergrund, aber kam dennoch selten zur Sprache.

Trotz dieser versteckten Kämpfe waren es oft genau diese Frauen, die in ihren Familien den Ton angaben. Sie waren die unbestreitbaren Chefinnen, die das Familienboot steuerten, während viele Männer sich aus der Verantwortung zogen. Die Ironie dabei war, dass trotz der Stärke und Dominanz dieser Frauen, sie oft als „schwach" oder „emotional" abgestempelt wurden.

Die Männer hingegen, trotz ihrer scheinbaren Härte und Stärke, flohen häufig in den Rausch des Alkohols. Viele von ihnen waren ebenfalls Opfer ihrer eigenen traumatischen Erlebnisse, geprägt von Kriegen, Verlusten und anderen Dramen. Diese tief sitzenden Narben beeinflussten ihr Verhalten und ihre Beziehungen, führten oft zu einer Flucht in den Alkohol und veranlassten sie, sich von ihren Familien zu entfremden.

Die dynamische Balance zwischen diesen Frauen und Männern war faszinierend. Einerseits waren da die Frauen, die trotz ihrer inneren Kämpfe stark und entschlossen waren. Andererseits kämpften die Männer mit ihren eigenen Dämonen und hatten oft Schwierigkeiten, ihre Gefühle zu zeigen und zu verarbeiten.

Was diese Geschichten uns zeigen, ist die Komplexität der menschlichen Natur und die Wichtigkeit des Verständnisses und des Mitgefühls.

Jeder trägt seine eigenen Kämpfe mit sich herum, sichtbare und unsichtbare, und es ist unsere Aufgabe, einander zu unterstützen und zu helfen, diesen Schmerz zu heilen.

DIE SPIRALE DES LEBENS: PERSÖNLICHKEITS-ENTWICKLUNG UND POTENZIAL-ENTFALTUNG

Unsere Persönlichkeit ist oft das Steuerrad, das den Kurs unseres Lebens bestimmt. Jeder Charakterzug, jede Erfahrung und jede Entscheidung formen die Wege, die wir beschreiten, und beeinflussen unsere Lebensperspektive. Die Frage ist, wie jemand, der in schwierigen Verhältnissen aufgewachsen ist, diesen Zyklus durchbrechen und sein volles Potenzial entfalten kann.

Die Antwort liegt oft in der Selbstliebe und Selbstfürsorge. In einer Familie, in der das Individuum sich selbst schätzt und sich um sein Wohl kümmert, werden auch die anderen Familienmitglieder dazu inspiriert, dasselbe zu tun. Es schafft ein Fundament für Wachstum und Entwicklung. Selbstliebe gibt uns die Stärke, über schwierige Umstände hinauszuschauen, und hilft uns, den Wert in uns selbst zu erkennen, auch wenn die Welt um uns herum das Gegenteil suggeriert.

Schwierige Verhältnisse, sei es durch Armut, Missbrauch oder eine andere Form von Trauma, können das Selbstbild eines Individuums stark beeinflussen. Sie können dazu führen, dass jemand sich als Opfer seiner Umstände sieht und in dieser Rolle verharrt. Aber mit der richtigen Unterstützung und der richtigen Einstellung kann man lernen, diese Herausforderungen als Stärken und nicht als Schwächen zu sehen.

Ein zentrales Element in dieser Wandlung ist die Familie. Wenn Selbstliebe und Selbstfürsorge in der Familie gelehrt und gefördert werden, wird dies zur Basis für die Persönlichkeitsentwicklung. Wenn jedes Familienmitglied lernt, sich selbst zu lieben und für sich selbst zu sorgen, wird ein Umfeld geschaffen, in dem jeder wachsen und sein volles Potenzial entfalten kann.

In diesem Beitrag möchte ich betonen, wie wichtig es ist, sich in der Familie auf Selbstliebe und Selbstfürsorge zu konzentrieren. Es ist der Schlüssel, um aus schwierigen Verhältnissen herauszukommen und das Leben zu führen, das man sich wünscht. Es ist der Schlüssel zur Potenzialentfaltung und zur wahren Persönlichkeitsentwicklung.

EIN APPELL AN DAS LEBEN UND DIE HEUTIGEN FRAUEN

Liebe Leserin, liebe heutige Frau,

du lebst in einer beispiellosen Zeit voller Möglichkeiten und Ressourcen. Die Welt hat sich in rasantem Tempo verändert, und viele dieser Veränderungen arbeiten zu deinem Vorteil. Es gibt mehr Bildung, mehr Technologie und mehr Zugang zu Informationen als je zuvor. Doch mit all diesen Ressourcen kommt auch die Verantwortung, sie weise zu nutzen.

Die Bedeutung von Selbstliebe und Selbstfürsorge kann in dieser hektischen Zeit nicht genug betont werden. Selbstliebe ist nicht nur das Gefühl, sich selbst zu schätzen, sondern auch die Handlungen, die man tätigt, um für das eigene Wohlergehen zu sorgen. Es ist eine ständige Erinnerung daran, dass du es wert bist, gepflegt und geliebt zu werden.

In einer Zeit, in der alles sofort geschieht und ständige Erreichbarkeit oft als Notwendigkeit angesehen wird, ist es umso wichtiger, sich der eigenen Gesundheit und des eigenen Wohlbefindens bewusst zu sein. Es bedeutet, auf deinen Körper, deinen Geist und deine Seele zu hören und sie genauso zu nähren, wie du es mit einem geliebten Menschen tun würdest. Die heutige Zeit gibt dir auch das Werkzeug, dich kontinuierlich weiterzuentwickeln. Jeder Tag bietet eine neue Chance, zu lernen, zu wachsen und sich zu verbessern. Dabei geht es nicht nur um berufliche oder akademische Entwicklung, sondern auch um persönliches Wachstum, um das Erkennen und Überwinden von inneren Hindernissen und um das Streben nach einem authentischen, erfüllten Leben.

Zuletzt möchte ich dich ermutigen, regelmäßig innezuhalten und dein Leben zu reflektieren. Es geht darum, bewusst zu leben, jeden Moment wertzuschätzen und die Kontrolle über dein Leben zu behalten. Du bist der Kapitän deines Schiffes. Du hast die Macht und die Fähigkeit, die Richtung zu bestimmen, in die du steuern möchtest.

Dies ist mein Appell an dich, liebe heutige Frau: Nutze die Chancen, die dir geboten werden, liebe dich selbst, sorge für dich selbst und sei dir deines unglaublichen Wertes immer bewusst.

MEINE THESE UND COACHING-ANSATZ: FRAUEN ERMUTIGEN UND BESTÄTIGEN

Im Laufe meines Lebens, geprägt durch die kraftvollen, resilienten Frauen, die meinen Weg kreuzten, habe ich eine These entwickelt: Frauen, die in ihrer wahren Kraft stehen, können Berge versetzen. Doch um dieses Potenzial zu entfalten, müssen sie zuerst an ihre eigene Stärke glauben und sich selbst in ihrer Einzigartigkeit bestätigen.

DIE BEDEUTUNG DER SELBSTBESTÄTIGUNG UND DES SELBSTVERTRAUENS

Frauen sind oft Erzieherinnen, Fürsorgerinnen und das Rückgrat ihrer Familien. In all diesen Rollen wird von ihnen erwartet, dass sie stark und unerschütterlich sind. Aber wo bleibt der Raum für sie selbst? Selbstbestätigung und Selbstvertrauen sind essenziell, um in der heutigen Zeit zu bestehen. Eine Frau, die sich selbst bestätigt, sieht ihren Wert unabhängig von äußeren Umständen oder Meinungen. Dieses innere Selbstvertrauen gibt ihr die Kraft, Hindernisse zu überwinden und ihre Träume zu verfolgen.

SELBSTGEFÜHL, INTEGRITÄT, URVERTRAUEN, EMOTIONALE INTELLIGENZ

Selbstgefühl: Es geht darum, sich selbst zu spüren, die eigenen Bedürfnisse und Grenzen zu erkennen und zu respektieren.

Integrität: Frauen sollten zu ihren Werten stehen und danach handeln. Das schafft ein Leben in Einklang und Authentizität.

Urvertrauen: Ein tiefer Glaube daran, dass man es verdient, geliebt und respektiert zu werden und dass das Universum einem unterstützend zur Seite steht.

Emotionale Intelligenz: Das Verständnis und Management der eigenen Emotionen sowie Einfühlungsvermögen sind Schlüsselkompetenzen. Sie ermöglichen tiefere Beziehungen und den Aufbau von Vertrauen.

PRAKTISCHE TIPPS UND RATSCHLÄGE

1. **Morgenritual:** Starte den Tag mit einem positiven Mantra. Sage dir selbst: „Ich bin wertvoll, ich bin stark, ich bin fähig."

2. **Tagebuch schreiben:** Reflektiere regelmäßig deine Gefühle, Erfolge und Herausforderungen. Es schafft Klarheit und stärkt das Selbstbewusstsein.

3. **Grenzen setzen:** Lerne, Nein zu sagen. Es zeigt Respekt dir selbst und anderen gegenüber.

4. **Netzwerk aufbauen:** Umgib dich mit unterstützenden, positiven Menschen. Gemeinsam ist man stärker.

5. **Bilde dich weiter:** Lies Bücher, besuche Seminare oder suche dir einen Mentor oder eine Mentorin. Wissen gibt Selbstvertrauen.

Mein Coaching-Ansatz zielt darauf ab, Frauen darin zu bestärken, sich selbst zu erkennen, zu schätzen und zu lieben. Nur wenn sie ihre eigene Stärke und Einzigartigkeit erkennen, können sie diese auch in die Welt hinaustragen.

RESÜMEE: FRAUEN ALS ALLTAGSHELDINNEN

In den endlosen Wirbeln der Zeit und durch die Höhen und Tiefen des Lebens stehen Frauen oft im Zentrum des Sturms, der Wind weht durch ihr Haar, und doch bleiben sie standhaft und unerschütterlich. Sie sind Alltagsheldinnen, oft unbeachtet und unterschätzt, und doch sind sie der Klebstoff, der die Welt zusammenhält.

Meine These: Die Stärke einer Frau liegt nicht nur in ihrer Fähigkeit, sich um andere zu kümmern, sondern auch darin, trotz der Widrigkeiten des Lebens unermüdlich weiterzumachen. Sie ist die Verkörperung von Ausdauer, Mitgefühl und Resilienz.

Meine Vision: Ich träume von einer Welt, in der jede Frau ihre wahre Kraft erkennt und feiert. Eine Welt, in der ihre Leistungen anerkannt und geehrt werden, nicht nur an besonderen Tagen, sondern jeden Tag.

Bei einem Rückblick auf mein Leben überfluten mich Erinnerungen an die beeindruckenden Frauen, die meinen Weg kreuzten. Da ist Renata, eine kroatische Löwin mit einem Herzen aus Gold. Meine Mutter, die trotz ihrer eigenen Kämpfe niemals aufgegeben hat. Die Nachbarin, die trotz der Last auf ihren Schultern immer ein Lächeln für mich hatte. Und viele andere, deren Geschichten ich nie erfahren habe, aber deren Einfluss ich bis heute spüre.

Es sind diese Frauen, die meine Welt geformt haben, die mir gezeigt haben, was es bedeutet, stark zu sein, was es bedeutet, zu kämpfen und was es bedeutet, zu lieben.

Mein abschließender Appell an jede Frau, die dies liest: Seht euch selbst durch die Augen derer, die euch lieben und bewundern. Erkennt eure Stärke, feiert eure Erfolge und wisst, dass ihr, auch wenn ihr es nicht immer fühlt, Alltagsheldinnen seid. Ihr seid das Licht in der Dunkelheit, der Fels in der Brandung und das Herz der Welt.

Euch gebührt nicht nur Respekt und Anerkennung, sondern auch die Liebe und Fürsorge, die ihr so großzügig mit anderen teilt. Ich hoffe, dass ihr die Heldinnen in euch erkennt und euch selbst so sehr schätzt und liebt, wie ihr es verdient habt. Ihr seid wundervoll, mächtig und einzigartig. Ihr seid Alltagsheldinnen.

DIE REISE DER ALLTAGSHELDINNEN: MEIN LEITFADEN ZUR PERSÖNLICHKEITSENTWICKLUNG

Mütter, ob alleinerziehend, verheiratet oder getrennt, sind die wahren Alltagsheldinnen. Sie jonglieren täglich zwischen Familie, Arbeit, Selbstfürsorge und den Erwartungen der Gesellschaft. Die Reise der Alltagsheldinnen dient dazu, Mütter auf ihrem Weg zur Selbstverwirklichung und Persönlichkeitsentwicklung zu begleiten. Sie leitet dazu an, bewusster zu leben, Ressourcen besser zu nutzen und sich selbst zu stärken.

1. Das tägliche Leben: Die Alltagsheldin erkennt ihre aktuellen Herausforderungen im Job, in der Familie oder bei der Selbstfürsorge. Welche Rollen nimmt sie ein? Wo gibt es Spannungsfelder oder Konflikte?

2. Das Bedürfnis nach Veränderung: Ein wachsendes Bewusstsein dafür, dass Veränderung beruflich, persönlich oder in Beziehungen notwendig ist. Was möchte die Heldin für sich und ihre Familie erreichen?

3. Selbstzweifel und Hemmungen: Jede Mutter kennt diese Momente der Zweifel am eigenen Können, das Gefühl der Überforderung. Wie geht man mit diesen Gefühlen um und wie überwindet man sie?

4. Suche nach Unterstützung: Hier geht es darum, sich Hilfe und Ressourcen zu suchen. Vielleicht durch Bildungsangebote, Seminare zur Selbstfürsorge oder den Austausch mit anderen Müttern.

5. Den ersten Schritt wagen: Mit neuen Erkenntnissen und Tools ausgestattet, wagt die Heldin den ersten Schritt zur Veränderung. Wie kann der Alltag strukturierter und stressfreier gestaltet werden?

6. Auf und Ab des Weges: Jeder Weg hat seine Höhen und Tiefen. Wie geht die Heldin mit Rückschlägen um und wie feiert sie ihre Erfolge?

7. Das Erreichen von Meilensteinen: Durch Beständigkeit und den Glauben an sich selbst erreicht die Heldin ihre gesetzten Ziele. Sie reflektiert ihre Erfolge und lernt aus ihren Fehlern.

8. Den Weg weitergehen: Mit neuer Energie und Selbstvertrauen geht die Heldin weiterhin ihren Weg, immer bereit, sich weiterzuentwickeln und Neues zu lernen.

Die Reise der Alltagsheldinnen soll Mütter und Frauen generell darin bestärken, sich selbst als die wahren Heldinnen des Alltags zu sehen. Es geht darum, bewusst den eigenen Weg zu gehen, sich stetig weiterzuentwickeln und die Herausforderungen des Lebens mit Stärke und Selbstbewusstsein zu meistern. Jede Mutter und jede Frau haben das Potenzial, ihre persönliche Heldinnenreise anzutreten und ihr volles Potenzial zu entfalten.

AUTOREN-VORSTELLUNG

MARKUS SCHÖNEBACH

wir-machen-redner.de

Ansprechpartner: Mathias Wald

DEIN BUSINESS IN MAXIMAL DREI SÄTZEN?

Wir-machen-Redner ist eine Symbiose aus Bühnentraining, Rhetorik und Persönlichkeitsentwicklung.

FÜR WEN BIST DU GENAU DER RICHTIGE ANSPRECHPARTNER?

Menschen, die unsere Mission und Dienstleistungen in Anspruch nehmen und ihre Ängste, Blockaden und Glaubenssätze transformieren oder auflösen möchten.

ARBEITEST DU OFFLINE, ONLINE ODER BEIDES?

Wir als Unternehmen arbeiten online und offline, ich selbst jedoch ausschließlich offline.

WELCHE WAREN DEINE DREI WICHTIGSTEN LEBENS- BEZIEHUNGSWEISE LERNSTATIONEN?

Zwei Ausbildungen zum Heilpraktiker für Psychotherapie ohne staatliche Prüfung. Meine Ausbildung zum Persönlichkeitstrainer. Meine Ausbildung zum Hypnosecoach.

MAL ANGENOMMEN, DU KÖNNTEST 15 JAHRE IN DIE VERGANGENHEIT REISEN. WAS WÄRE DEIN WICHTIGSTER TIPP AN DEIN 15 JAHRE JÜNGERES ICH?

Lerne, dich zu entspannen!

Alltagsheldinnen und Alltagshelden – sind wir das nicht irgendwie alle? Doch was ist, wenn dich dein Alltag so sehr gefangen hält, dass du nicht mehr weißt, wie du dich daraus befreien sollst? Vielleicht hast du bei den ersten Kapiteln gedacht, dass das alles ganz wunderbar klingt, aber bei dir nicht funktionieren würde. Vielleicht bist du in Familienstrukturen oder Traditionen gefangen, aus denen man nicht so leicht ausbrechen kann.

Damit bist du nicht allein.

Unserer nächsten Autorin ging es ganz genauso. Aufgewachsen im katholisch geprägten österreichischen Bundesland Vorarlberg gab es für sie Zeiten, in denen sie keine Ahnung hatte, wie sie aus der traditionellen Rollen- und Pflichtenverteilung ausbrechen sollte.

Doch lies selbst, ich möchte gar nicht so viel vorneweg nehmen.

Vera Fechtig

Gestalte dein Leben passend zu deinen Wünschen und Bedürfnissen

Das eigene Leben so zu gestalten, wie es für einen richtig ist. Ganz unabhängig von Normen, Zwängen und Erwartungen der Gesellschaft, aber auch der eigenen Erwartungen, was man tun und wie man sein muss. Das hört sich wunderbar an. Doch erlauben wir uns das wirklich?

Bereits als Kinder haben wir gewisse Gegebenheiten und Erlebnisse mitbekommen, die uns beeinflusst haben und teils auch noch heute beeinflussen. Damals haben wir sie nicht unbedingt hinterfragt, weil wir zu jung waren und davon ausgegangen sind, dass das, was unsere Eltern uns vorleben, schon richtig sein wird.

Dazu gibt es auch noch viele aktuelle Impulse von außen, zum Beispiel durch die sozialen Medien. Dort präsentieren uns Menschen ihr Leben und ihre Sichtweise auf die Dinge. Vieles davon ist leider geschönt und/oder übertrieben. Das ist uns bewusst. Eigentlich. Und trotzdem macht es eine ganze Menge mit uns.

Warum ist das Thema, das Leben passend zu den eigenen Wünschen und Bedürfnissen zu gestalten, für mich so wichtig? Ich wohne im noch immer sehr katholisch geprägten Vorarlberg im Westen Österreichs.

Das hat zur Folge, dass man schnell in klassische Rollenverteilungen gedrängt wird. Der Mann, der Alleinverdiener und Ernährer, und ich, die liebende Ehefrau, die sich hauptsächlich um Haushalt und Kinder kümmert. Das wollte ich nicht.

Es gibt hier auch Menschen aus anderen Generationen, die ein veraltetes Rollenverständnis haben und der Meinung sind, dass ein Unternehmen einer Frau nur ein Hobby sein kann und ihr so lange als Zeitvertreib dient, bis sie endlich schwanger ist und sich anschließend Vollzeit um Mann, Haushalt und Kinder kümmert.

Besonders nachdem ich Mutter geworden bin, haben andere mir ungefragt mitgeteilt, wie ich ihrer Meinung nach mein Leben gestalten soll. Egal, ob es um mich als Frau, Mutter oder selbstständige Unternehmerin ging: „So macht man das halt...!", „Du willst wirklich schon...?", „Du als Mutter musst...!". Zu jedem Thema sollte ich mir irgendetwas anhören. Was waren meine eigenen Gedanken dazu? Dafür haben sich diese Menschen meist nicht interessiert. Hauptsache, sie sind ihre eigenen Anschauungen losgeworden.

Besonders in der Anfangszeit war ich durch die Frühgeburt unserer Zwillinge heillos überfordert. Dazu kamen dann noch die teilweise komplett widersprüchlichen Aussagen der anderen, manchmal von ein und derselben Person. „Mach dich ja nie abhängig von einem Mann!", und gleichzeitig

„Du als Mutter musst schon die ersten drei Jahre zu Hause bleiben, um dich um die Kinder zu kümmern!"

Doch nur weil andere etwas für richtig halten und sie sich (hoffentlich) bewusst dafür entschieden haben, bedeutet das nicht, dass es auch für mich richtig sein muss. Ich wünsche mir, dass wir allen die Wahl lassen und uns gegenseitig unterstützen, anstatt zu verurteilen.

Vielleicht fragst du dich jetzt, wie du wissen sollst, was du wirklich willst. Was sind meine eigenen Wünsche? Wie kann ich diese Wünsche in mein Leben integrieren?

Das kann ich nur allzu gut nachvollziehen. Herauszufinden, was ich wirklich will, war und ist für mich gar nicht so einfach. Ich bin sehr empathisch und spüre deshalb schnell, was andere brauchen und wollen. Dadurch, dass ich so viel im Außen bin, wurden meine eigenen Bedürfnisse oft überdeckt. Doch daran arbeite ich.

Ich gestalte mein Leben so, wie es für mich richtig ist. Tag für Tag. Schritt für Schritt.

Mit diesen Worten habe ich, nachdem ich mein erstes Buch „10 Wochen zu früh" geschrieben habe, eine Postkarte gestaltet. Nicht nur als Goodie für diejenigen, die eine signierte Ausgabe bei mir bestellen wollten, sondern vor allem auch als Erinnerung an mich selbst, dass ich nicht alles sofort und gleichzeitig tun muss. Daran, dass es mein Weg ist, den ich gehen darf. Daran, dass manchmal der rechte, *aka** richtige Weg auch der linke sein kann. Und daran, dass sich auch abseits des ursprünglich geglaubten richtigen Weges neue Wege finden dürfen.

Nun möchte ich dir ein paar Wegweiser zeigen, die dir helfen können, deinen eigenen Weg zu finden und deine Spuren zu hinterlassen.

SCHAU HIN!

Was sind deine eigenen Erwartungen daran, was du zu tun und wie du zu sein hast? Welche Normen, Zwänge und Erwartungen kommen von der Gesellschaft?

* Eine im Internet verbreitete Abkürzung für „also known as", das übersetzt auf Deutsch „auch bekannt als" bedeutet

Herauszufinden, was du willst, bedeutet, dass du genau hinschauen und dir darüber bewusst werden darfst, was von außen kommt und was unter anderem auch in dir drin ist, weil du es durch deine Familie so gelernt hast oder es möglicherweise von deinen Ahnen an dich weitergegeben wurde. Aus all diesen Erfahrungen hast du eigene Erwartungen entwickelt, was du zu tun und wie du zu sein hast. Doch wie kannst du nun daraus wieder ausbrechen, neue Sichtweisen entwickeln und Dinge verändern?

Um dir diesbezüglich Impulse zu geben, werde ich im Folgenden detaillierter auf die Themen familiäre Muster, Glaubenssätze, Normen, Zwänge und Erwartungen der Gesellschaft eingehen. Ich beziehe mich hier stets auf meine persönlichen Erfahrungen. Es kann also sein, dass dich manches gar nicht betrifft oder du anders darüber denkst. Sieh mich einfach als Ideengeberin und nimm dir heraus, was für dich passt.

FAMILIÄRE MUSTER

Die Hypothese epigenetischer Veränderungen, welche erstmals von dem russischen Biologen Nikolai Kolzow[9] aufgestellt wurde, besagt, dass beispielsweise Traumata über mehrere Generationen hinweg weitergegeben werden können. Ich habe selbst wiederkehrende Gefühlszustände und Verhaltensweisen, die für mich unerklärlich sind. In Gesprächen mit meinen Eltern habe ich Muster erkannt, die sich schon seit mehreren Generationen durch die Familie ziehen.

Erst seitdem ich von diesem Zusammenhang weiß, kann ich bewusst etwas daran verändern und habe dazu eine Therapeutin an meiner Seite. Sie arbeitet unter anderem mit der Methode der Körperpsychotherapie, durch die auch prä- und perinatalen Erfahrungen wieder integriert werden können. Die Therapie hilft mir dabei, dass ich schneller aus diesen heftig auftretenden Emotionen, die meist plötzlich durch einen Trigger ausgelöst werden, herauskomme. Meine eigenen Gefühle werden dadurch nicht mehr so stark von denen anderer überlagert. Ich kann somit deutlich einfacher zur Ruhe kommen, mich fokussieren und mich selbst wahrnehmen.

Ich habe mich dafür entschieden, an diesen sehr tiefgehenden Prozessen nur mit Begleitung zu arbeiten. Wenn du also auch das Thema familiäre Muster angehen möchtest, dann kann ich dir den Tipp mitgeben, dir eine für dich passende Person zu suchen, die dir zur Seite steht.

9 Quelle zur Hypothese von Nikolai Kozlow : https://de.wikipedia.org/wiki/Epigenetik#Begriff,
Was Epigenetik ist, erklärt Generose sehr anschaulich in ihrem Blog-Artikel: https://generose-sehr.at/epigenetik-was-ist-das-eigentlich/;
Beide Seiten wurden zuletzt am 25.10.2023 aufgerufen

GLAUBENSSÄTZE

Wir haben Überzeugungen, welche wir über uns selbst, andere Menschen und die Welt im Allgemeinen haben, tief in uns verwurzelt. Diese mentalen Programme, die unser Denken, Fühlen und Handeln beeinflussen, werden Glaubenssätze genannt. Sie können sowohl positiv und unterstützend als auch negativ und einschränkend sein.

Manchmal verändert sich dies auch im Laufe der Zeit. Möglicherweise war ein Glaubenssatz früher hilfreich, weil er uns vor etwas geschützt hat, und hält uns jetzt davon ab, neue Dinge auszuprobieren. Durch dieses Verhalten sabotieren wir uns selbst oder halten uns sogar in einer Opferrolle gefangen.

Es ist wichtig, dass wir uns bewusst werden, welche Glaubenssätze wir haben und wie sie uns beeinflussen. Nur, wenn wir sie erkennen und hinterfragen, können wir sie durch positive und hilfreiche Überzeugungen ersetzen. Das hilft uns dabei, unser Leben so zu gestalten, wie es für uns richtig ist.

Bei mir war es lange so, dass ich dachte, ich muss alles allein schaffen. Ich tat mich sehr schwer, Hilfe anzunehmen. Auch heute geistert manchmal noch die Vorstellung in meinem Kopf herum, dass ich schwach wirken könnte, wenn ich Hilfe akzeptiere. Und insbesondere, weil die Themen Freiheit und Unabhängigkeit für mich bedeutungsvoll sind, ist da dieser fiese Gedanke in mir, dass ich mich möglicherweise abhängig machen werde. Mir ist aufgefallen, dass dieser Glaubenssatz interessanterweise vorwiegend den privaten Bereich betrifft. Dort fühle ich mich verletzlicher, besonders wenn ich denke, keine Kontrolle mehr über etwas zu haben. Im Business habe ich mir von Anfang an Unterstützung geholt. Unter anderem, weil mir klar ist, dass ich nicht alles selbst wissen und machen möchte. So kann ich mich stets mehr auf das fokussieren, was mir Freude bereitet.

Auch wenn der Glaubenssatz „Du musst stark sein und alles selbst machen!" noch sehr präsent ist, habe ich mir selbst erlaubt, Hilfe und Unterstützung für die verschiedensten Lebensbereiche zu holen. Auch weil es mir wichtig ist, dass der wunderbare Mann an meiner Seite sich nicht dafür verantwortlich fühlt, alle meine Probleme und Herausforderungen lösen zu müssen.

Besonders schwer ist mir in diesem Zusammenhang übrigens die Entscheidung gefallen, mich an eine Therapeutin zu wenden. Das mag daran liegen, dass meine Eltern beide aus dem therapeutischen Bereich kommen und ich oft eine Distanz zu ihnen spüre. Rückblickend hat sich mein Mut gelohnt, denn bei meiner Therapeutin erlebe ich Verständnis und Mitgefühl, und sie bietet mir den geschützten Raum, den ich für mich brauche, um meine Themen be- und verarbeiten zu können. Durch die Kombination von Psychotherapie und integrativer Therapie unterstützt sie mich achtsam in meinen eigenen Heilungs- und Entwicklungsprozessen und verhilft mir zu einem tiefen Kontakt mit mir selbst.

In unserer Gesellschaft ist es oftmals mit Scham behaftet, darüber zu sprechen, dass man eine Therapie macht. Ich schreibe offen darüber, weil ich damit anderen Mut machen möchte.

Was sind die Schritte, um einen Glaubenssatz umzuwandeln?

1. Spüre die negative Überzeugung auf.

2. Schreibe den Glaubenssatz auf, um ihn dir bewusst vor Augen zu führen.

3. Hinterfrage die Limitierung. Ist es wirklich wahr, was ich glaube?
Gibt es konkrete Beispiele, die das Gegenteil beweisen?

4. Ersetze den alten Glaubenssatz durch einen neuen, positiven. Bei der Formulierung ist es wichtig, darauf zu achten, dass er zu dir passt und positiv formuliert ist. Benutze außerdem keine Füllwörter (eigentlich, vielleicht, ...), sprich nicht über die Zukunft (kein „Ich werde", sondern „Ich bin") und achte darauf, dass du ihn auch wirklich glaubst (wenn er unglaubwürdig für dich klingt, wird er dir nicht helfen).

Mit Hilfsmitteln wie Affirmationen oder Visualisierungen kann es dir leichter fallen, die Glaubenssätze durch wiederholt positives Denken aufzulösen.

Affirmationen sagst du dir Tag für Tag immer wieder vor. Egal, ob in Gedanken, laut oder auch laut vor einem Spiegel. Mache es einfach so, wie du dich wohlfühlst. Wichtig ist, dass du dich auf maximal drei Affirmationen konzentrierst. Meine ist: „Ich bin stark und darf mir gleichzeitig Hilfe holen". Bei der Visualisierung zeichnest du vor deinem inneren Auge ein Bild, das du mit positiven Emotionen verknüpfst. Statt des bisherigen Glaubenssatzes „Ich muss alles allein schaffen", kann ich mir bildlich vorstellen, wie sich das Holen von Hilfe positiv auswirken wird, beispielsweise durch mehr Leichtigkeit in meinem Leben, Entspannung, etc.

Was mir zusätzlich geholfen hat, war, mich ganz bewusst darin zu üben, Hilfe anzunehmen. Somit lieferte ich mir selbst laufend konkrete Beispiele, dass der neue Glaubenssatz funktioniert.

Angefangen habe ich mit kleinen Dingen. Ich musste also nicht allzu lange auf die positiven Bestätigungen warten, sondern bekam sie zeitnah. So kam ich Schritt für Schritt weg von der nicht greifbaren Angst, dass doch etwas schieflaufen könnte, und konnte zunehmend Vertrauen in mich selbst aufbauen.

Die Thematik von „Ich muss alles allein machen" ist übrigens nicht erst bei mir aufgetaucht, sondern zieht sich schon seit Generationen als Muster durch die weibliche Ahnenlinie meiner Familie.

Beispielsweise war mein Opa mütterlicherseits politisch sehr engagiert, weshalb er unter der Woche nicht zu Hause war. Das hatte zur Folge, dass meine Oma sich selbst hinten anstellen und sich allein um acht Kinder und den Bauernhof kümmern musste. Es gab praktisch keine Zeit, etwas für sich selbst zu tun, geschweige denn dafür, sich selbst zu verwirklichen. Kein Wunder, dass sich dieses Verhalten auch auf meine Mutter und später auf mich auswirkte, obwohl meine Eltern es mir eigentlich anders beibringen wollten, als ihre eigenen Eltern es getan haben.

NORMEN, ZWÄNGE UND ERWARTUNGEN DER GESELLSCHAFT

In einer Gruppe, Gesellschaft oder Kultur werden soziale Regeln und Standards festgelegt. Diese bestimmen, wie Menschen sich in bestimmten Situationen verhalten und was akzeptabel oder inakzeptabel ist. Solche Normen können sich auf unterschiedliche Lebensbereiche beziehen, zum Beispiel Werte, Traditionen, Verhalten, Kleidung und Sprache. Sie dienen als Orientierungshilfe und sollen einerseits dabei unterstützen, soziale Ordnung und Stabilität aufrechtzuerhalten und andererseits Konflikte zu minimieren.

Normen können sich im Laufe der Zeit ändern. Wenn sich Gesellschaften und Kulturen weiterentwickeln, können neue Werte und Überzeugungen entstehen. Solche Normen müssen allerdings nicht immer positiv oder gerecht sein. Leider werden dadurch manchmal auch Diskriminierung, Ungleichheit oder Unterdrückung gefördert.

Gerade bei einem Generationenwechsel können Verhaltensweisen, die früher als richtig angesehen wurden, künftig nicht mehr stimmig sein. Manch ein Mensch tut sich sehr schwer mit solchen Änderungen. Wenn die älteren Generationen jedoch an bestehenden Normen festhalten wollen und nicht bereit sind, sich auszutauschen und Neues zuzulassen, kann es zu Konflikten kommen.

Das führt dann zu Situationen wie, dass, mir während der Schwangerschaft von mehreren Seiten nahegelegt wurde, mir für die Elternzeit den längsten Zeitraum auszuwählen, um länger mit den Kindern zu Hause bleiben zu können. Hintergrund war in diesem Fall jedoch nicht, dass die Leute nur das Beste für mich wollten, sondern dass diejenigen noch aus einer anderen Generation stammten und deshalb davon überzeugt waren, dass eine Mutter die ersten Jahre bei den Kindern zu Hause bleiben muss.

Doch ich spürte bereits damals, wie sich alles in mir dagegen wehrte. Ich wollte nicht nur zu Hause sein und mich um den Haushalt und die Kinder kümmern. Das fühlte sich einfach nicht erfüllend an. Natürlich liebe ich meine Kinder und will Zeit mit ihnen verbringen und mich um sie kümmern, aber ich arbeite gerne, damals wie heute. Deshalb kam es mir gar nicht in den Sinn, eine so lange Zeit aus dem Berufsleben auszusteigen. Immerhin sind wir zu zweit und es gibt außer mir einen fähigen Papa, der sich genauso gut um die Zwillinge kümmert wie ich.

Jahrelang hatte ich Angst davor gehabt, von einem Mann abhängig zu sein. Das hatte ich bereits als Kind durch die Trennung meiner Eltern erlebt, als ich neun Jahre alt war. Deshalb gab ich mir bereits als junges Mädchen das Versprechen, niemals in eine so starke finanzielle Abhängigkeit zu verfallen. Die klassische Rollenverteilung hätte mich in genau diese Situation gebracht, in der ich mir geschworen hatte, nie zu landen.

Es ist wichtig, dass du kritisch darüber nachdenkst und hinterfragst, ob die Normen der Gesellschaft, in der du lebst, überhaupt deinen eigenen Werten und Überzeugungen entsprechen. Überlege, ob du diese Normen in deinem Leben befolgen oder lieber alternative Wege gehen möchtest.

Wie sehr willst du dich daran orientieren, was andere von dir denken? Wie willst du es künftig angehen, dein Leben so zu gestalten, wie es dir entspricht?

ENTDECKE DICH SELBST!

Wie kannst du herausfinden, was du wirklich willst?
Erst einmal ist es wichtig zu wissen, was deine eigenen Wünsche und Bedürfnisse sind. Kennst du sie überhaupt schon? Waren sie dir möglicherweise noch nie klar, weil du dich bisher nicht damit beschäftigt hast? Oder haben sie sich vielleicht aufgrund bestimmter Umstände inzwischen geändert?

Ich habe verschiedene Möglichkeiten ausprobiert, wie ich herausfinden kann, was ich wirklich will. Drei davon möchte ich hier mit dir teilen.

Lerne dich selbst (wieder) spüren: Umso mehr ich im Außen orientiert bin, desto schwerer fällt es mir, mich selbst zu spüren. Ich habe für mich einen Weg gefunden, wie ich mich ganz unkompliziert wieder selbst spüren kann: barfuß spazieren gehen. Dabei bin ich fokussiert aufs Hier und Jetzt, ich komme zur Ruhe und kann mich gleichzeitig erden. Ich bekomme ich meinen Kopf frei. Anschließend kann ich mich in Ruhe hinsetzen und darüber nachdenken, was ich gerade wirklich brauche.

Übrigens ist barfuß spazieren gehen wirklich unkompliziert. Sogar wenn ich nur wenige Minuten Zeit dafür habe, gibt es keine Ausrede, denn ich kann so kurz oder lange unterwegs sein, wie es für mich passt. Ich brauche weder große Vorbereitungen noch Sportkleidung oder irgendwelche Trainingsgeräte. Selbst wenn es regnet, schnappe ich mir einfach einen Schirm und mache mich auf den Weg. Immerhin sind es nur ein paar Minuten. Und manchmal auch mehr, wenn ich währenddessen plötzlich das Bedürfnis danach verspüre.

Mein Tipp an dich ist, kreativ zu sein, falls du nicht die Möglichkeit haben solltest direkt barfuß rauszugehen. Gestalte dir deinen Barfußweg einfach zu Hause! Vermutlich ist dein Bad gefliest und die restlichen Wohnräume haben eine andere Art Bodenbelag. Liegt vor deiner Tür eine raue Fußmatte? Hast du ein flauschiges Handtuch? Befindet sich in deinem Schrank eine glatte, kühle Satinbettwäsche? Such dir einfach die verschiedensten Untergründe zusammen und laufe ganz bewusst darüber. Vielleicht magst du dabei deine Augen schließen, um noch bewusster wahrzunehmen, was sich unter deinen Füßen abspielt.

Wenn Barfußlaufen nicht deins ist, dann such dir unbedingt eine andere Tätigkeit, die dich möglichst innerhalb weniger Minuten erdet und zur Ruhe kommen lässt.

SCHREIB INTUITIV

In meinem Kopf passiert manchmal (na ja, offen gesagt meist öfter, als mir lieb ist) sehr viel gleichzeitig. Ideen und Impulse rasen durch meinen Kopf. Wenn ich sie festhalten will, bin ich froh, dass ich das Zehn-Finger-System auf der Tastatur beherrsche und die meisten meiner Gedanken durch schnelles Tippen einfangen kann.

Händisch zu schreiben, ist etwas ganz anderes. Einerseits spüre ich es körperlich, weil ich es einfach nicht mehr gewohnt bin. Und andererseits habe ich das Gefühl, ich komme überhaupt nicht mehr hinterher. Teilweise regt sich in mir die Angst, dass ich etwas Wichtiges vergessen könnte.

Beim intuitiven Schreiben hingegen darf ich mich für die Situation öffnen und einen Raum für mich entstehen lassen. Die Grundidee ist, von Hand zu schreiben und alle Worte, Sätze, Ideen, einfach alles, was sich gerade zeigen möchte, auf Papier fließen zu lassen. Für einen bestimmten Zeitraum von vielleicht zehn bis zwanzig Minuten. Ohne Pause. Ohne großartig über das Geschriebene nachzudenken. Ohne zu zensieren, zu bewerten, durchzustreichen oder zu korrigieren. Auch Rechtschreibung und Grammatik sind in dem Moment völlig egal. Nicht einmal vollständige Sätze müssen es sein.

Durch diese Technik wird unsere Intuition und unser Unterbewusstsein aktiviert. Sie kann uns dabei helfen, kreative Lösungen für private oder berufliche Fragen zu finden. Klarheit zu gewinnen. Ressourcen und Möglichkeiten zu entdecken. Ideen und Ziele zu formulieren.

Üblicherweise schnappe ich mir fürs intuitive Schreiben nicht einfach das nächstbeste Blatt und einen herumliegenden Kuli. Auch wenn ich das natürlich tun würde, wenn ich gerade nichts anderes zur Hand hätte und dieses Werkzeug trotzdem dringend für mich nutzen wollen würde.

Ich möchte diese Zeit bewusst zelebrieren. Deshalb habe ich mir dafür ein besonderes Notizbuch ausgesucht und verwende am liebsten den Stift, den mir meine beste Freundin zum Geburtstag geschenkt hat. Manchmal koche ich mir auch zusätzlich eine Tasse Tee und zünde eine Kerze an.

Ganz ehrlich bin ich beim Durchlesen meiner intuitiv geschriebenen Texte immer wieder selbst überrascht, was sich in diesem kurzen Zeitraum alles zeigt und welche Impulse und Goldschätze sich darin finden lassen.

KOMM INS REDEN

Ich habe für mich festgestellt, dass es mir auch hilft, wenn ich einfach mal über etwas reden kann. Dabei geht es vor allem darum, Dinge endlich auszusprechen und mir in dem Moment gleichzeitig selbst zuzuhören. Dadurch werden mir Umstände und Gegebenheiten bewusst und ich kann Lösungen finden.

Da ich tatsächlich nicht zu den Menschen zähle, die mit sich selbst sprechen können, ohne sich dabei lächerlich zu fühlen, brauche ich in einer solchen Situation ein Gegenüber. Ich erwarte dabei nicht, dass diese Person dann Lösungen für mich findet. Ganz im Gegenteil, das will ich gar nicht. Ich wünsche mir dann einfach jemanden, der ganz für mich da ist und meinen Gedanken Freiraum lässt.

Aus meiner eigenen Erfahrung möchte ich dir für diese Art des Gesprächs noch zwei Sachen mitgeben:

1. Kommuniziere vorab klar und deutlich, was du dir von deinem Gegenüber erwartest.

2. Achte darauf, dass du in so einer Situation jemanden vor dir hast, der damit umgehen kann. Ansonsten kann es dazu führen, dass du häufig in deinem Redefluss unterbrochen wirst, oder dir möglicherweise Gedanken verloren gehen, weil dir dein Gegenüber Lösungsvorschläge unterbreiten möchte. Mich persönlich verwirrt das und es nervt mich tierisch, sodass ich danach noch weniger weiß, wohin mit mir selbst als vorher.

ENTSCHEIDE DICH!

Hab' den Mut, zu deinen Wünschen und Bedürfnissen zu stehen.

Herauszufinden, was du wirklich willst, ist eine Sache. Doch nun ist es wichtig, auch den Mut zu haben, zu deinen Wünschen und Bedürfnissen zu stehen und die daraus folgenden Entscheidungen nicht nur zu treffen, sondern sie auch umzusetzen.

So etwas kann einem ganz schöne Angst machen. Das weiß ich aus eigener Erfahrung. Da ich oftmals nach dem Motto „Ganz oder gar nicht!" vorgegangen bin, hatte ich immer wieder dieses Gefühl, dass, wenn ich mich für etwas entscheide, ich auch dabei bleiben muss. Dass ich es durchziehen muss, komme, was wolle.

Doch es gibt da dieses Sprichwort, das besagt, dass die einzige Konstante im Leben die Veränderung ist. Wenn man also ständig denkt, Entscheidungen, die für immer halten, treffen zu müssen, dann sind Veränderungen ziemlich verunsichernd. Insbesondere, wenn man eine Flut an Wahlmöglichkeiten hat und sie sich als unüberschaubare Vielfalt vor einem auftut. Man kann nicht jedes kleinste Detail im Blick haben, um vorab alle Konsequenzen einzuschätzen. Das funktioniert einfach nicht. Denn ganz im Gegenteil blockiert es uns und hält uns in erster Linie davon ab, überhaupt Entscheidungen zu treffen.

Sich nicht entscheiden zu können, macht unzufrieden. Und wenn wir selbst keine Entscheidung treffen, kann es sein, dass sie jemand anderes für uns trifft. Das mag bei Kleinigkeiten nicht relevant sein, doch wenn es unser Leben beginnt deutlich zu beeinflussen, dann ist es eine ganz andere Sache. Lohnt es sich, das Risiko einzugehen, statt einer möglicherweise schlechten Entscheidung überhaupt keine eigene Entscheidung zu treffen? So können wir immerhin selbstbestimmt die Zügel unseres Lebens in den Händen halten. Auch wenn sich im Nachhinein herausstellen sollte, dass wir falsch entschieden haben, haben wir wenigstens die Chance, daraus zu lernen.

Mir hilft hier die Verbildlichung eines Segelschiffs, das auf ein bestimmtes Ziel zusteuert. Es ist dabei wichtig, das Ziel immer im Auge zu behalten und das Segel passend zum Wind zu stellen. Ändert sich der Wind, kann man korrigierend eingreifen.

Wenn du also zuerst glaubst, dass Entscheidung X die Richtige für dich ist, dann höre auf dein Bauchgefühl. Solltest du aber merken, dass es doch nicht die richtige Entscheidung war, kannst du den Kurs immer noch korrigieren und eine andere Entscheidung treffen.

Ein kleiner Tipp an dieser Stelle ist, eine Münze zu werfen, wenn du dich schwertust, eine Entscheidung zu treffen. Lege vorab fest, welche Seite für welches Ergebnis steht und in dem Moment, in dem du die Münze wirfst, wirst du einen Impuls spüren. Ein spontaner Wunsch, welche Seite sich zeigen soll. Schlussendlich ist es dann komplett egal, was wirklich zu sehen ist. Denn du bist dir währenddessen schon bewusst geworden, was du wirklich willst.

Entscheide dich! Erlaube dir selbst, Dinge und auch Menschen loszulassen, die dir nicht (mehr) guttun.

Es ist wichtig, dass du dich mit Menschen und Dingen umgibst, die dich dabei unterstützen, dass du dein Leben so gestalten kannst, wie es für dich richtig ist. Das bedeutet im Gegenzug, dass es ebenso wichtig ist, dich von Dingen und Menschen zu trennen, die dir nicht (mehr) guttun.

Das ist an der einen oder anderen Stelle nicht immer einfach. Bei Gegenständen vielleicht, weil bestimmte Erinnerungen damit verbunden sind. Ganz besonders aber, wenn es darum geht, Grenzen zu setzen und sich von Bekannten, Freund*innen oder möglicherweise auch Familienmitgliedern zu trennen. Entscheide dich bewusst, von wem du möglicherweise nur eine, gerne auch ausführliche, Pause brauchst und wer nicht mehr in deinem Leben bleiben soll.

Ich selbst habe solche Entscheidungen schon getroffen. Nicht leichtfertig oder aus einer Laune heraus, sondern sie haben mich Mut und Kraft gekostet. Wären diese Menschen länger in meinem Leben geblieben, hätte es mich zu viel Kraft gekostet.

Vor längerer Zeit hatte ich eine Schwimmpartnerin, die ich wöchentlich traf. Anfangs funktionierte es trotz unserer unterschiedlichen Lebensweisen durchaus gut. Als jedoch nach dem Lockdown die Hallenbäder wieder öffneten, musste ich feststellen, dass sie sich leider zum Negativen verändert hatte. Sie war vollkommen darauf fixiert, was alles in ihrem Leben schieflief. Das ging so weit, dass ich mich schon gar nicht mehr traute, ihr davon zu erzählen, wenn etwas Positives in meinem Leben passiert war.

Als sie trotz liebevoller, aber deutlicher Hinweise meinerseits nichts an ihrem Verhalten änderte, schrieb ich ihr schließlich eine ausführliche Nachricht, in der ich mich für die gemeinsame Zeit bedanke und sie wissen ließ, dass ich den Kontakt beende. Ich bekam zu hören, dass sie schon bemerkt hätte, dass ich sie nicht aushalten könne. Doch muss ich jemanden wirklich aushalten? Und vor allem fragte ich mich, wenn sie schon gemerkt hat, dass etwas nicht mehr passt, wieso wollte sie dann unbedingt weiterhin den Kontakt halten?

Ich möchte mich mit Menschen umgeben, die mir guttun, die Zeit mit mir verbringen wollen und mit denen ich umgekehrt auch Zeit verbringen möchte. Das Thema beschäftigte mich noch länger, doch die Entscheidung, den Kontakt abzubrechen, war definitiv die richtige. Ich merkte, wie mir ein schwerer Stein vom Herzen fiel und ich mich endlich wieder auf meine Schwimmauszeiten freuen konnte.

Mach dir klar, dass es völlig in Ordnung ist, loszulassen. Sei dabei geduldig und liebevoll mit dir selbst, denn es handelt sich hierbei um einen Prozess, der Zeit benötigt.

DARF ES NOCH EIN BISSCHEN MEHR SEIN?

Lass mehr von dem in dein Leben, das richtig und wichtig für dich ist.

Wo dein Fokus liegt, dahin fließt auch deine Energie. Und wohin deine Energie fließt, das wächst. Das bedeutet allerdings, dass auch Negatives wachsen wird, wenn du deinen Fokus darauf legen solltest.

Umso wichtiger ist es, die eigene Aufmerksamkeit willentlich aufs Positive zu lenken. Was tut dir gut? Wovon möchtest du mehr in deinem Leben haben? Was bereitet dir Freude?

SICHTBAR MACHEN

Nimm dir die Zeit, deine Tage bewusst zu planen, um dir regelmäßig Platz für das einzuräumen und zu schaffen, wovon du mehr möchtest.

Möglicherweise hilft dir dabei auch ein Journal, mit dem du regelmäßig für dich selbst sichtbar machen kannst, wofür du dankbar bist. Darin kannst du deine großen und auch kleinen Erfolge festhalten, beruflich genauso wie privat. Was genau Erfolg für dich bedeutet, kannst du für dich selbst definieren. Es dürfen selbstverständlich auch Dinge sein, die dir leichtfallen, dich mit Begeisterung und Zufriedenheit erfüllen und woran du Freude hast. Wertschätze dich täglich dafür, was du erreicht hast! So kannst du besonders in herausfordernden Zeiten zurückschauen, welche Erfolge du bereits erreicht hast.

Ich nutze hierfür übrigens mein sogenanntes „Tadaaa!-Journal". Diesen Impuls bekam ich von meinem Mann, als ihm aufgefallen war, dass ich durch die wachsende To-do-Liste nicht mehr wahrnahm, was ich an einem

Tag überhaupt erreicht hatte. Er schenkte mir deshalb ein leeres Notizbuch, das er mir mit den folgenden Worten übergab: „Das ist für deine Tadas". Daraus habe ich mein ganz eigenes „Tadaaa!-Journal" entwickelt, welches inzwischen in verschiedenen Versionen online und in regionalen Buchhandlungen erhältlich ist.

ZUM ABSCHLUSS: DIE WUNDERFRAGE VON STEVE DE SHAZER UND INSOO KIM BERG[10]

Es ist bestimmt eine der größten Herausforderungen, die vermeintliche Sicherheit von dem Bekannten loszulassen und Vertrauen in das Unbekannte zu haben. Also mit dem Fluss des Lebens gehen. Daran zu glauben, dass das Leben es grundsätzlich immer und jederzeit gut mit uns meint, auch wenn es sich in manchen Momenten nicht so anfühlt, weil wir zum Beispiel gerade an etwas wachsen.

Doch angenommen, es würde nachts, während du schläfst, ein Wunder geschehen und deine Probleme wären gelöst. Was würdest du bemerken? Was wäre anders? Und zu welchen neuen Abenteuern würdest du aufbrechen?

Sei mutig, deine Träume zu verwirklichen und dein Leben nach deinen eigenen Vorstellungen zu gestalten. Ich wünsche dir nur das Beste für deinen persönlichen Weg!

AUTORINNEN-VORSTELLUNG

Vera Fechtig

+43 650 38 52 436

hallo@verafechtig.at

verafechtig.at

linkedin.com/in/vera-fechtig

@verafechtig_sachbuchmentorin &
@verafechtig_autorin

10 https://de.wikipedia.org/wiki/Systemische_Therapie#Schule_von_Milwaukee, zuletzt abgerufen am 25.10.2023

DEIN BUSINESS IN MAXIMAL DREI SÄTZEN?

Getreu dem Motto „Keine Versteckspiele mehr" unterstütze ich mit Buch-Mentoring, Buchgestaltung und Buch-Marketing Menschen aus dem coachenden und beratenden Bereich, sich mit ihrem Sachbuch als Expertin oder Experte zu positionieren. Als Autorin weiß ich, wie man das eigene Buch von der Idee bis zur Veröffentlichung bringt.

FÜR WEN BIST DU GENAU DIE RICHTIGE ANSPRECHPARTNERIN?

Menschen, die in ihrem Beruf Wissen und Persönlichkeit vereinen und sich mit ihren Werten und ihrem Warum zeigen wollen - um die Menschen zu erreichen, die wirklich zu ihnen passen.

ARBEITEST DU OFFLINE, ONLINE ODER BEIDES?

Beides, meistens online.

WELCHE WAREN DEINE DREI WICHTIGSTEN LEBENS- BEZIEHUNGSWEISE LERNSTATIONEN?

Aus einer betriebsbedingten Kündigung heraus, habe ich es 2013 gewagt, mich komplett selbstständig zu machen. Nachdem ich dann seit 2020 bereits ungefähr 30 Bücher für meine Kund*innen gestaltet habe, habe ich Anfang 2023 einen weiteren großen Schritt gewagt. Weg vom klassischen Grafikdesign, hin zum vollen Fokus auf das Thema Bücher.

Im Februar 2016 kamen unsere Zwillinge zehn Wochen zu früh auf die Welt. Bereits zuvor und auch danach waren mehrwöchige Krankenhausaufenthalte notwendig, die mich an meine Grenzen brachten. Umso dankbarer war ich, auch in dieser besonders herausfordernden Zeit, meinen wunderbaren Mann an meiner Seite zu haben.

Der Prozess, die eigene Lebensgeschichte in einem Buch zu verpacken. Mich damit nicht nur mir selbst oder mir wichtigen Menschen gegenüber zu öffnen, sondern gefühlt der ganzen Welt. Und dennoch den Mut aufzubringen, mich „nackig zu machen" und „die Hosen herunterzulassen", um anderen Frauen ein Vorbild zu sein und ihnen Mut zu machen, ihr Leben an die eigenen Wünsche und Bedürfnisse anzupassen.

MAL ANGENOMMEN, DU KÖNNTEST 15 JAHRE IN DIE VERGANGENHEIT REISEN. WAS WÄRE DEIN WICHTIGSTER TIPP AN DEIN 15 JAHRE JÜNGERES ICH?

Habe Vertrauen in dich selbst und deine Fähigkeiten – du bist genauso richtig, wie du bist!

02

SELBSTFÜHRUNG, UNTERNEHMERTUM UND DIE FÜHRUNG VON MITARBEITER*INNEN

Um beruflich erfolgreich zu sein und privat ein glückliches Leben zu führen, gehören viele Eigenschaften und Entscheidungen. Vor allem gehört eine Grundzufriedenheit in allen Bereichen dazu. Wie viele Menschen sind beruflich erfolgreich und dennoch unzufrieden oder sogar unglücklich? Wie viele Menschen führen vielleicht privat ein großartiges Leben, aber beruflich und finanziell ist es nicht so, wie sie es sich wünschen? In einigen meiner Bücher spreche ich vom Geld-Zeit-Gefängnis. Wie viele Menschen kennst du, die in einem Geld-Zeit-Gefängnis gefangen sind? Geld und Zeit sind beide messbar, doch auch haben beide für jeden einen anderen Wert. Während bei der einen die Ressource Zeit knapp ist, ist bei anderen vielleicht das Thema Geld der schwierigste Punkt. Wenn sowohl zu wenig Zeit als auch zu wenig Geld vorhanden sind, dann wird es ganz besonders kritisch. Spätestens dann ist auch das Thema Gesundheit häufig eine Baustelle. Denn Gesundheit besteht zum einen aus der psychischen Gesundheit, die unter anderem stark von der Zufriedenheit eines Menschen abhängt, und zum anderen gehört aber auch die körperliche Gesundheit dazu. Wenn zu wenig Zeit für körperliche Fitness, Arztbesuche oder Erholung da ist, kann der Körper mit Krankheit reagieren. Das Gleiche gilt beim Thema Geld, denn je mehr Geld du zur Verfügung hast, desto besser kannst du dich gesund ernähren oder dir auch mal medizinische Hilfe gönnen, die nicht von der Krankenkasse bezahlt wird.

Dieser Teil des Buches beschäftigt sich mit den Themen Selbstführung, Unternehmertum und Mitarbeitendenführung. Das Thema Selbstführung ist ein wichtiger Dreh- und Angelpunkt im Leben für mehr Zufriedenheit, Glück, Erfolg und auch Geld. Selbstführung beginnt bei der aktiven Entscheidung für die Art und Weise, in der du leben willst und für den Job, in welchem du arbeiten möchtest. Die berufliche Tätigkeit ist für viele von uns ein Teil des Lebens, der einen großen Raum einnimmt. Gerade deswegen ist eine Grundzufriedenheit im Job immens wichtig für ein glückliches Leben. Immerhin verbringst du einen großen Teil deiner wachen Zeit damit. Deswegen musst du Entscheidungen für dich treffen. Gehörst du zu denjenigen, die gerne in einem Angestelltenverhältnis arbeiten, oder bist du eher ein Freigeist und möchtest selbstständig als Freiberuflerin tätig sein? Vielleicht hast du auch Lust, ins Unternehmertum einzusteigen.

Spätestens, wenn du für Mitarbeitende verantwortlich bist, gilt es, noch weiter zu denken. Denn dann bist du nicht nur für deine eigene Zufriedenheit zuständig, sondern legst auch die Basis für die Zufriedenheit der Mitarbeitenden. Diese ist wiederum entscheidend für deinen Unternehmenserfolg.

Und nun lass uns starten!

Erfahre von der großartigen Herzensbotschafterin Monica Gayoso Blanco, wie sich echtes Scheitern anfühlt und wie es der Start für eine sehr besondere Karriere sein kann. Manch ein Stoppschild ist nur ein Hinweis zum Innehalten. Lies selbst.

Monica Gayoso Blanco

Warum Scheitern kein Stoppschild ist

Kennst du das Gefühl, dich nach einer Kündigung, Ausbildungsabbruch oder auch in der Coronazeit wie eine Versagerin zu fühlen? Lasse mich dir sagen, dass Scheitern kein Stoppschild ist. Es ist eine Chance, sich neu zu orientieren und seinen Traum zu leben. Erfolg und Scheitern sind Teil unserer Lernerfahrungen. Wir sollten unsere Niederlagen genauso wie unsere Erfolge feiern, denn sie lassen uns enorm wachsen. Ich spreche aus eigener Erfahrung und in diesem Beitrag berichte ich darüber, wie du lernen kannst, deine Stoppschilder im Leben zu lieben!

UND PLÖTZLICH STEHT DEINE WELT STILL

Im Verlauf unseres Lebens streben wir nach hohen Zielen und balancieren zwischen Erfolgen und Rückschlägen. Doch was passiert, wenn das Leben uns einen unerwarteten Wandel auferlegt?

Im März 2020 stand ich allein in meinem Büro, und die Welt stand still. Ich ließ meinen Blick an kleinen und großen Erinnerungsstücken aus meinem Leben vorbei schweifen. Darunter war auch ein Brief vom bayerischen Staatsministerium des Landesjustizprüfungsamtes. Sollte es das jetzt gewesen sein? Wie sollte es weitergehen?

DER WIDERSPRUCH DES ERFOLGS UND SCHEITERNS

Als Gründungsberaterin arbeite ich oft mit Menschen, die aus der Arbeitslosigkeit kommen und mit mir den Weg in ihre Selbstständigkeit gehen wollen.

Eine Kündigung und Arbeitslosigkeit kann viele Gründe haben, jedoch bedeutet es für jede Einzelne erst einmal ein Stoppschild für das Leben, wie es kannten und geht einher, mit dem Gefühl, gescheitert zu sein.

Jedes Stoppschild bedeutet aber auch, sich neu orientieren und nach neuen Wegen Ausschau halten zu dürfen. Im Gegensatz zu vielen anderen sehe ich nicht eine gescheiterte Person vor mir, sondern Menschen mit Know-how und Zeit. Die Arbeitslosigkeit ist eine Chance, seinen Weg zu gehen und seinen Traum zu verwirklichen.

Erfolg oder Niederlage lassen sich oft nur mit zeitlicher Distanz einschätzen. Daher ist es essenziell wichtig zu verstehen, dass eine Niederlage, genauso wie Erfolg, nicht direkt gut oder schlecht ist. Wenn wir scheitern, neigen wir dazu, gleich in ein schwarz-weißes Denken zu verfallen. Alles scheint dann schlecht und wie ein großer Fehler. Jedoch ist es wichtig zu verstehen, dass alles Lernerfahrungen sind. Wir dürfen unser Scheitern genauso wie unsere Erfolge feiern. Es ist nichts anderes als eine Niederlage, die uns zur Wiederbelebung motiviert.

Warum kann ich das so einfach sagen? Weil ich genau diese Lernerfahrungen in meinem Leben machen durfte und heute genau der Mensch bin, zu dem ich ohne diese Erfahrungen nicht geworden wäre. Wir sind die Summe unserer Erfahrungen, gute und schlechte. Und Hand aufs Herz, sind es nicht die Herausforderungen, die uns enorm wachsen lassen haben? Die uns aus unserer Komfortzone herausgelockt, uns ins Wanken gebracht, manchmal zu Fall gebracht und uns gezwungen haben, wieder aufzustehen?

PERSÖNLICHE GRENZEN KENNENLERNEN: DIE HÜRDE DES GESCHEITERTEN JURA-STUDIUMS

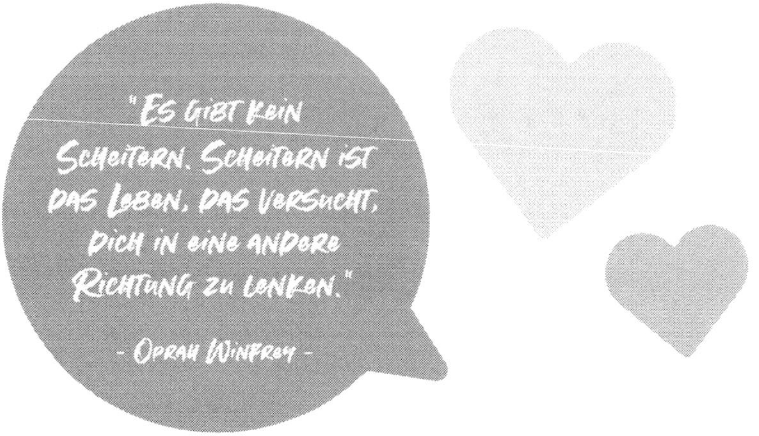

Kaum jemand, der es nicht selbst erlebt hat, kann sich vorstellen, was es heißt, wenn man nach fast 8 Jahren Studium einen Brief vom bayerischen Staatsministerium bekommt mit der Aussage, wiederholt nicht bestanden zu haben.

Es war mein zweiter Versuch, und ich habe meinen Eltern schon beim ersten Mal schonend beibringen müssen, dass ich gescheitert bin. Mein Traum einer wundervollen Rechtsanwältinnenkarriere war aus. Ich stand mit 28 Jahren mit nichts außer meinem Abitur da! Eine bittere Enttäuschung, die mich noch jahrelang begleitete. Ich habe zum ersten Mal in meinem Leben das Gefühl gespürt, versagt zu haben und alle enttäuscht zu haben, am meisten mich selbst.

DEN EIGENEN WERT ERKENNEN UND STÄRKEN

Mit einem nicht bestandenen Studium war ich beruflich auf null gesetzt und konnte bei zukünftigen Bewerbungen auf keinen vernünftigen Studienabschluss verweisen. Das ging mir sehr nah, da ich offensichtlich an meine Grenzen gestoßen bin und mir dieses Schreiben schriftlich vorhielt, dass ich nicht gut genug war. Ich hatte das peinliche Gefühl, auf ganzer Strecke versagt zu haben.

Das war der Moment, in dem ich alles in Frage stellte.

Habe ich meine eigenen Fähigkeiten überschätzt?
Habe ich nicht genug getan?
Warum bin ich gescheitert?
Was werden meine Eltern, Freunde und Freundinnen denken?
Wieso passiert das gerade mir?
Wie soll es jetzt weitergehen?

Mein Gedankenkarussell begann sich zu drehen und nahm richtig Fahrt auf. Menschen, die mir wichtig waren, wollten wissen was los ist, aber ich hielt sie auf Abstand. Ich brauchte Zeit für mich und musste mich sammeln.

Es brauchte eine Weile, um mich zu fokussieren und zu erkennen, dass ich mich neu definieren musste. Die Pläne, die ich von Kindheit an hatte, konnte ich nicht mehr verwirklichen und mein Berufsweg musste sich ändern. Mich ärgerte auch, dass es ein Notensystem gibt, das irgendwann mal festgelegt wurde und das weder Interesse noch Leidenschaft berücksichtigt. Ich bin nicht das Punktesystem. Ich bin auch keine Note. Das sind Umstände, die mich nicht definieren und mich nicht ausmachen. Aus mir wuchs langsam eine Kraft und der Ausspruch „Jetzt erst recht!". Ja, ich hatte und habe in meinem Lebenslauf den Hinweis stehen, dass ich nicht perfekt bin. Doch ich weiß inzwischen, dass das Nichtbestehen einer Prüfung nichts über meine Fähigkeiten und mich aussagt. Es ist nur eine Zahl auf einem Stück Papier, das zu meiner Vergangenheit gehört, mehr nicht. Heute, Jahre später, kann ich sagen, dass mir mein juristischer Hintergrund bei so manchem Vertrag im Geschäftsalltag zugutegekommen ist und ich immer Bescheid wusste, was rechtens ist und was nicht. Ich profitiere täglich von meinem juristischen Fachwissen und mittlerweile kann ich mit einem Lächeln im Gesicht stolz sagen, dass ich beinahe Juristin geworden wäre.

GESUNDHEIT UND SELBSTFÜRSORGE NACH DEM BURNOUT: DER WENDEPUNKT DES KÖRPERLICHEN UND EMOTIONALEN ZUSAMMENBRUCHS

Eine leere Batterie bringt keine Leistung. Aber woran kann eine leere Batterie erkennen, dass sie keine Leistung mehr hat? Als frisch getrennte Mutter einer wundervollen Tochter von fünf Jahren stand ich Anfang 2011 allein da. Ich war alles in einer Person, selbst und ständig auf voller Leistung: Vollzeitjob, Karriere, Kind, Haushalt, soziale Kontakte und Vater und Mutter in einer Person. Für mich als Frau, die bisher immer alles im Griff hatte, war es selbstverständlich, alles jonglieren zu müssen. Zuzugeben, dass mir langsam alles über den Kopf wuchs, war nicht erlaubt. Ein Scheitern meiner Ehe und meiner beruflichen Karriere wollte ich nicht wahrhaben. Deshalb war es klar, dass es kam, wie es kommen musste, und ich saß im Juni 2017 bei meinem Hausarzt, der mir schonend, doch bestimmend die Diagnose Burnout mitteilte. Eine mittlere Erschöpfungsdepression mit psychosomatischen Symptomen.

Heute erzähle ich meine Geschichte und bin dankbar, dass mein Burnout mich aus den festgefahrenen Strukturen holte und mich aus meinem Hamsterrad befreite. Meine Seele wurde krank, weil ich damals aufgehört habe zu sein und nur noch funktionierte. Innerlich fühlte ich mich ausgebrannt, leer, müde, erschöpft, ausgelaugt, am Ende meiner Kraft und am Ende meiner Nerven.

ZURÜCK ZU SICH SELBST FINDEN

Ich durfte erkennen, dass es viele Frauen gibt, die einfach Macherinnen sind. Wir setzen um und verwirklichen Projekte, wir übernehmen Verantwortung und managen alles. Allerdings achten wir dabei manchmal zu wenig auf uns selbst. Wir sind oft genau dann nicht offen und ehrlich, wenn wir uns selbst einschätzen sollen. Kleine Erkältungen oder Krankheiten werden einfach übergangen. Kein Problem, das schaffen wir schon! Das alles saugt an unserer inneren Batterie und nimmt uns Kraft für die Umsetzung.

Doch ich durfte noch etwas anderes lernen. Und zwar auf mich selbst zu schauen und mich gut um mich selbst zu kümmern. Auch mal "Nein" zu sagen und Grenzen zu setzen. Nach Unterstützung zu fragen und diese auch anzunehmen, war nicht einfach, und ich übe auch noch heute an meinem Glaubenssatz: „Ich schaffe das alles allein".

Während meiner langen Auszeit und meines Reha-Aufenthaltes in einer

psychosomatischen Klinik fand ich wieder zu mir selbst. Ich schöpfte neue Kraft und hörte auf mein Herz. Ich fasste meinen ganzen Mut zusammen und beschloss, mein Leben zu ändern, es einen Sinn zu geben und beruflich etwas zu finden, was mich erfüllen würde. Ich wusste, dass ich noch mal einen Neuanfang wagen müsste und kündigte meinen sicheren 17-jährigen Vollzeitjob. Es kostete mich viele schlaflose Nächte, Überwindung und erforderte all meinen Mut. Heute, fünf Jahre später, kann ich sagen, dass es die beste Entscheidung meines Lebens war!

Es war ein Befreiungsschlag, kein Scheitern.

Dass ich mich später sogar selbstständig machen würde, ahnte ich, als ich kündigte, nicht. Ich hatte damals nur ein tiefes Vertrauen darin, dass es - mein Beruf oder vielmehr meine Berufung - mich finden würde. Und so war es auch, denn im Februar 2019 machte ich mich als Coach selbstständig.

EXTERNE EINFLÜSSE UND DER MUT ZUM WIEDERAUFSTEHEN

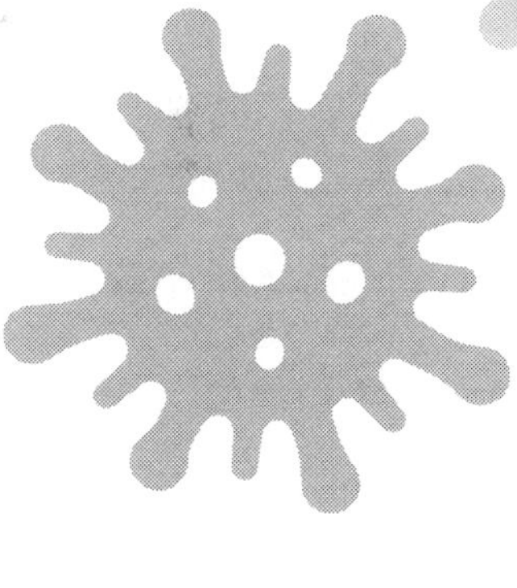

Hattest du schon mal ein Eis in der Hand und wolltest gerade genüsslich hineinbeißen, als jemand kommt und es dir einfach wegnimmt? So ähnlich ging es mir im März 2020. Ich wollte loslegen, hatte mir frisch ein großes Büro angemietet und plötzlich stand die Welt still. Der Lockdown kam und nichts ging mehr. Dabei hatte ich jetzt nach einem Jahr Höhen und Tiefen in der Selbstständigkeit doch endlich alles zusammen, um loszulegen und durchzustarten.

Ich hatte alles investiert und es war der Moment, als ich all-in ging. Mit einem Büro im Herzen der Innenstadt von Nürnberg in der schönen Weißgerber Gasse. Gründer*innen erreichten mich sehr gut zu Fuß und Coachings konnten auch mal in Cafés stattfinden. Ein wahrer Traum von einem schönen Altstadtbüro. Die ersten Beratungsbuchungen kamen rein und der Terminkalender füllte sich. Es stellte sich bei mir das Gefühl ein, dass ich jetzt auf meinem Weg bin. Es lief einfach richtig gut an und das war auch gut so. Ich brauchte die Aufträge, um meine Kosten zu decken. Gerade wenn man ein neues Business startet, lehnt man sich gern mal ein bisschen weiter aus dem Fenster mit den Investitionen. Mit dem Thema stehe ich nicht allein da. Genau diese Herausforderungen erlebe ich auch immer wieder bei den Gründerinnen und Gründern, die ich begleite. Doch in diesem März 2020 sagten meine Kunden alle Termine ab. Doch die Kundschaft sagte Ende März ihre Termine ab. Folgetermine vor Ort konnten nicht mehr stattfinden. Ich war gefühlt nur noch am Telefon und schrieb E-Mails, um zu koordinieren, wie es jetzt weitergeht. In der Gründungsberatung bin ich mit meiner Kundschaft an einen zeitlichen Förderungsrahmen gebunden. Nicht nur meine Bezahlung für die Beratung stand infrage, sondern auch die Förderungsberechtigung für meine Gründer*innen. Es war ein Chaos an vagen Informationen, und dann stand die Welt ganz still und nichts ging mehr weiter.

Im ersten Lockdown 2020 war nicht mal klar, ob ich in mein Büro gehen kann. Ich fühlte mich machtlos und mein Gefühl der energiegeladenen Selbstständigkeit war weg. Nicht nur das. Es wurden weiterhin fortlaufend Termine abgesagt. Ich spürte Angst. Wie sollte es weitergehen? Werde ich mich über Wasser halten können?

Ging es dir auch so, dass du am Anfang des Lockdowns wahre Existenzängste hattest?

DIE STÄRKE IN GEMEINSCHAFT UND ZUSAMMENHALT

Diese Existenzangst war ein wichtiger Katalysator, um mich zu öffnen, nach vorn zu gehen und offen ein Netzwerk zu bauen. Ich hatte schon erste Kontakte geknüpft und mich mit Kund*innen und Geschäftspartner*innen ausgetauscht. Dabei fühlte ich die förderliche Gemeinschaft von allen, die um mich herum waren und fasste erneut Mut. Gerade der vertrauensvolle Austausch über das Scheitern und Fehler war für mich sehr wertvoll. Ich war nicht allein und ich glaubte an mein Business. Wenn du denkst, du kannst nicht mehr, dann denke noch einmal!

Und so war es dann auch, ich gestaltete meines Coachings online und schrieb erste Rechnungen. Mit meinem Vermieter hatte ich auch Glück, denn er ließ sich zunächst auf die Hälfte der Monatsmiete ein. Ich spürte schnell Rückenwind und das Rad begann sich zu drehen! Das positive Feedback meiner Kund*innen und meine kleinen Teilerfolge zeigten mir, ich hatte es mal wieder geschafft. Auch diese Krise habe ich überstanden.

SCHEITERN ALS KATALYSATOR FÜR WACHSTUM & RESILIENZ

Heute gebe ich das Wissen und meine Erkenntnisse rund um das Scheitern gern an meine Gründer*innen weiter, weil Scheitern kein Stoppschild ist! Es mag sich entmutigend anfühlen, doch lass dir versichern, dass es ein mächtiger Katalysator für persönliches Wachstum und innere Resilienz sein kann. Hier sind einige Tipps, wie auch du diese Perspektive einnehmen kannst, um aus jeder Herausforderung gestärkt hervorzugehen:

Akzeptanz statt Selbstkritik: Anstatt dich mit Selbstzweifeln zu quälen, akzeptiere das Scheitern als Teil des Prozesses. Fehler passieren jedem, auch denjenigen, die sagen, ihnen passieren keine Fehler. Sie sind Chancen zur Verbesserung und Erfahrungen, die dich weiterbringen. Ich benutze das Wort „Fehler" nie. Weniger gute Erfahrungen, aus denen ich vieles gelernt habe, klingt viel besser.

Lernen aus Erfahrungen (Fehlern): Betrachte gescheiterte Versuche als wertvolle Lektionen. Analysiere, was schiefgelaufen ist, und identifiziere Bereiche, in denen du dich verbessern oder verändern kannst.

Neue Perspektiven einnehmen: Scheitern eröffnet oft unerwartete Wege. Sieh es als Möglichkeit, deinen Horizont zu erweitern und alternative Lösungsansätze zu entdecken.

Resilienz aufbauen: Jeder Rückschlag kann dich widerstandsfähiger machen. Arbeite an deiner inneren Stärke, indem du lernst, mit Stress umzugehen und dich schneller zu erholen.

Selbstfürsorge priorisieren: Nach einem Misserfolg ist es wichtig, auf dich selbst zu achten. Nimm dir die Zeit zum Entspannen, Reflektieren und um deine Energie wieder aufzuladen.

Ziele neu setzen: Dein Scheitern kann ein Anlass sein, deine Ziele zu überdenken und neu auszurichten. Sieh es als Chance, deine Prioritäten zu klären.

Unterstützung suchen: Teile deine Erfahrungen mit Freund*innen, Familie oder Mentor*innen. Externe Perspektiven können erfrischende Einsichten bieten. Bau dir ein gutes Netzwerk auf!

RESÜMEE

Erfolg oder Niederlage lassen sich oft nur mit zeitlicher Distanz einschätzen. So ergibt es sich im Leben, dass man mal vor einem Stoppschild steht und erkennt, dass es hier nicht weitergeht. Manchmal befindet man sich auch in einer Einbahnstraße, die nur in eine Richtung geht, aber ob es dann die richtige war, erkennt man meist erst später.

Wichtig ist es, frühzeitig zu erkennen, dass es nicht unbedingt schlecht sein muss, ein Stoppschild vor sich zu haben. Es kann eine Möglichkeit sein, kurz innezuhalten, sich Zeit für sich selbst zu nehmen, eine kleine Pause einzulegen, die dich dazu bringt, nach links oder rechts zu schauen, und vielleicht andere Wege einzuschlagen. Auch Sackgassen können auf unserer Reise wichtig sein, weil man sonst nie auf Gegebenheiten oder Menschen getroffen wäre, die für unsere Zukunft wichtig sind. Ja, vielleicht verlieren wir Zeit oder Kraft dadurch, wieder umdrehen zu müssen und eine Schleife zu drehen, aber es kommt nur darauf an, wie wir mit der Situation umgehen. Es kann eine einmalige Chance gewesen sein oder ein glücklicher Zufall, die uns zu einer Gegebenheit, einem Ort, einer Erfahrung oder einem Schatz geführt haben, die uns reicher machen.

Heute sitze ich hier in meinem wunderschönen Büro und schreibe diese Zeilen. Ich habe mittlerweile eine Vollzeitangestellte, die mich im Tagesgeschäft unterstützt, ein paar freie Mitarbeitende, die mir manchmal zuarbeiten, und blicke zuversichtlich in die Zukunft, mit dem Wissen, dass auch wieder Rückschläge kommen werden.

In einer Welt, die oft von hektischem Treiben und unermüdlichem Einsatz geprägt ist, stehen wir im Rampenlicht. Wir, die Macherinnen und Powerfrauen, die mit Leidenschaft und Herzblut Großartiges schaffen. Dieser Buchbeitrag ist eine Ode an all die bemerkenswerten Frauen, die unaufhaltsam voranschreiten, sich dabei aber oft selbst aus dem Auge verlieren. An dich, die das Unglaubliche vollbringt, ohne nach Geld oder Anerkennung zu fragen.

Dies ist eine Botschaft, die laut verkündet: „Hey, deine Arbeit hat Wert!" Du verdienst nicht nur Lob, sondern auch die Fülle, die du anderen schenkst. Es ist Zeit, das eigene Licht zu erkennen und zu strahlen, ohne Schuldgefühle oder Bescheidenheit. Denn du, die sich so oft aufopfert und bis zur Erschöpfung alles gibt, verdienst es, aufzublühen und dich nicht zu verlieren.

An all die mutigen Frauen da draußen: Es ist Zeit, sich selbst zu erheben und die Welt zu erobern. Genau das vermittle ich auf meiner Mission als Unterstützerin von Existenzgründerinnen und Jungunternehmerinnen: Vertraue deinem Können, wage Neues, sei mutig und wachse über dich hinaus! Jedes Scheitern bringt uns einen Schritt weiter an unser eigentliches Ziel. Lass dich nicht durch Rückschläge entmutigen. Schau auf das, was du bereits geleistet hast. Auch in deiner Selbstständigkeit wirst du die ein oder andere Hürde meistern oder vielleicht auch manchmal vor einem Stoppschild stehen bleiben müssen und nicht wissen, wie es weitergeht. In solchen Momenten kannst du innehalten und wirst Lösungen finden. Für mich persönlich war es der beste Schritt, mich selbstständig zu machen. Ich genieße meine unternehmerische Freiheit und darf genau diese Leidenschaft weitergeben.

AUTORINNEN-VORSTELLUNG

Monica Gayoso Blanco

Coaching | Consulting | Training

Weißgerbergasse 19
90403 Nürnberg

info@mgb-coaching.de

mgb-coaching.de

@mgb_coachingconsultingtraining

DEIN BUSINESS IN MAXIMAL DREI SÄTZEN?

Mit einem Fokus auf Gründungszuschüsse und geförderte Beratung durch AVGS, IHK und BAFA, stehe ich als Gründungsberaterin an der Seite von aufstrebenden Jungunternehmer und Jungunternehmerinnen. Seit vielen Jahren helfe ich jungen Unternehmenden dabei, ihre Geschäftsideen erfolgreich in die Tat umzusetzen. Als erfahrene Businesscoach biete ich umfassende Unterstützung und Orientierung in der anspruchsvollen Phase der Entscheidungsfindung und Gründung.

FÜR WEN BIST DU GENAU DIE RICHTIGE ANSPRECHPARTNERIN?

Gründer oder Gründerinnen bekommen durch meine Arbeit einen freien Kopf und eine systemische, strategische und starke Begleitung für Ihre unternehmerische Zukunft.

ARBEITEST DU OFFLINE, ONLINE ODER BEIDES?

Es gibt viele Schritte zu bewältigen. Gerne bieten wir sowohl online als auch offline Begleitung auf dem Weg in die Selbstständigkeit.

WELCHE WAREN DEINE DREI WICHTIGSTEN LEBENS- BEZIEHUNGSWEISE LERNSTATIONEN?

Es ist wichtig, dass wir unsere Lebens- und Lernstationen genauso wie unsere Erfolge schätzen, da sie entscheidende Etappen auf unserem Lebensweg darstellen. Du hast bereits einen Einblick in meine drei bedeutendsten Wegmarken erhalten.

MAL ANGENOMMEN, DU KÖNNTEST 15 JAHRE IN DIE VERGANGENHEIT REISEN. WAS WÄRE DEIN WICHTIGSTER TIPP AN DEIN 15 JAHRE JÜNGERES ICH?

Nimm Chancen an und habe keine Angst vor Veränderungen. Sei bereit, Risiken einzugehen! Die meisten Wachstumsmöglichkeiten ergeben sich außerhalb deiner Komfortzone.

Wie ist denn deine berufliche Situation aktuell? Planst du eventuell, dich zeitnah selbstständig zu machen? Wenn du Beratung brauchst, dann bist du bei Monica in den besten Händen. Eine der essenziellen Entscheidungen beim Thema Selbstständigkeit ist auch die Frage, in welcher Rechtsform du gründen möchtest. Die meisten Existenzgründerinnen, die ich kennengelernt habe, haben erst einmal als Einzelkämpferin angefangen. Doch wie wäre es, wenn du gleich größer denkst? Wie wäre es, wenn du eine GmbH gründen würdest? „Absurd!", magst du vielleicht denken. „Keinesfalls!", würde dir unsere nächste Herzensbotschafterin dazu antworten. Sie hat es getan! Sie hat allein eine eigene GmbH gegründet.

Doch lies selbst und lass dich von ihren Herzensbotschaften inspirieren!

Beatrix Westphal

Warum mehr Frauen eine Kapitalgesellschaft gründen sollten

GMBHH – GIB MEINEM BUSINESS HERZ UND HALT

Warum mehr Frauen eine Kapitalgesellschaft gründen sollten.

Mein Name ist Beatrix Westphal und ich bin die Gründerin der Rent Awesome People GmBH. Ja, das B schreibe ich absichtlich groß und eigentlich müsste es „gmBHH" heißen, denn Herz und Halt sind die wichtigsten Eigenschaften eines Unternehmens.

4 %

Das ist nicht nur der aktuelle Leitzins der EZB, sondern der Prozentsatz der, laut dem Beratungskonzern BCG im Jahr 2019, von Frauen allein gegründeten Startups ohne Beteiligung männlicher Mitgründer im Start-Team.[11]

Bei Frauen hat sich die Anzahl der Selbstständigen zwischen 1991 und 2017 fast verdoppelt (von anfangs 743.000 auf 1,25 Millionen), seitdem sinkt die Zahl jedoch wieder. Im Jahr 2021 waren noch eine Million Frauen in Deutschland selbstständig.[12]

11 https://www.businessinsider.de/gruenderszene/perspektive/gruenderinnenquote-female-future-force/
12 https://www.wsi.de/de/erwerbsarbeit-14617-selbststaendige-frauen-und-maenner-mit-und-ohne-beschaeftigte-22878.html

Als ich im Mai 2023 auf einer Abschlussveranstaltung eines Seminars in München war, sagte der Seminarleiter Vlad in der Feedbackrunde zu mir: „Bea, du bist nicht nur außergewöhnlich, sondern eine Rarität." Ich fragte ihn, was er damit meint. „Ist dir eigentlich bewusst, wie wenige Frauen allein eine GmbH gründen?", fragte er mich. Nein, ganz ehrlich, das war mir gar nicht bewusst. Ich habe mir nie Gedanken darüber gemacht, ob es nun üblich ist, als Frau allein eine GmbH zu gründen oder nicht. Um für mein zu gründendes Unternehmen Sichtbarkeit und somit eine gewisse Marktmacht erreichen zu können, war mir von Anfang an klar, dass es eine GmbH werden würde. Apropos Markt-Macht. Macht kommt von Machen. Natürlich habe ich mich damit beschäftigt, welche Rechtsform die beste sein würde. Im Hinblick darauf, dass der ursprüngliche Plan war, eine Arbeitnehmerüberlassungsgenehmigung (was für ein Wort) zu erhalten und mit dieser eine Säule des Unternehmens aufzubauen, nämlich die Zeitarbeit.

Der Zielmarkt war immer klar, die Hotellerie und Gastronomie. Diese wollte ich mit möglichst gutem, passendem Personal versorgen.

Der 05.05.2022 sollte aber einen Twist in die Geschichte bringen. Dazu später mehr.

GMBH – GIB MIR BITTE HÜRDEN

Am 22.02.2022 habe ich geheiratet - meine GmbH!

Vielleicht ein bisschen egozentrisch, vielleicht ein bisschen größenwahnsinnig oder einfach nur die Gewissheit, dass eine GmbH Sicherheit mit sich bringen würde. Denn die Haftungsbeschränkung auf das Stammkapital ist natürlich eine Absicherung privaten Vermögens. Ob ich welches habe? Mitnichten! Aber da ich kein Unternehmen gründen würde, um erfolglos zu sein, wäre es ja auch nur eine Frage der Zeit, bis ich diese Frage mit einem lauten, freudigen Ja beantworten würde.

Auch wird eine GmbH größer wahrgenommen als beispielsweise ein Einzelunternehmen oder eine UG, die zunächst auch eine Option gewesen wäre. Banken, Versicherungen und ähnliche Institutionen sehen im Stammkapital einer GmbH eine gewisse Sicherheit. Kurzum, es sollte eine GmbH sein.

Dafür musste ich natürlich einen Businessplan schreiben und das war auch mit einigen kleineren oder größeren Hürden unterlegt. Aber Erfolg kommt von Folgen, denn folgt man einer gängigen Richtlinie für die Errichtung einer GmbH, kann da, wenn man sich Hilfe durch einen Anwalt und einen Steuerberater holt, nicht so wahnsinnig viel schiefgehen.

Ich hatte riesiges Glück, mit meiner Bankberaterin, die sich zum Start der Gründung und auch bei der Beantragung eines Gründungskredits unfassbar viel Zeit genommen und mir sprichwörtlich das Händchen gehalten hat. Das war eine wahnsinnig spannende Zeit, in der ich jeden Tag darüber nachdachte, ob es nun gelingen wird oder nicht, ob ich den Kredit der KfW erhalten werde, wie der Zinssatz ausschauen wird und vieles mehr. Gut geschlafen habe ich währenddessen übrigens nicht. Das tue ich auch heute manchmal nicht, auch wenn ich das Grundvertrauen habe, dass ich mit harter Arbeit erfolgreich sein werde.

Aber noch einmal kurz zu den 4 %. Nur 4,4 %, um genau zu sein, der gegründeten Start-up-Unternehmen werden von Frauen allein gegründet. Ich meine damit nicht Solo-Selbstständigkeit, sondern wirklich Unternehmen. Hier noch einmal kurz eine der vielen Definitionen, die erklären, was ein Start-up eigentlich ist:

„Start-up-Unternehmen (oder kurz Start-up) ist ein wirtschaftsgeschichtlich verhältnismäßig neuer Anglizismus zur Bezeichnung eines jungen Unternehmens, das durch zwei Besonderheiten gekennzeichnet wird: Es hat eine innovative Geschäftsidee und es wird mit dem Ziel gegründet, schnell zu wachsen.“[13]

Ist mein Unternehmen eine innovative Geschäftsidee? Ja, durchaus, denn wir haben die drei Säulen der Wertschätzung. Wir arbeiten weder für Rassisten noch für Arschlöcher oder Betrüger. Somit habe ich die gröbsten Fallstricke im Gastgewerbe bereits ausgeschlossen.

Weil sich das auf einer Homepage oder einem Social-Media-Kanal aber nicht so gut macht, haben wir uns darauf festgelegt, es anders zu formulieren. Wir helfen wertschätzenden Gastronomen, Gastronominnen und Hotelbesitzer*innen dabei, ihre Personaldecke etwas gemütlicher zu stricken und sie bei der Suche nach passgenauem Personal zu unterstützen. Das tun wir als Full-Service-Agentur, also wirklich vom Briefing bis zur Vertragsunterschrift. Und das leisten viele Agenturen so nicht. Wir schrei-

13 https://de.wikipedia.org/wiki/Start-up-Unternehmen

ben für unsere Unternehmenden Stellen aus, die nach einem speziellen Bewerberinnen- und Bewerber-Avatar suchen. Das tun wir ganz klassisch in Stellenausschreibungen, aber auch in Social-Media-Kampagnen.

Ich höre schon Stimmen laut werden. Aber was ist deine Expertise?

Nun, ich beschäftige mich seit mittlerweile fast 40 Jahren mit dem Thema Bildung und Chancengleichheit bei ungleichen Voraussetzungen.

Eine echte Überraschung erlebte ich, als ich in die erste Klasse kam. Fiel mir Rechnen noch so leicht, hatte ich von Anfang an einen echten Feind im Klassenzimmer. BUCHSTABEN UND WORTE. Ich gehöre zu den Kindern, die mit einer Legasthenie groß geworden sind. Zu den Kindern, die als Zappelphilipp in der Klasse unangenehm auffielen. Zu den Kindern, die sich unfassbar schwer damit taten, sich fünf Minuten am Stück zu konzentrieren. Zu den Kindern, die einfach viel und gerne sprachen. Aber wenn ich etwas vorlesen sollte, dann war ich still, hatte Angst und mir wurde ganz anders. Ich konnte das nicht. Ich konnte es einfach nicht. Zumindest nicht so, dass ich nicht ausgelacht worden wäre. Also habe ich zu Hause geübt und die Übungen führten dazu, dass ich in mühevoller Kleinstarbeit kurze Texte auswendig lernte, um dann so zu tun, als sei ich in der Lage, vor der Klasse laut vorzulesen.

„Habakuk braucht eine neue Hose. Sieh Habakuk, diese Hose ist schön. Zu klein."

Das ist ein Dialog aus meiner ersten Lesefibel und heute, 39 Jahre später, erinnere ich mich sogar noch genau an das Bild und die blaue Hose, die Habakuk versuchte anzuziehen.

In Deutschland werden Kinder nicht einfach mit ihren Vor- und Nachteilen akzeptiert, sondern sie werden korrigiert. So landete ich im zarten Alter von sieben Jahren bei einem Schulpsychiater, der meiner Mutter die freudige Botschaft mitgab, dass ich nicht dumm sei, sondern eine Legasthenie habe. Eine Lese-Rechtschreib-Schwäche zu haben, dafür aber ziemlich intelligent zu sein, war durchaus eine gute Erkenntnis. Doch was hilft es, diese Erkenntnis zu haben, wenn Versagen vorprogrammiert ist, weil das Schulsystem erwartet, dass alle Menschen zur gleichen Zeit mit den gleichen, alten Methoden ans Ziel kommen müssen?

Ohne die Hilfe meiner Großmutter, die Deutschlehrerin an einer Gesamtschule war und zusätzlichem Unterricht am Nachmittag über Jahre hinweg, würde ich wahrscheinlich nicht hier sitzen, mitten in der Stadt, mit Tablett, Tee und untergehender Sonne und diesen Text schreiben. Ich bin dankbar dafür, dass ich aus der Zeit, in der Lesen und Schreiben nicht meine Freunde waren, zwei ganz essenzielle Gedanken mitgenommen habe.

1. Ich schaffe alles, was ich will, wenn ich es tue!

2. Wissen weiterzugeben ist ein Privileg derer, die das Wissen bereits haben!

Bis vor einigen Jahren habe ich mich bei Unternehmen mit folgenden Worten vorgestellt: „Guten Tag, mein Name ist Beatrix Westphal und ja, Sie sehen richtig, ich habe kein Abitur, aber ich kann schneller lernen als die meisten Menschen. Testen Sie es einfach." Ja, das ist bold oder wie wir hier sagen: großkotzig. Aber ich war der festen Überzeugung, alles zu können, wenn ich es will. Vieles wollte ich schlichtweg nicht.

Ich konnte eben nicht das, was meine Klassenkameradinnen und -kameraden konnten, nämlich altersgerecht lesen und schreiben oder still sitzen. Aber ich hatte die Gabe, alles zu lernen, wenn ich es wollte.

Rückblickend ist das vielleicht sogar eines der größten Geschenke meines Lebens, auch wenn das Geschenk manchmal mit etwas unpassender Dekoration daherkommt und meine unfassbare Gedankenvielfalt bis heute dazu führt, dass mir Routineaufgaben schwerer fallen als vielen anderen Menschen. Das ist aber nicht schlimm. Deshalb war ich ja „gezwungen" mir Mitarbeitende zu suchen, die mich ergänzen.

Man kann sich vielleicht vorstellen, dass es grundlegend Menschen in den Wahnsinn treibt, zum ersten Mal einen Businessplan zu schreiben. Zum ersten Mal die Dreijahreskalkulation vorzubereiten, welche man vorlegen muss, um die GmbH zu gründen und einen Gründungskredit zu beantragen. Mich machen Formulare generell wahnsinnig. Und letztlich sind Gründungsunterlagen auch nur Formulare, wenn man es einmal ganz eng betrachten möchte.

Ich saß insgesamt fast zwei Monate an meinem Businessplan. Ich trank immer den gleichen Tee und hörte immer das gleiche Album. Ich bin ein Metalhead und es macht mich glücklich, wenn es scheppert. So saß ich tagein, tagaus da, erstellte Listen, Kalkulationen, überlegte mir, was meine

Dienstleistungen kosten würden und so weiter. Ich rechnete auf drei Jahre, ab wann ich Gewinn machen würde und was ich dafür tun muss. Ich plante Mitarbeitende ein und sah zum ersten Mal, wie teuer diese wirklich sind. Halleluja! Aber egal, denn wenn ich gut sein wollte, würde ich die Mitarbeitenden benötigen, damit diese mich ergänzen.

Kurzum, wenn du eine Firma gründen willst, dann erstelle eine Not-To-do-Liste. Die ist am Ende fast wichtiger als jede deiner To-do-Listen, denn sie ist der Ort, an dem du unterscheiden wirst, was du gerne und gut machst und was andere besser machen sollen. Auf meiner Not-to-do-Liste stehen Dinge, die viel Akribie verlangen oder Liebe zu Zahlen, Daten und Fakten. Tendenziell fällt mir dieser Bereich leicht und verschafft mir viel Befriedigung. Aber meine Liebe und Leidenschaft gelten Menschen und Worten. Daher war klar, dass ich diverse organisatorische Dinge von Anfang an und andere dann allmählich abgeben würde, sobald ich jemanden gefunden habe, der es gerne macht.

Gönn dir deine Schwächen, denn diese sind letztlich der Gegenpol zu deinen Stärken.

Ich war auf einer Veranstaltung eines neu gegründeten Frauennetzwerkes in meiner Umgebung und stellte mich als Gründerin der Rent Awesome People GmbH vor. Ich hörte mir an, was die anderen Frauen so taten und war nur bedingt erstaunt, dass ich die einzige Frau war, die wirklich eine GmbH hatte. Ich habe mir da, wie schon einmal geschrieben, nie Gedanken drüber gemacht, weil ich es einfach als logisch erachtete, eine GmbH zu gründen, wenn ich erfolgreich sein möchte. Was ich von vielen Frauen an diesem Abend dann hörte, war, dass sie ihre Firma gegründet haben, um Gutes zu tun. Das hatte ich durchaus auch. Aber ist es denn verwerflich, auch Geld verdienen zu wollen? Nein, ist es nicht!

Denn wenn ich Gutes tun möchte und damit Geld verdiene, und wir reden von viel Geld, dann bin ich in der Lage, mit dem vielen Geld auch auf andere Weise Gutes zu tun. Kurzum muss jemand, der Gutes tun will, schlichtweg eine finanzielle Unabhängigkeit anstreben. Sonst wird das nichts mit viel Gutem tun. Wenn man dauerhaft Existenzängste hat, dann wird es nicht gelingen, das Unternehmen zu skalieren und man wird weiterhin Zeit gegen Geld tauschen. Das mag sich zwar nicht schlecht oder schlimm anfühlen, aber es ist definitiv nicht der Bereich, in dem man finanzielle Unabhängigkeit erreicht.

Nur einmal angenommen, ich würde so viel Geld verdienen, dass ich es nicht allein ausgeben kann, so würde die Rent Awesome People GmbH mit absoluter Sicherheit Vereine oder gemeinnützige Organisationen unterstützen, um die Steuerlast zu reduzieren. Sei bitte offen genug, dir auszumalen, was du mit viel Geld alles machen könntest, das anderen und dir guttut.

Deshalb: GmBHH – Gib meinem Business Herz und Halt! Stabile Finanzen sind der Grundstein für den Halt! Das Herz habe ich und du gewiss ebenso!

GMBH – GIB MITARBEITENDEN BITTE HALT!

Man kann mit viel Geld klasse Löhne zahlen, das wiederum sorgt für eine geringere Fluktuation und bei den Mitarbeitenden das gute Gefühl, dass auch ihre Bedürfnisse gedeckt werden. Man hat Geld, damit man in Fortbildungen, Coachings und Unternehmensberatungen investieren kann. Alles Dinge, die sowohl die Mitarbeitenden, das Team als auch dich als Unternehmerin weiterbringen werden. Man kann mit viel Geld die Personaldecke so gestalten, dass jeder und jede in aller Ruhe in den Urlaub oder Bildungsurlaub gehen kann und niemand an den Arbeitsplatz des Grauens zurückkommen muss, an dem sich Unerledigtes stapelt und erst einmal drei Tage damit verbracht werden müssen, alle E-Mails zu sortieren. Der absolute Horror sind dabei übrigens Pingpong-Autoresponder. Jeder kennt die automatischen Antworten, die geschickt werden, wenn das Gegenüber nicht zu erreichen ist. Wenn niemand diesen Kreislauf unterbricht, können da einige Hundert E-Mails im Postfach sein, die man alle öffnen muss, denn es könnte ja eine wichtige Nachricht dabei sein. Dem kannst du vorbeugen, indem du dir den Luxus einer guten Personaldecke und einer guten Vertreterregelung gönnst. Aber auch das ist nur mit Geld möglich!

Wie großartig würde es sich anfühlen, wenn du so viel Geld hast, dass du dir jede Fortbildung, jede Masterclass und jedes Seminar leisten kannst, ohne dir Gedanken machen zu müssen. Genau deshalb liebe ich es, Geld zu verdienen. Geld, das gut in Wünsche und Fortbildungen investiert wird, tut Gutes!

GMBH – GELINGT MIT BESTÄNDIGKEIT (UND) HINGABE!

Stell dir vor, du triffst Anna. Sie ist eine brillante, kreative Frau, die von einer Idee träumt, die die Welt verändern könnte. Doch jedes Mal, wenn sie sich vorstellt, ihr eigenes Unternehmen zu gründen, tauchen Zweifel auf. „Kann ich das wirklich allein schaffen?", fragt sie sich, oder „Ist es nicht zu risikoreich?" Annas Zweifel sind nicht ungewöhnlich. Viele Frauen stehen vor ähnlichen Fragen, wenn sie in Erwägung ziehen, ein Unternehmen allein zu gründen. Doch was sind die Gründe, die sie zögern lassen?

Eine Tatsache, die oft übersehen wird, ist, dass Frauen oft mit einer höheren Erwartung an Perfektion konfrontiert werden. Sie fühlen sich oft verpflichtet, in allem, was sie tun, makellos zu sein. Das Streben nach Perfektion kann jedoch dazu führen, dass Frauen zögern, Risiken einzugehen, aus Angst zu scheitern und somit als „unfähig" oder „nicht gut genug" abgestempelt zu werden. Das war in der Tat auch ein Gedanke, den ich hatte, als ich gegründet habe. Hat der Gedanke heute noch Bestand? Nein, denn wenn etwas schiefgeht, heißt es schlichtweg Ruhe bewahren und umdenken. Fail fast! Und vergiss das mit dem Perfektionismus! Den gibt es nicht.

Das Fehlen weiblicher Vorbilder im Unternehmertum spielt durchaus eine weitere Rolle. Wenn Frauen keine Beispiele von anderen Frauen sehen, die erfolgreich Unternehmen gründen, können sie das Gefühl bekommen, dass dies für sie nicht erreichbar ist. Mangelnde Sichtbarkeit und Anerkennung können den Glauben an die eigene Fähigkeit untergraben. Deshalb habe ich mich auch dazu entschlossen, an diesem Buchprojekt teilzunehmen. Denn die Sichtbarkeit von Unternehmerinnen ist absolut unterrepräsentiert, auch wenn es Organisationen gibt, die sich darauf spezialisiert haben, die Sichtbarkeit zu erhöhen. Doch wir erinnern uns an die 4,4 %. Viel zu wenige Frauen gehen für sich selbst los!

Warum tun sie das nicht? Nun, zu den oben genannten Hemmnissen kommt die Angst vor finanzieller Instabilität. Frauen neigen dazu, vorsichtiger mit finanziellen Entscheidungen umzugehen und suchen oft nach Sicherheit. Die Unsicherheit beim Unternehmertum kann abschreckend wirken, besonders wenn man bedenkt, dass traditionelle Geschlechterrollen mit finanzieller Stabilität assoziiert werden. Dies ist übrigens einer der Hauptgründe, warum Frauen häufig in der Nebenselbstständigkeit gründen oder mit anderen gemeinsam. Das Netz der Sicherheit ist auf diese Weise noch immer gegeben. Machen wir uns nichts vor, das trifft nicht auf alle Frauen zu. Deshalb sprechen wir hier ja auch über Anna und nicht über dich oder mich. Die Sache ist die: Wenn Frauen sich trauen, den Schritt ins Unternehmertum zu wagen, können erstaunliche Dinge passieren. Die Fähigkeiten, die sie in ihrem persönlichen und beruflichen Leben entwickelt haben, so wie Empathie, Kommunikation und Innovationsgeist, sind genau die Eigenschaften, die in der Geschäftswelt dringend gefragt sind. Es sind wahre Assets, die wir Frauen da mitbringen und besonders, wenn wir uns die *GenZ** anschauen, also junge Erwachsene, die zwischen 1996 und 2010 geboren wurden, wird uns bewusst, dass Empathie Frauen auch oft zu besseren Arbeitgeberinnen junger Menschen macht.

Die Wahrheit ist, dass die Welt von der Vielfalt an Stimmen und Perspektiven profitiert. Frauen bringen einzigartige Ideen, Herangehensweisen und Lösungen in den unternehmerischen Raum ein. Wenn mehr Frauen den Mut finden, allein zu gründen, können sie nicht nur erfolgreich sein, sondern auch dazu beitragen, ein ausgewogeneres und gerechteres Unternehmensumfeld zu schaffen. Es geht nicht darum, Perfektion zu erreichen, sondern darum, das eigene Potenzial auszuschöpfen und sich von Rückschlägen nicht entmutigen zu lassen. Frauen sollten daran denken, dass jede erfolgreiche Unternehmerin einmal den ersten Schritt gewagt hat, und deren Geschichten können als inspirierende Wegweiser dienen. Ich bekomme regelmäßig „aufs Dach", aber das führt nur dazu, dass ich umdenke und Neues ausprobiere. Was ich damit meine?

Ich dachte zum Beispiel, dass meine AGB sehr gut wären, und wollte sie, entgegen dem Rat meines wirklich großartigen Anwalts, in meinen Worten und nicht so hart formuliert haben. Nachdem mich zwei Kunden hintergangen haben, habe ich das geändert. Ich musste schmerzhaft lernen, dass ich zwar zu den Guten gehöre, mir das aber nichts bringt, wenn das Gegenüber nicht genauso denkt und handelt.

Es führt aber auch dazu, dass ich nach links und rechts schaue, um zu gucken, an welcher Stelle ich vielleicht falsch abgebogen bin, dass das passieren konnte. Das ist tatsächlich ein superspannendes Lernfeld. Meine Gutherzigkeit war einer der Gründe, warum mir manche negativen Dinge passiert sind. Ein anderer Aspekt war aber auch, dass ich zu Beginn nicht verstanden habe, was meine Dienstleistung wirklich wert ist. Manchmal unterschätzt man einfach, was der Wert der eigenen Arbeit ist.

Es ist an der Zeit, die Fesseln der Zweifel und Ängste abzuschütteln und den eigenen Traum zu verfolgen und dabei nicht müde zu werden, den

* Als Generation Z werden diejenigen bezeichnet, die zwischen ca. 1996 bis ca. 2010 geboren wurden (Jahresangaben schwanken, je nach Quelle).

Weg zu korrigieren! Die Welt braucht mehr Frauen, die mutig ihre eigenen Unternehmen gründen, ihre Leidenschaft verfolgen und ihre Ideen in die Realität umsetzen. Denn in vielen Frauen steckt mehr Potenzial, als sie annehmen wollen.

Wenn mir vor fünf Jahren jemand gesagt hätte, dass ich im Jahr 2023 zwei Mitarbeiterinnen beschäftige und mich auf dem Markt als Personalberaterin mit einer Recruitingagentur im Bereich des Gastgewerbes etablieren würde, dann hätte ich gegrinst und es abgetan. Dinge müssen manchmal einfach passieren, damit man die Chance erkennt. Dann gelingt es mit Beständigkeit und Hingabe, was ich für zwei eher weiblich konnotierte Eigenschaften halte.

GMBH – GEHE MUTIG (UND) BEDINGUNGSLOS (INS) HANDELN

Mut kann aus verschiedenen Quellen stammen und ist oft das Ergebnis einer Kombination aus inneren Überzeugungen, äußeren Einflüssen und persönlicher Entwicklung. Mut brauchst du, um zu gründen und noch ein bisschen mehr Mut brauchst du, um eine Kapitalgesellschaft zu gründen.

Die Grundlage für Mut ist wohl Selbstvertrauen oder anders, das Vertrauen in dich selbst. Wenn es daran mangelt, ist es vielleicht noch nicht der richtige Zeitpunkt, denn erst, wenn du daran glaubst, dass du es schaffen kannst, wirst du alles dafür tun, dass dein Vorhaben gelingt. Arbeite daran, dein Selbstvertrauen zu stärken und mach dir deine Fähigkeiten und Qualitäten bewusst. Erst, wenn du dich voller Vorfreude auf ein Vorhaben an die Arbeit machen kannst, bist du auch gewillt, die Risiken des Vorhabens einzugehen.

Ich möchte dich an dieser Stelle ermutigen, dir Menschen in dein Umfeld zu holen, die dich in deinem Vorhaben unterstützen, sei es als Mentor*in oder als Sparringspartner*in. Ich hole mir für meinen Teil gerne Rat erfolgreicher Männer und Frauen, weil ich häufig merke, dass das Money-Mindset von Männern deutlich ausgeprägter ist und ich mir davon im positiven Sinne eine Scheibe abschneiden kann. Geld ist, wie oben bereits erwähnt, nichts Schlechtes und sollte willkommen geheißen werden. Das kann man lernen und das sollte jede Frau, die Unternehmerin werden möchte, auch tun. Geld ist der warme Segen, der Wünsche erfüllt, und das kann auch gerne der Wunsch sein, mit dem Business mehr Gutes zu tun.

Ich habe es schon einmal erwähnt: Fail fast! Ich hatte ja versprochen, auf den 05.05.2022 noch einmal zurückzukommen. Das ist mein Lieblings-Fail-Fast-Moment in meiner Gründungsgeschichte.

Am Morgen, als ich aus dem Haus ging, nahm ich einen Brief aus meinem Briefkasten, lief zur Bahn, steckte ihn in meine Handtasche und hatte ihn bereits vergessen, als ich mich nachmittags auf dem Heimweg befand. Ich lief am Bach entlang und die Sonne schien. Rauchend setzte ich mich auf eine Bank am Bach, nahm den Brief aus der Tasche, den ich beim Kramen wieder gefunden hatte, und öffnete ihn. Ich dachte, dass das nun die Unbedenklichkeitsbescheinigung des Finanzamtes war, damit ich dann die Arbeitnehmerüberlassungsgenehmigung endgültig beantragen konnte. Ich riss den Umschlag auf. Der Brief war sehr kurz, typisch deutsch und typisch Finanzamt, wenige Zeilen und Ankreuzfelder. Ein Kreuz sollte entscheiden, ob ich nun die Arbeitnehmerüberlassungsgenehmigung beantragen konnte. Und das tat es auch: Ich konnte es nicht. Ein kleines Kreuzchen, maschinell auf einen Formbogen gedruckt, hatte in seinem kleinen Kästchen beschlossen, dass ich die 396 Gramm Papier umsonst an die Agentur für Arbeit geschickt hatte. Das Finanzamt erteilte mir die Unbedenklichkeitsbescheinigung, welche ich für die Arbeitnehmerüberlassungsgenehmigung benötigt hätte, nicht, weil ich zu lange im Ausland gelebt und gearbeitet habe. Ich hatte die Möglichkeit, in einer Nachfrist von 14 Tagen, die Steuererklärungen der anderen Länder einzureichen. Nein, danke, ich bin doch nicht irre!

Nun saß ich da am Bach auf der Bank und, du kennst das, die kleine Faust, die einem in den Magen greift, wenn einem kurz schlecht wird, man schreien möchte und nicht weiß, was man machen soll. Die Gedanken rasen einen Bach herunter, bunte Hilflosigkeit ergießt sich in deinem Kopf, läuft über und du sitzt da und heulst erst einmal. Es fühlt sich fast so an wie eine Trennung. Ähnlich traurig, weil da gerade ein Traum zerplatzt ist. In meinem Falle ging er im wahrsten Sinne des Wortes den Bach runter.

Ich lief nach Hause. Ab ins Bett, mich ärgern, heulen und hilflos sein. Das war ein Donnerstag!

Am Freitag war ich auf einer Hochzeit und lernte dort einen Unternehmer kennen, mit dem ich sofort in Resonanz ging. Toller Typ, feiner Geist, liebevoller Umgang. Er stellte mir die alles entscheidende Frage, die ich mir in meinem Schmerz nicht selbst stellen konnte: „Bea, wofür schlägt dein Herz?“

Kurz darüber nachgedacht, war die Antwort klar. Mein Herz schlägt für gute Arbeitsplätze im Gastgewerbe.

„Dann mach doch genau das, es gibt ja genug andere Möglichkeiten." Julian hatte recht. Und so begann mein bunter Kopf zu rattern und umzubauen. Am nächsten Morgen habe ich die Glastüren, auf denen ich immer schreibe, abgewischt und die drei Säulen der Rent Awesome People GmbH umgeschrieben und somit neu definierte. Es ist eine GmbH, denn ich habe doch gar keine andere Wahl als es erfolgreich werden zu lassen. Und das ist das Schöne an einer GmbH, denn die Rechtsform zwingt einen quasi dazu, größer zu denken, sich aus der Komfortzone zu bewegen, umzudenken und durchzustarten.

Hätte ich ein Einzelunternehmen gegründet, hätte ich vielleicht länger in meinem bunten See im Tal der Tränen gesessen und im Selbstmitleid gebadet. Aber so musste ich los und ins Handeln kommen. Was für ein Glück!

Den Mut zu entwickeln, eine Kapitalgesellschaft allein zu gründen, erfordert Zeit, Selbstreflexion und Entschlossenheit. Und manchmal auch die ein oder andere Schelle vom Leben oder dem Finanzamt.

GMBH – GEMEINSAM MEHR BEWEGEN: HOFFNUNG AUF EINE GESCHLECHTERGERECHTE ZUKUNFT

Die Gender-Pay-Gap könnte sich schließen, wenn mehr Frauen gründen und als Arbeitgeberinnen tätig werden. Frauen, die selbstständig sind, besonders in Kapitalgesellschaften, können ihr Einkommen eigenständig bestimmen und faire Löhne für sich und ihr Team gewährleisten. Das bedeutet nicht, Männer auszuschließen, sondern darauf zu achten, dass die Geschlechtervielfalt in der Belegschaft gefördert wird und Frauen die Möglichkeit haben, ohne Gehaltsnachteile zu arbeiten.

Es gibt verschiedene Modelle und, obwohl Mütter in den frühen Kinderjahren oft nicht in Vollzeit arbeiten, könnten New-Work-Ansätze ermöglichen, dass Frauen solche Stellen in Vollzeit besetzen können. Dies könnte durch eine Kombination von Büro- und Homeoffice-Arbeit realisiert werden. Es ist bedauerlich, dass wir derzeit viel Potenzial ungenutzt lassen, indem wir zu wenig Arbeitsplätze schaffen, die sich besser mit familiären Verpflichtungen und persönlichen Zielen vereinbaren lassen, besonders für Frauen.

Das Konzept von New-Work ermöglicht zweifellos eine flexible und vertrauensbasierte Arbeitsweise. Staatliche Regulierungen zur Arbeitszeiterfassung können jedoch manchmal im Widerspruch zu Vertrauensarbeitszeit stehen. Es wäre ideal, wenn Mitarbeitende die Freiheit hätten, zu arbeiten, wann es für sie am besten ist, solange die Ziele erreicht werden. Besonders in kreativen Bereichen sollte die Flexibilität gefördert werden, damit Mitarbeitende dann arbeiten können, wann ihre Kreativität am höchsten ist.

Wie großartig würde es sich anfühlen, stolz auf deine Mitarbeitenden zu sein und ihre Kreativität und Fähigkeiten zu schätzen! Die Möglichkeit für sie, ihr eigenes Unternehmen zu gründen oder ihre Leidenschaft zu verfolgen, würde dein Verständnis und Unterstützung zeigen. Das würde das Teamgefühl stärken und die Motivation fördern.

Es ist eine großartige Idee, Mitarbeitende dabei zu unterstützen, nebenberuflich selbstständig zu werden und vielleicht sogar ihr eigenes Unternehmen zu gründen. Wenn Frauen einander unterstützen und zusammenarbeiten, können wir die Gender-Pay-Gap schließen. Es liegt in unserer Verantwortung, finanziell unabhängig zu werden, um Gutes zu tun und unsere Familien zu stabilisieren. Es ist bedauerlich, dass viele Frauen immer noch auf einen männlichen Hauptverdiener angewiesen sind, insbesondere in schlecht bezahlten sozialen Berufen. Eine Veränderung in diesem Bereich kann durch vermehrte Gründungen von Frauen erreicht werden. Warum sollte der soziale Bereich nicht in einem Umfeld stattfinden, in dem auch monetäre Zufriedenheit möglich ist, anstatt Ausbeutung?

Liebe Unternehmerin, es ist großartig, dass du den Schritt gewagt hast. Doch lass uns überlegen, ob du wirklich bereits Unternehmerin bist. Vielleicht bist du derzeit als Solo-Selbstständige tätig oder stehst kurz davor, ein Unternehmen zu gründen. Die Bezeichnung „Einzelunternehmen" impliziert nicht automatisch Unternehmertum, denn Unternehmen sind Kapitalgesellschaften wie GmbHs oder AGs. Das ist keine Wertung, sondern ein Gedankenanstoß.

Es ist ratsam, dich abzusichern, größer zu denken und mehr Marktanteil zu gewinnen. Das bedeutet nicht nur höheren Umsatz, sondern auch mehr Einfluss. Marktmacht ist positiv und wichtig, besonders für Frauen. Wenn du die Verantwortung für andere übernehmen willst und professionelle Beratung in Anspruch nehmen kannst, dann erwäge den Weg über eine *UG**, also die Unternehmergesellschaft, die wie eine kleine Schwester der GmbH zu betrachten ist, da diese ebenfalls haftungsbeschränkt ist und schrittweise zur GmbH heranwachsen kann.

Es liegt in unserer Verantwortung, attraktive Arbeitsplätze zu schaffen, die Menschen gerne annehmen, auch wenn Geld keine Hauptmotivation wäre. Ebenso ist es unsere Verantwortung, Frauen zu ermutigen, unabhängige Leben zu führen, ohne auf Männer als Altersvorsorge angewiesen zu sein. Beachte, dass dies keine Ablehnung von Männern ist, sondern ein Plädoyer für Selbstbestimmung.

GMBHH – GIB MEINEM BUSINESS HERZ UND HALT!

Wir haben alle nichts davon, immer nur vor uns hinzuträumen. Gesamtgesellschaftlich haben wir die Verantwortung, großartig zu sein, größer zu denken und uns mehr zuzutrauen. Und wenn man mich fragt, dann haben wir Frauen zusätzlich noch die Verpflichtung, unserer eigenen Großartigkeit Raum einzuräumen, und das gerne mit ganz viel Hingabe und Herz! Aber vor allem mit einer Haltung, die Halt schafft. Kapitalgesellschaften sind nichts Schlechtes! Sie zwingen uns zu Erfolg, den wir uns vielleicht sonst nicht zugetraut oder zugemutet hätten. Du willst Frauenrechte stärken? Dann werde Unternehmerin und übernimm Verantwortung für dich und Mitarbeitende. Du weißt nicht, wie du das machen sollst? Hier in diesem Buch findest du viele tolle Menschen, die dir gewiss den ein oder anderen Ratschlag geben. So findest du eben auch mich hier!

* UG steht für Unternehmergesellschaft und es ist quasi die kleine Schwester der GmbH, denn du kannst sie mit wenig Geld gründen.

AUTORINNEN-VORSTELLUNG

Beatrix Westphal

Recruiting | Beratung | Geschäftsführerin

05605 8791598

0176 30304739

b.westphal@rent-awesome-people.de

facebook.com/RentAwesomePeople

linkedin.com/in/beatrix-westphal-a39a3b236

@rent_awesome_people

DEIN BUSINESS IN MAXIMAL DREI SÄTZEN?

Die Rent Awesome People GmbH ist die Full-Service-Recruiting-Agentur für das Gastgewerbe. Wir helfen wertschätzenden Gastronomen, Gastronominnen und Hotelbesitzer*innen, sowie Gemeinschaftsverpfleger*innen dabei, die Personaldecke etwas gemütlicher zu gestalten und beraten eingehend in den Bereichen der Effizienzsteigerung und sinnvollen Personalstruktur. Das tun wir, weil glückliche Gäste von glücklichen Mitarbeitenden kommen.

FÜR WEN BIST DU GENAU DIE RICHTIGE ANSPRECHPARTNERIN?

Recruiting im Jahr 2024 und im Gastgewerbe ist anstrengend, zeitaufwendig und muss permanent neu gedacht werden. Wer dies gerne in professionelle Hände geben möchte, ist bei uns richtig. Nicht nur zu Weihnachten sind tolle Mitarbeitende ein absolutes Geschenk.

ARBEITEST DU OFFLINE, ONLINE ODER BEIDES?

Wir arbeiten deutschlandweit, persönlich, remote und immer mit einem klaren Blick auf beide Zielgruppen! Arbeitnehmende für das Produkt Arbeitsplatz und Arbeitgebende für das Produkt neue Mitarbeitende.

WELCHE WAREN DEINE DREI WICHTIGSTEN LEBENS- BEZIEHUNGSWEISE LERNSTATIONEN?

Der Bierwagen, in dem ich 1996 meinen ersten Gastrojob wahrgenommen habe, die acht Jahre auf den Schiffen der Mein-Schiff-Flotte und der Job in der Zeitarbeit, welche mich dazu brachten, bei Arbeitgeber*innen genau zu schauen, was sie ihren Mitarbeitenden wirklich bieten können und wollen.

MAL ANGENOMMEN, DU KÖNNTEST 15 JAHRE IN DIE VERGANGENHEIT REISEN. WAS WÄRE DEIN WICHTIGSTER TIPP AN DEIN 15 JAHRE JÜNGERES ICH?

Liebe 30-jährige Bea, alle Entscheidungen, die du treffen wirst, werden zu einem Ergebnis führen. Und es wird sich alles so entwickeln, wie es gut ist, auch wenn es anders sein wird, als du denkst. Vertraue dir und hab dich lieb!

VON DER FIRMENGRÜNDUNG ZUM MARKETING

Was bringt die beste Geschäftsidee, die größten Talente und eine Unternehmensgründung, wenn dich niemand kennt?

Es ist faszinierend, wie viele Frauen, ja, es ist ein sehr weibliches Phänomen, Angst vor der Sichtbarkeit haben. Hinter dieser Angst steckt in vielen Fällen die Befürchtung, von anderen negativ bewertet zu werden und auch die Angst vor dem Scheitern. Doch ohne Sichtbarkeit bleibst du mit deinem Unternehmen in deiner eigenen Bubble. Wenn du genug Kundschaft hast, ist das auch völlig in Ordnung. Wenn du jedoch über deinen bisherigen Bekanntenkreis hinaus Kundschaft akquirieren möchtest, dann kommst du nicht daran vorbei, dich mit dem Thema Marketing zu beschäftigen. Ich möchte gar nicht so viel vorneweg nehmen, steig lieber gleich in die wunderbaren Tipps einer großartigen Marketingexpertin ein.

Elisabet Bästlein

Du hast ein Unternehmen. Weiß deine Zielgruppe davon?

Meine Selbstständigkeit war kein Traum, auf den ich lange hingearbeitet habe. Sie war am Anfang vielmehr mein allerletzter Ausweg.

Eigentlich wollte ich einfach nur endlich ankommen und Ruhe in meinem Leben einkehren. Acht Stunden arbeiten und danach noch Zeit und Kraft für mein Privatleben haben. Nach all den Strapazen mit meinem mittlerweile abgebrochenen Chemiestudium, das mir von der Familie und natürlich in jedem Bewerbungsgespräch gern als Misserfolg vorgehalten wurde, habe ich mir nichts so sehr gewünscht wie ein gewöhnliches Leben.

Im Nachhinein glaube ich, dass dieser Wunsch daher rührte, dass ich jahrelang immer das Gefühl hatte, nicht so richtig dazuzugehören. Im Studium war ich die Einzige, die mit dem rauen Umgangston im Labor und dem Leistungsdruck nicht umgehen konnte. Später auf der Arbeit war ich meist die Jüngste, noch dazu die einzige Frau und einmal sogar die einzige Person im ganzen Unternehmen, die Marketing machte. Und natürlich die „Quereinsteigerin".

Mein Lebenslauf ist wie ein Comicstrip, denn das Wichtige passiert zwischen den Bildern. Es war nicht mein Studium, das die Erwähnung im Lebenslauf verdient hätte, sondern meine Erkenntnis, dass ich ein ernsthaftes Problem mit Autoritäten habe. Damit, um jeden Preis Erwartungen erfüllen zu müssen und an meinen Erfolgen gemessen zu werden. Die Zeit, in der ich beschloss, das Studium abzubrechen, war viel ausschlaggebender für meine Arbeitsmoral und mich als die zwölf Semester mittelprächtiger Erfolg in der nasschemischen Analyse.

Es waren auch nicht die beiden Kündigungen nach sechs Monaten, um die es in meinem ersten Jahr als Angestellte ging, sondern die Ergebnisse, die ich dort erzielte, welche in Zahlen ausgedrückt werden konnten und mehr als nur vorzeigbar waren.

Da Kündigungen in der Probezeit meist nicht ausführlicher begründet werden als „passte halt nicht", weiß ich bis heute nicht, was damals das Problem war, aber es ist nicht von der Hand zu weisen, dass ich ein schwieriger Mensch bin. Ich funktioniere am besten, wenn man mich in Ruhe lässt.

Aber auch das reichte mir nicht als Hinweis, um mich selbstständig zu machen, denn ich wollte nicht wie meine ehemaligen Vorgesetzten werden, die niemanden über sich dulden.

Erst als ich nach langem Hin und Her eine Absage von meinem Traumjob bekam (Online-Redakteur Marketing bei Aktion Mensch), beschloss ich, dass es genug war. Auch, weil ich insgeheim befürchtete, dass so wie mein Lebenslauf aussah, es mir am ersten Arbeitsmarkt nun vielleicht gar nicht mehr möglich sein würde, den Fuß in eine Tür zu setzen.

Im Grunde hatte ich die ganze Zeit lang nur eine einzige Sache gewollt, und zwar mein Geld damit zu verdienen, anderen beim Geldverdienen zu helfen. Und das am besten, während ich in Ruhe gelassen werde. Gern auch mit ein bisschen Kreativität im Tagesgeschäft.

Das musste doch machbar sein.

Ich habe mich erst als Webdesignerin selbstständig gemacht, und als ich dann später eine dauerhafte Zusammenarbeit mit meinem fabelhaften Geschäftspartner begann, verlagerte sich meine Haupttätigkeit in die Strategieberatung für Marken und Online-Marketing.

Kürzlich ist die Dame, die mich bei der Aktion Mensch damals im Bewerbungsverfahren abgelehnt hat, an mich herangetreten und hat mich nach einer Zusammenarbeit gefragt. Im Vorgespräch hat sie mir erzählt, dass sie mich damals nicht abgelehnt hat, weil ich nicht gut genug gewesen sei, sondern, weil sie aufgrund der damaligen Teamzusammensetzung das Gefühl gehabt hatte, dass ich in dieser Stelle nicht glücklich geworden wäre.

Ich versuche normalerweise nicht vor meinen Geschäftskontakten zu weinen, aber in diesem Fall habe ich mal eine Ausnahme gemacht.

Insbesondere, weil ich mich damals so dagegen gewehrt habe, möchte ich es anderen leichter machen, diesen Weg zu gehen und ihn vor allem ein bisschen weniger holprig zu haben. Daher folgen hier meine vier wichtigsten Erkenntnisse vor dem ersten Kunden oder der ersten Kundin.

WARUM SICHTBARKEIT FÜR VIELE GRÜNDER EINE SO GROSSE HERAUSFORDERUNG IST

Ich muss zugeben, dass, auch wenn ich mich jeden Tag mit dem Thema Sichtbarkeit beschäftige, ich das Wort „Sichtbarkeit" allmählich nicht mehr hören kann.

Das hat vor allem damit zu tun, dass es im Marketingbereich mittlerweile dermaßen inflationär für jede Form der Außenwirkung eingesetzt wird, dass es eine Menge seiner ursprünglichen Strahlkraft verloren hat.

Im Marketing wird sinnvollerweise immer gepredigt, dass der Nutzer nicht mit Funktionen und Einzelaspekten eines Angebots bombardiert werden soll, sondern sich nur dafür interessiert, in welchen Nutzen für sein Business er eigentlich investiert. „Sichtbarkeit" ist also Marketingsprech (= der „Nutzen" von) für „bemerkt werden", oder um es als Tätigkeitsfeld auszudrücken „Unternehmenskommunikation".

Aber das Wort „Sichtbarkeit" gibt es streng genommen nur, weil es in Märchen und fantastischen Erzählungen das Wort „Unsichtbarkeit" gibt. Und Sichtbarkeit ist einfach nur das Gegenteil davon. Mit anderen Worten, es ist eine Art Anti-Superkraft. Und genau das ist es, was die meisten Anfänger*innen empfinden, wenn sie „sichtbar werden".

Erinnerst du dich an das letzte Mal, als du nackt vor dem Spiegel gestanden hast? Vielleicht in der Umkleide im Kaufhaus? Oder vielleicht heute früh, als du dich angezogen hast?

Hast du in den Spiegel geschaut und gedacht: „Ja, geil. Eigentlich brauch ich gar keine Kleidung. Ich ziehe mich nur an, weil es gesellschaftlich erwartet wird."

Wahrscheinlich nicht. Ich bin mir, wenn ich es mir recht überlege, sehr unsicher, ob ich jemanden kenne, die etwas in der Art denken würde, wenn sie sich im Spiegel sieht.

Wir nehmen uns selbst auseinander, wenn wir uns im Licht betrachten. So sehr, dass viele Menschen auch lieber beim Sex das Licht ausschalten, damit uns auch ja niemand anders so sieht, wie wir wirklich aussehen. (Spoiler: Wenn du mit jemandem schon so weit bist, dass ihr beide nackt seid, dann hat der sowieso nichts mehr an dir auszusetzen. Und wenn doch, nimm die Beine in die Hand, dann ist nämlich dein Gegenüber das Problem.)

Und genau diese Situation haben die allermeisten Menschen auch wenn sie etwas sagen und dabei gehört werden. Denn dann sehen wir unsere Fehler. Wenn wir uns anschauen, sehen wir alles, was wir bisher nicht geschafft haben. Wir sehen all die Ausbildungen, die wir nicht gemacht haben, die Zertifikate, Auszeichnungen und Erfolge, die wir (noch) nicht erhalten haben. Oft ist das ganz und gar nicht der Blick, den jemand von außen auf uns hat.

Aber diese Selbsterniedrigung ist der Grund, warum sich viele Menschen unwohl fühlen, wenn sie „in die Sichtbarkeit kommen", wie es so schön heißt.

Und wenn man auf Businessplattformen wie LinkedIn mal genauer hinschaut, dann ist es plötzlich gar nicht mehr schwer zu erkennen, dass es fast allen so geht. Dass sich jeder in den schönsten Kleidern präsentiert, wortwörtlich, aber vor allem auch metaphorisch, um zu verstecken, dass uns niemand sehen soll.

Diejenigen, die nur über ihr Angebot reden oder „die Beraterin" nach außen kehren, befürchten, persönlich abgelehnt zu werden, wenn sie eine Meinung haben.

Diejenigen, die ständig die Namen von großen Marken erwähnen müssen oder Fotos von ihren Luxusgegenständen veröffentlichen, verstecken sich hinter einem erfolgreichen Image, das nicht der Wahrheit entsprechen muss. (Es gibt schließlich einen wesentlichen Unterschied zwischen „Rolex haben" und „Rolex tragen".) Sie gehen der Angst aus dem Weg, mit dem, was sie wirklich ausmacht, nicht genug zu sein.

Diejenigen, die ständig über gesellschaftliche oder politische Themen sprechen, besonders solche, die nichts mit ihrem Business zu tun haben, befürchten, dass sie, wenn sie sich ihrem Angebot überlassen, völlig in der Bedeutungslosigkeit verschwinden.

Die, die jedes Trendthema aufgreifen, ohne dabei eine konsistente Haltung zu haben und echte Expertise zu zeigen, haben nicht genug Vertrauen in ihre eigenen Fähigkeiten, um sich eine, wenn auch vielleicht kleine, aber für ihr Business brauchbare, Reichweite aufzubauen, ohne auf einer Welle zu reiten.

All das tun wir, um uns nicht verletzbar zu machen. Nicht so verurteilt zu werden, wie wir uns selbst verurteilen.

Gerade weil es fast jedem so geht, ist es völlig in Ordnung, danach zu handeln und sich stückweise an die echte Verbindung mit anderen heranzutasten. Es ist definitiv kein Grund, sich selbst noch mehr zu verurteilen.

Nichtsdestotrotz lebt auch das Geschäft davon, dass man tiefe und vertrauensvolle Beziehungen zwischen Kund*innen und Anbieter*innen aufbaut. Und in einem Versteckspiel geht das leider nur schwer. Du tust dir und deinem Business also einen Gefallen, wenn du dich aktiv mit dir, deinen Zweifeln und deinem Verhalten am Anfang von Beziehungen auseinandersetzt. Nichts ist ein solch gutes Übungsfeld wie eine Selbstständigkeit, in der man sich entwickelt.

Wenn man, wie ich, des Berufs wegen viel Zeit auf sozialen Plattformen verbringt, verlieren diese Botschaften irgendwann ihren Zauber. Ich sehe dort mittlerweile nur noch Kinder, die ihre Eltern stolz machen wollen. Und da nehme ich mich selbst nicht raus.

Als ich nach ein paar Monaten bemerkte, dass manche Menschen, die meine Inhalte auf LinkedIn verfolgen, meinen Worten echtes Gewicht gaben und mich andere Nutzer öffentlich als Vorbild bezeichneten und mir, ohne je meine Arbeit gesehen zu haben, persönliche Geschichten, Daten und schließlich auch ihr Geld anvertrauten, bin ich nicht gut damit zurechtgekommen.

Und auch heute verunsichert mich zu viel Anerkennung noch. Auf Veranstaltungen innerhalb oder am Rande meines beruflichen Netzwerks begegnen mir manchmal kleine „Fanclubs“ an Leuten, die mir auf LinkedIn folgen, die aber persönlich überhaupt nicht kenne. Wenn sie mich auf meinen Content ansprechen, bringt mich das oft völlig durcheinander.

Für mich bedeutet sichtbar zu sein auch, ertappt zu werden. Ertappt dabei, dass ich nicht alles im Griff habe und vieles in meinem Leben absolut nicht mit Absicht passiert. Dabei, dass ich auch nicht frei von Vorurteilen bin und ich oft oberflächlich handle. Dass ich mir extrem viele Gedanken darum mache, was andere von mir denken. Dass ich ständig befürchte, dass die Menschen, die mir wichtig sind, aus für mich nicht ersichtlichen Gründen verärgert über mich sein könnten.

Ich kenne das Gefühl, nie genug zu sein und nie ausgereicht zu haben. Und auch wenn jeder, dem es auch so geht, behauptet, niemals denselben Maßstab wie bei sich selbst bei anderen anzusetzen, glaube ich, dass in uns allen auch ein kleiner Besserwisser steckt, der, wenn man ihn lässt, in jeder Suppe ein Haar findet.

Für mich bedeutete der Weg, nachsichtiger und wohlwollender mit anderen zu werden, auch nachsichtiger mit mir zu werden. Und zu wissen, dass „alles zu geben" manchmal bedeutet, heute weniger geben zu können als gestern.

Jeder Kunde und jede Kundin, den und die ich bisher hatte, hatte ein anderes Problem damit, sichtbar zu werden. Ob es der latente Selbstzweifel war, die Angst vor Ablehnung oder schlicht und ergreifend die Angst davor, in sich selbst hineinzuschauen. Mit all dem konfrontiert erfolgreiches Marketing Unternehmende. All das bietet Raum, sich persönlich und beruflich weiterzuentwickeln.

Diese Entwicklung ist gerade zu Beginn einer Selbstständigkeit unerlässlich, weil sie nicht nur ein immenser Beschleuniger für den unternehmerischen Erfolg ist, sondern den Selbstständigen auch Selbstbestimmung zurückgibt.

In der Selbsterkenntnis und dem Wissen um die eigenen Fehler und Blockaden liegt der Schlüssel zum selbstwirksamen Leben als Selbstständige. Du bist deinem Glück in der Kundschaftsgewinnung, der Entscheidungs- und Zahlungsbereitschaft deiner Kund*innen oder der Qualität deines Netzwerks nicht ausgeliefert.

Wenn ich selbstständig bin, und das ist nicht der letzte Grund, wieso sich Menschen für diesen Weg entscheiden, dann kann ich genau das tun, was ich am liebsten will. Wann immer ich will. Gehen, wohin ich will. Arbeiten, wo und wie ich will. Es ist die maximale Freiheit. Und diese Freiheit bedeutet auch, dass ich für jedes Problem eine Lösung finden kann. Aber dazu musste ich zuerst lernen, die Dinge so sehen und annehmen zu können, wie sie sind.

SELBSTSTÄNDIGKEIT OHNE VERKAUF IST WIE EIN FLUSS OHNE WASSER

Wenn du dich selbstständig machst, wirst du früher oder später deinen Frieden mit dem Verkaufen machen müssen.

Natürlich möchte niemand eine Verkäuferin sein, wie dieser eine Versicherungsmakler, der einfach wahllos Studierende vor der Bibliothek abfängt und sie fragt, ob sie sich schon mal Gedanken um das Thema Berufsunfähigkeit gemacht haben.

Auch wenn das zweifellos ein wichtiges Thema ist, ist es irgendwie trotzdem unangenehm, wenn man eigentlich gerade lernen gehen will, damit man erst einmal berufsfähig wird, ehe man berufsunfähig werden kann.

Mein größtes Negativbeispiel eines Verkäufers war tatsächlich jemand von der Kundschaftsrückgewinnung bei Vodafone.

Als ich dort meinen Handyvertrag kündigen wollte, hat er es geschafft, mich in einem halbstündigen Telefonat derart zu verwirren, dass ich am Ende zwei überteuerte Verträge hatte. Und das für mein altes Huawei-Handy, das sich bei schlechtem Wetter gern mal selbst ausschaltete und auch nach einer Nacht am Ladekabel um elf Uhr vormittags nur noch 5 % Akku hatte.

So wollte ich natürlich nie sein. Ich wollte auch nie eine Art von Marketing machen, die diese Art von Verkauf unterstützen könnte.

Ich würde tatsächlich immer noch sagen, dass Vertrieb nicht meine größte Stärke ist. Niemand wird Marketer, weil sie so gern Gespräche führt. Vielen geht es eher so, dass sie eigentlich schon verkaufen wollen, aber wir hoffen, dafür mit niemandem reden zu müssen.

Genau deswegen habe ich mein eigenes Marketing so aufgebaut, dass es mir die Verkaufsgespräche erleichtert. Denn das, was Selbstständigen die Existenzgrundlage liefert, ist nun mal zahlende Kundschaft. Ohne Verkauf bekommt man die nicht. Also jedenfalls nicht, wenn man mal im großen Teich außerhalb des Freundes- und Bekanntenkreises fischen möchte.

In meiner eigenen Kundschaft und meinem Netzwerk sind mir zwei Arten von selbstständigen Anfängern begegnet. Zum einen diejenigen, die dachten, dass ihre Leistung, so wie sie ist, nicht genug ist, um sie jemandem zu verkaufen und deswegen permanent so getan haben, als wären sie ein riesiges Unternehmen mit ganz vielen Mitarbeitenden, schon seit Jahren am Markt und so weiter.

Wenn du dir darunter nichts vorstellen kannst, schau dir am besten eine Folge der Serie „Stromberg" an. Die Titelrolle hat genau diese Problematik und die Serie führt die Effekte solcher Hochstapelei ganz großartig ad absurdum.

Und dann gab es noch diejenigen, die zwar, meist völlig zu Recht, von ihrer Leistung überzeugt waren, aber eine Heidenangst hatten, dafür Geld zu verlangen, ein Gespräch überhaupt als „Verkaufsgespräch" zu bezeichnen, in der tatsächlichen Zusammenarbeit Grenzen zu setzen und, wenn nötig, Folgeangebote zu schreiben.

Beide Typen haben im Wesentlichen dasselbe Problem, denn sie glauben, dass es nicht reichen wird. Sie befürchten, nicht genug zu sein.

Die Wahrheit ist immer genug

Kaum ein Satz hat in den vergangenen Jahren häufiger Einzug in die popkulturellen Medien gefunden als „Du bist genug".

Leider zunehmend auf einem Niveau, auf dem er seine Wirkung verliert. Es hat noch nie zuvor eine Zeit gegeben, in der es so einfach war, der Welt eine Version vom eigenen Leben zu zeigen, die so viel besser ist als die Realität, dass sie im Grunde auch nichts mehr mit der Realität zu tun hat.

Ob es um das Foto vor dem gemieteten Lamborghini geht (ich war schon immer der Meinung, dass es Lamborghini heißt, weil man sich den borgt), das gefilterte und bearbeitete Bikinifoto aus dem letzten Dänemarkurlaub oder eben die etwas zu sehr geschönten Umsatzzahlen, die in beruflichen Netzwerken so gern gezeigt werden.

Als Betrachter kommt da schnell mal das Gefühl auf, dass man es noch nicht geschafft hat, dass es nicht reicht und nie reichen wird und mindestens eine Person, die man auf der Plattform beobachtet, einfach alles in ihrem Leben auf der Reihe hat.

Wahrscheinlich hinterlässt nichts ein so tiefes Gefühl von „nicht genug sein" wie eine Stunde auf einer gut sortierten Social-Media-Plattform.

Natürlich kann es helfen, dir immer wieder ins Gedächtnis zu rufen, dass Leute meist einfach andere Baustellen haben, als du selbst, sie früher oder an einem anderen Punkt angefangen haben und du noch gar nicht so weit sein kannst wie sie. Aber dieses nagende Gefühl bleibt.

Und auch wenn ich sonst versuche, pauschale Aussagen zu vermeiden, möchte ich dir an dieser Stelle etwas mitgeben:

Die Wahrheit ist immer genug.

Du kannst grundsätzlich davon ausgehen, dass dich niemand so mit anderen vergleicht wie du. Natürlich, wenn jemand in Betracht zieht, bei dir Kund*in zu werden, wird er oder sie dich mit anderen Anbieter*innen vergleichen. Das kann passieren. Aber nur du hast den Blick von innen auf dein Leben.

Das Bild, das du glaubst, andere von dir haben, ist immer gefärbt von deinem eigenen Bild von dir. Und wenn du gerade verunsichert bist, weil du etwas zum ersten Mal machst, wenn dir vielleicht einige Menschen aus deinem Umfeld davon abgeraten haben, dich selbstständig zu machen oder du in deinem Leben schon die Erfahrung gemacht hast, dass etwas nicht genug war, was du gemacht hast, dann unterstellst du deinem Gegenüber unbewusst, auch wenigstens ein bisschen so zu denken.

Die Wahrheit ist genug. Und wenn jemand dir etwas anderes erzählt, dann ist es wahrscheinlich einfach gut, dass du nicht mit dieser Person arbeiten musst.

WARUM BRANDING DER ANFANG JEDES UNTERNEHMENS SEIN SOLLTE

Unter Branding versteht man das Zusammenspiel der verschiedenen Kommunikationsmaßnahmen (zum Beispiel Werbung, Social-Media-Auftritte, Website, Print-Medien, Corporate Design, Wortwahl im Gespräch, öffentliches Auftreten usw.) eines Unternehmens oder einer Person des öffentlichen Lebens.

Das fängt mit Aspekten wie dem Logo und der Farbgestaltung an und erstreckt sich über Texte und Themen auf der Website, den Social-Media-Kanälen bis hin zur Wortwahl des Inhabers und aller Mitarbeitenden.

Es braucht nicht viel Kenntnis rund um Kommunikation und Beziehungsaufbau, um zu verstehen, dass Branding die Grundlage der Marketing- und Vertriebsstrategie jedes gut strukturierten Unternehmens ist. Bricht ein Text auf einer sozialen Plattform mit der üblichen Konvention, die vom Unternehmen gepflegt wird, kann das weitreichende Folgen für seine allgemeine Glaubwürdigkeit haben.

Und genau hier haben viele soloselbstständige Anfänger*innen und Start-ups ein Problem, denn das Branding ist die Grundlage von allem, wo rein zuerst investiert werden sollte. Die Wirkung zahlt sich aber erst langfristig richtig aus und ist somit nicht unmittelbar hilfreich dabei, die ersten Umsätze zu bewirken.

Gerade wenn mit wenig oder keinem Kapital gegründet wurde, kann eine Investition in ein professionelles Branding durchaus zu einer größeren Finanzierungslücke im ersten Geschäftsjahr führen.

Es gibt deswegen eine Handvoll Maßnahmen, die genutzt werden können, um bis zur stabilen finanziellen Situation eine nutzbare Grundlage ohne professionelles Branding zu schaffen.

1. Wertearbeit

In den vergangenen Jahren haben Unternehmen, die ausschließlich profitorientiert gehandelt haben, in der Öffentlichkeit eine Legitimitätskrise erlebt und schlechte PR erfahren.

Angefangen mit der Trinkwasserbeschaffung in den Produktionsstätten von Coca-Cola, über die Kooperationen und Mitarbeitendenpolitik von Nestlé, bis zu jedem großen Unternehmen, das es in den letzten Jahren in die Sendung von Jan Böhmermann geschafft hat. Uns wurde eindrucksvoll vor Augen geführt, wie wichtig es für Unternehmende ist, sich über die eigene Lebensgrundlage hinaus für Dinge einzusetzen.

Diese Wertearbeit kannst du auch ganz allein im Rahmen der Erstellung deines Businessplans leisten. Wahrscheinlich kennst du genug Negativbeispiele, von denen du lernen konntest, wie du nicht werden willst. Bleibt noch eine Frage: Wer willst du als Unternehmen sein? Wofür willst du stehen? Wofür willst du kämpfen?

2. Dein Warum
Kaum etwas ist so überzeugend, wie die Geschichte vom Underdog, der sich durch alle Hürden auf dem Weg gekämpft hat und am Ende der Held war.

In jedem Gründer und jeder Gründerin steckt ein Underdog. Man muss ihn nur manchmal ein wenig suchen. Wenn du auf dein Leben zurückschaust und alle Entscheidungen durchgehst, die du bis hierher bewusst getroffen hast, was war dein Wendepunkt? Was war deine größte Herausforderung im Leben und zu welcher Erkenntnis, welcher Kompetenz oder welchem Menschen hat sie dich geführt, was anders nicht möglich gewesen wäre?

Du musst nicht sofort am Anfang raus in die Welt gehen und dein wahres Warum mit allen teilen. Es braucht Zeit, dafür bereit zu sein, und danach braucht es Übung, deine Geschichte zu dem Marketinginstrument zu schleifen, das sie werden soll.

Aber es hilft bereits, wenn es dir selbst bewusst ist.

Nicht nur, dass du damit den ersten Schritt machst, um dein Warum in der Kundschaftsgewinnung einzusetzen. Das wahre echte Warum, hilft auch dabei, am Anfang unvermeidbare Durststrecken zu überstehen, einen langen Atem zu haben, wenn es mal schleppend vorwärtsgeht und sich von Misserfolgen nicht entmutigen zu lassen.

3. Immer dieselben Farben und dieselbe Schriftart verwenden
Klingt banal und bedeutet auch nicht, dass das gleich bleibt, wenn du eines Tages dein erstes „richtiges" Corporate Design bekommst.

Aber es wird dir helfen, im Internet wiedererkannt zu werden, wenn du dort mit deinem Marketing startest.

Menschen, die auf den sozialen Medien aktiv sind, sind nämlich durch eine ganz bestimmte Sache sehr leicht in den Bann zu ziehen: Dopamin.

Das ist ein Belohnungshormon, das im Gehirn freigesetzt wird, wenn wir ein gesetztes, meist kurzfristiges Ziel erreichen, zum Beispiel in Videospielen. Außerdem wird es ausgeschüttet, wenn wir hochkalorische Speisen zu uns nehmen, Bestätigung von außen erhalten oder einfach etwas tun, was wir gern machen.

Eine relativ neue Erkenntnis ist, dass Dopamin auch dann in geringen Mengen freigesetzt wird, wenn wir etwas wiedererkennen, was wir schon einmal gesehen haben. Dadurch findet bei der Aufnahme äußerer Reize praktisch ständig eine Konditionierung statt, und genau auf diesen Effekt setzen viele Unternehmen, wenn es um ihr Marketing geht.

Das heißt, wenn du deine Social-Media-Grafiken und deine Website (falls du dir selbst eine erstellen möchtest) optisch aufeinander abstimmst, erleichterst du es den Nutzer*innen, sich an dich zu erinnern.

4. Die W-Fragen

Auch im Brandingprozess werden eine Reihe W-Fragen beantwortet, mit denen du dich im Vorfeld idealerweise schon mal auseinandersetzen kannst.

Die erste Frage, „Wer kommuniziert?", hast du, wenn du die vorherigen drei Schritte befolgt hast, bereits ausreichend beantwortet.

Die zweite Frage, „Mit wem wird kommuniziert?", fragt nach der Zielgruppe oder konkreter nach einem Kund*innen-Prototyp.

Zugegeben, besonders am Anfang kannst du nicht immer den Markt und die von einem Angebot am meisten profitierende Gruppe darin so genau kennen, dass du dich bis ins Detail festlegen kannst. Es trotzdem zu versuchen, kann dich auch in die falsche Richtung lenken und wird dich nicht unbedingt weiterbringen.

Deswegen ist es empfehlenswert, das Problem, das von deinem Angebot gelöst wird, zunächst zu umreißen. Wer hat genau dieses Problem oder eins, das sehr ähnlich ist? Daraus lassen sich häufig schon wichtige Eigenschaften einer möglichen Zielgruppe ableiten.

Die dritte und für die praktische Anwendung wichtigste Frage, „Wo wird kommuniziert?", fragt nach den Kommunikationskanälen des Unternehmens. Einer davon ist immer das Netzwerk des Gründenden, ein anderer immer die Website. Nur wenige Unternehmen kommen langfristig ganz ohne eine Website aus.

Wenn es dann aber an die Wahl eines Vertriebskanals geht, gibt es eine Reihe Möglichkeiten. Von den großen Social-Media-Plattformen, über Direktmarketing, Newsletter und Werbeanzeigen, bis hin zur Kaltakquise per Telefon oder gar an der Haustür.

Eine goldene Regel, die viel zu oft vergessen wird, lautet: „Je mehr Kanäle du bespielst, desto mehr Zeit und Fokus musst du investieren, um dafür laufend Inhalte zu erstellen."

Auch in Zeiten von ChatGPT und vielen anderen Automatisierungsmöglichkeiten müssen deine Kommunikationskanäle erst einmal aufgebaut werden, was auch bedeutet, dass du vor allem im ersten Jahr noch viel von Hand machen musst.

Du solltest dabei auch im Blick haben, dass Kundschaftsgewinnung nicht immer deine oberste Priorität sein wird. Es wird Zeiten geben, in denen du mit Kundschaftsarbeit ausgelastet bist und wenig Zeit zur Erstellung von Marketinginhalten haben wirst.

Wenn du dann aber dein Marketing pausierst und erst wieder aufnimmst, wenn deine Kundinnen und Kunden abgearbeitet sind, ist die Wahrscheinlichkeit groß, dass du danach eine gewisse Zeit mit wenig oder sogar gar keinem Umsatz rechnen kannst, weil deine Reichweite eingebrochen ist und Nutzer*innen, die dich bereits gut abgespeichert haben und vielleicht sogar insgeheim eine Zusammenarbeit in Betracht gezogen hätten, dich wieder vergessen haben. Mit ihnen fängst du wieder ganz von vorn an.

Also halte den Arbeitsaufwand für dein Marketing von Anfang an in einem Rahmen, den du schaffen kannst, und trotzdem ausreichend Ergebnisse erzielst, auch wenn der restliche Tag voll mit Terminen ist. Die meisten meiner Kund*innen investieren 30–60 Minuten an jedem Wochentag in ihr Marketing.

Einige machen dann am Wochenende ganze Content-Sessions, in denen sie ihre Inhalte für die folgende Woche vorproduzieren, aber ich bin selbst lange und gut damit gefahren, einfach morgens einen Post zu einem meiner in der Notizen-App gespeicherten Themen zu schreiben und direkt zu veröffentlichen. Vorher und hinterher ein bisschen Kontakte pflegen, und dann geht der Tag los.

Erfahrungsgemäß kommen Soloselbstständige neben den beiden Vertriebswegen Netzwerk und Website mit einem einzigen weiteren Kanal aus, welcher meist eine soziale Plattform ist. Das hat damit zu tun, dass es leichter ist, potenzielle Kund*innen für das erste Gespräch vorzubereiten und sich somit den Verkauf selbst zu erleichtern, als wenn man die Leute einfach in ihrem Büro anruft.

Außerdem hat die Kurzlebigkeit sozialer Plattformen den anfängerfreundlichen Vorteil, dass man sich ein wenig ausprobieren kann, bevor es ernst wird.

Die Frage „Was wird kommuniziert?" kannst du dir anhand der bisherigen Antworten schon grob beantworten. Grundsätzlich ist es empfehlenswert, für den Anfang zwar ein klar definiertes Angebot zu haben, aber nicht unbedingt ausschließlich darüber zu sprechen.

Vielmehr hat sich gezeigt, dass Nutzer*innen sich besonders in den sozialen Medien für zwei große Fragen interessieren: „Wer bist du?" und „Was bringt mir das?"

Du kannst also eine recht stabile Beziehung zu den anderen Nutzer*innen einer Plattform aufbauen, indem du ihnen ein Beziehungsangebot machst und über die Dinge in deinem Business oder rund um Themen schreibst, die dich wirklich bewegen. Und ja, es ist erlaubt, dabei eine Meinung zu haben und, sofern es dem roten Faden dienlich ist, auch persönliche Informationen preiszugeben. Und andererseits, indem du über Probleme und Situationen sprichst, die deine Zielgruppe aus dem Alltag kennt.

Du wirst feststellen, dass je mehr Übung du darin bekommst, desto leichter gelingt es dir, diese Inhalte auch in deinen Vertriebsprozess einzufügen. So ist ein typischer Teil eines guten, seriösen Verkaufs die sogenannte Bedarfsermittlung, in welcher genau untersucht wird, wo das Problem der potenziellen Kund*innen liegt und ob die zum Verkauf angebotene Leistung dieses Problem überhaupt lösen kann.

Genau diese Bedarfsermittlung kannst du durch hochwertige Inhalte rund um das Problem, welches du löst, bereits in kleinen Teilen vornehmen.

Wenn also zum Beispiel ein Marketingdienstleister in den sozialen Medien die Geschichte von jemandem erzählt, der ständig die Worte „das ist mir zu teuer" hört und zu dem Schluss kommt, dass der Grund dafür fehlendes Vertrauen auf der Käuferseite sein muss, hat der Dienstleistende damit bei jedem, der diesen Beitrag liest und genau diese Situation wiedererkennt, ein erstes Bewusstsein dafür geschaffen, welches tatsächliche Problem dahintersteckt.

Ganz nebenbei hat er aber auch gezeigt, dass er ein vertrauenswürdiger Experte ist, weil er eine schlüssige Erklärung für ein bekanntes Problem gefunden hat. Und zwar ohne dabei von oben herab mit den Nutzer*innen zu kommunizieren oder über Angstmacherei oder Polarisierung nach Aufmerksamkeit zu heucheln.

Die letzte Frage, „Wie wird kommuniziert?", nenne ich hier nur der Vollständigkeit halber. Du musst dich für den Anfang nicht unbedingt damit befassen, vor allem nicht, wenn du als Soloselbstständige startest. In diesem Fall ist deine Kommunikation nämlich sowieso sehr von deinem persönlichen Stil geprägt und genau so darf und soll es auch sein.

Das heißt, je weniger Gedanken du dir darum machst, desto authentischer ist deine Kommunikation wahrscheinlich. Und das ist erst einmal mehr, als die meisten Anfänger*innen haben und trägt dich weiter als jede aufwendige Strategie.

Wenn du dir zu gegebener Zeit ein Branding in Zusammenarbeit mit einem Dienstleister oder einer Dienstleisterin erstellen lässt, werden all diese Botschaften noch einmal nachgeschärft und so festgehalten, dass du auch dann keinen Bruch in deinem Kommunikationsstil hast, wenn dein Unternehmen wächst und eines schönen Tages auch deine Mitarbeitenden für dich kommunizieren.

Und jetzt wünsche ich dir Unmengen an Erfolg für deine Selbstständigkeit. Du wirst das rocken, sagt mir meine Intuition. Das wird der Hammer.

AUTORINNEN-VORSTELLUNG

Elisabet Bästlein

DEIN BUSINESS IN MAXIMAL DREI SÄTZEN?

Ich unterstütze Unternehmensberater*innen und Coaches dabei, vertrauensvolle Beziehungen zu ihrer Kundschaft aufzubauen. Dabei gilt meine besondere Aufmerksamkeit dem Beziehungsaufbau vor der eigentlichen Zusammenarbeit („Pre-Sale"), also der Außenkommunikation und dem Erstkontakt mit dem Interessenten oder der Interessentin.

FÜR WEN BIST DU GENAU DIE RICHTIGE ANSPRECHPARTNERIN?

Wenn jemand häufig solche Sätze hört wie „deine Leistung ist mir zu teuer" oder das Gefühl hat, ihre Dienstleistung ständig erklären zu müssen, hat sie wahrscheinlich ein Glaubwürdigkeitsproblem. Genau da kann ich helfen.

ARBEITEST DU OFFLINE, ONLINE ODER BEIDES?

Ich gestalte die Zusammenarbeit mit meinen Kund*innen möglichst ortsunabhängig, also online. Wenn sich die Gelegenheit ergibt, freue ich mich aber natürlich auch immer, meine Kund*innen und Kolleg*innen mal persönlich kennenzulernen.

WELCHE WAREN DEINE DREI WICHTIGSTEN LEBENS- BEZIEHUNGSWEISE LERNSTATIONEN?

1. Das erste erfolgreiche Verkaufsgespräch.
2. Als mir ein sehr besonderes Geschenk gemacht wurde.
3. Als mir ein Arzt riet, in Frührente zu gehen, weil ich „nicht belastbar genug für die Arbeitswelt" sei. Da war ich 24 Jahre alt.

MAL ANGENOMMEN, DU KÖNNTEST 15 JAHRE IN DIE VERGANGENHEIT REISEN. WAS WÄRE DEIN WICHTIGSTER TIPP AN DEIN 15 JAHRE JÜNGERES ICH?

Lisbet, ich habe die Zukunft gesehen und du wirst sie schön finden. Es lohnt sich, noch ein bisschen durchzuhalten.

Nach den großen Themen Firmengründung, Marketing und Branding kommen wir nun zu einem anderen ausgesprochen wichtigen Thema: Führung. Zwei Expertinnen geben ihre Erfahrungen an dich weiter. Was bringt dir das tollste Unternehmen und die klügste Marketingstrategie, wenn in deinem Unternehmen Unzufriedenheit herrscht und du als Führungskraft nicht weißt, wie du damit umgehen kannst? Und sind Mitarbeitende oft unzufrieden mit der Führungskraft?

Hast du schon einmal die folgende Aussage gehört?

„Menschen kommen wegen des Jobs, bleiben wegen der Aufgabe und gehen wegen der Führung." Es ist ein sehr bekanntes Zitat. Wer es als Erste gesagt hat, konnte ich leider nicht herausfinden. Fakt ist, dass ein Unternehmen dann besonders gut läuft, wenn die Mitarbeitenden mit der Führung zufrieden sind und gegenseitiges Vertrauen vorhanden ist. Was alles dazu gehört und wie das laufen kann, erfährst du von unseren nächsten beiden Autorinnen. Beide sind anerkannte Expertinnen für den Bereich Mitarbeitendenführung.

Wir starten mit Sonja Connert-Weiss. Sie ist schon in jungen Jahren Führungskraft geworden, zu einem Zeitpunkt, an dem sie weder Ahnung von Selbst- noch von Menschenführung hatte. Sie schreibt hier über die Themen, über die sie damals selbst gerne Bescheid gewusst hätte. Das hätte ihr so manche Schwierigkeiten und Herausforderungen erspart. Möchtest du wissen, wie eine schlechte Führungserfahrung sich zu einer Chance entwickeln kann und von Sonjas reichhaltigem Erfahrungsschatz profitieren?

Dann lies unbedingt weiter.

Sonja Connert-Weiß

Selbstführung und Menschenführung – habe ich nie wirklich gelernt

Heute schon gelacht?" Das ist eine meiner Lieblingsfragen in meinen Beratungsgesprächen. Nicht immer am Anfang, doch zumindest am Gesprächsende. Der Überraschungseffekt steht den meisten Menschen ins Gesicht geschrieben, und durch das Lächeln wurde schon so manches emotionales Eis gebrochen.

Wie facettenreich Führung sein kann und wie einzelne Aspekte sich auf dein Umfeld auswirken, damit befasse ich mich nicht nur in diesem Buchbeitrag, sondern auch in meinen Gesprächen mit Menschen aus den verschiedensten Ebenen und Positionen. Beim Führen spielt für mich eine Prise Humor die entscheidende Rolle. Miteinander und auch über sich selbst lachen zu können, zeigt eine entscheidende, innere Haltung und diese ist wichtig für den Blick auf sich selbst.

Statt von „man müsste" zu sprechen, teile ich Abschnitte und Erfahrungen meines Lebens mit dir. Überlege zwischen den Abschnitten gerne, wie du gehandelt hättest und wo du dich ein Stück weit in mir wiedererkennst oder es vielleicht mit anderen Augen siehst.

Mein Humor flüstert mir manchmal folgenden Leitsatz zu: „Emotionen sind der Klebstoff zwischen Menschen und Unternehmen und führende Leitplanken auf der Reise in eine gesunde und geniale Zukunft."

Lass dich mit mir auf den folgenden Seiten darauf ein, Führung anders zu sehen.

MEIN VERSTÄNDNIS VON FÜHRUNG

Führung bedeutet, Verantwortung zu übernehmen und andere zu leiten. Egal, ob du in einem Unternehmen arbeitest oder dein eigenes Geschäft führst. Du bekommst Impulse an die Hand, wie du noch erfolgreicher führen kannst. Lerne dich selbst von einer anderen Perspektive kennen, damit du deine eigenen Ziele verfolgen und gleichzeitig authentisch führen kannst. Deine Partner*innen oder Kund*innen, deine Familie, dein Netzwerk oder Team wird deinen Spirit spüren und mit dir am selben Strang ziehen. Begeisterung für deine eigene Schaffenskraft ist einer der wichtigsten Grundbausteine für deinen beruflichen und privaten Erfolg. Als Zitatliebhaberin begleitet mich deshalb seit vielen Jahren der folgende Satz:

„Wenn du liebst, was du tust, wirst du nie wieder in deinem Leben arbeiten[14]."

WAS IST FÜHRUNG UND WIE PASST ES ZU DIR?

Was bedeutet Führung und wie kannst du deine eigenen Werte in deine Führungsrolle einbringen? Es gibt viele Möglichkeiten, sei es als Selbstständige, Chefin oder als Führungspersönlichkeit im Unternehmen sowie auch im ehrenamtlichen Engagement.

Finde heraus, was dich motiviert, morgens aufzustehen und zu arbeiten.

DESHALB HIER MEINE EINSTIEGSFRAGEN AN DICH. ANTWORTE EINFACH SPONTAN:

1. Kennst du dein eigenes Warum?
2. Welche Eigenschaften bringst du mit?
3. In welchen Themen sind andere scheinbar „besser" und wie könnt ihr euch gegenseitig unterstützen und ergänzen?

14 https://www.zgedichte.de/gedichte/konfuzius/die-liebe-arbeit.html, 11.10.2023

Führung – Ein Begriff, der vielfältige Bedeutung in sich trägt. Doch was bedeutet es wirklich, zu führen?

Deine Führungsrolle sollte von deinen Werten geleitet werden. Statt nur Aufgaben zu delegieren, ist es sehr wertvoll, auch eine klare Vision zu vermitteln, die mit deinen eigenen Überzeugungen im Einklang steht. In der Welt der Führung geht es weniger darum, den Weg zu weisen, sondern vielmehr darum, andere auf diesem Weg zu unterstützen und zu ermutigen. Doch was motiviert dich, diesen Weg der Führung zu beschreiten? Kennst du deine eigenen Beweggründe und deinen inneren Antrieb? Ergründest du deine Motivation und teilst diese mit deinem Team, dann unterstützt dies alle, deine Entscheidungen und Handlungen klarer zu verstehen. Deine persönlichen Werte und Ziele sind der Treibstoff für eine authentische und inspirierende Führung.

Das liest sich für dich sehr theoretisch? Schaue, ob es dir nach meiner ersten Geschichte klarer ist.

Über meine Führungsrolle habe ich mir keinerlei Gedanken gemacht, als ich mit 29 Jahren einen Job als Bereichsleiterin mit Führungsverantwortung übernommen habe. Meine Motivation, die kannte ich. Ich wollte Menschen besser und auf Augenhöhe führen. Unbewusst spielten meine Werte auch eine Rolle. Der ausschlaggebende Motivationssatz traf mich unverhofft mit 27 Jahren. Mein damaliger Chef warf mir diese prägenden Worte sprichwörtlich an den Kopf: „Du bist nicht hier, um Spaß zu haben, sondern lediglich, um dein Geld hier zu verdienen. Merk dir das!" Diese Aussage wirkte noch sehr lange bei mir nach. Erst eineinhalb Jahre später realisierte ich die demotivierende Auswirkung auf mich. Diese Aussage hatte mich unbewusst, Schritt für Schritt, zur inneren Kündigung bewogen. Warum habe ich so lange gewartet? Hätte es nicht auch andere Möglichkeiten gegeben, als zu kündigen? Vielleicht kannst du dir vorstellen, dass ich mir immer wieder diese Fragen gestellt habe und natürlich hätte ich das Gespräch mit meinem Chef suchen können. Doch meine Beobachtungsgabe und Menschenkenntnis haben mich davon abgehalten, denn er arbeitete aus meiner Perspektive wirklich nur, um dort sein Geld zu verdienen. Das wahre Leben führte er im Privatleben. Er konnte gut reden und verstand die Kunst, möglichst viel zu delegieren. Wenn er Wochenenddienst hatte, hat er davon mindestens eine Stunde lang mit dem Computer das Kartenspiel Skat gespielt. Die Bild am Sonntag las er grundsätzlich nach der offiziellen

Pause. Er war ein absolut negatives Vorbild für mich, was Menschenführung und Teammotivation anging.

So lange ausgehalten habe ich deswegen, weil ich meine Erfüllung in den Beratungsgesprächen mit meinen Kund*innen fand. Hier spürte ich Dankbarkeit und Wertschätzung, in der ich meine Energie auftankte und den Negativpol lange ausgleichen konnte. Die Gegenwart meines Chefs nervte mich immer häufiger. Eines Abends, beim Austausch mit meiner Lieblingskollegin fasste ich den definitiven Entschluss der Kündigung.

Ich folgte meiner inneren Stimme. Den Blick meines Chefs, als ich ihm das Kündigungsschreiben fristgerecht am Rosenmontag überreichte, werde ich nie vergessen. Er dachte zuerst, es ist ein Faschings- oder Karnevals-Scherz. Ich musste es tatsächlich mit Nachdruck dreimal wiederholen, bis er begriffen hat, dass es mein voller Ernst war. Er fiel aus allen Wolken und nahm es nach dem ersten sichtlichen Schock mit überspielter Gelassenheit hin. Mir fiel ein Stein vom Herzen, dass er mich nicht halten wollte. Egal, wie sehr er es versucht hätte, ich wäre nicht geblieben. Dafür ist einfach zu viel passiert. Er war sich sicher, dass er jederzeit wieder jemanden finden könnte. „Reisende soll man nicht aufhalten", so hat er mit breitem Grinsen sein eigenes Ego gerettet.

Ich habe mich auf den Weg gemacht und hatte eine Vision vor meinen Augen.

Die Vision, dass Spaß bei der Arbeit und Führungsbegeisterung möglich sind, wollte ich in die Tat umsetzen.

Mein Optimismus-Fazit: „Schlechte Führungseigenschaften von unbeliebten Chefs sind ein ideales Vorbild, um es anders zu machen!"

MEIN PERSÖNLICHES FÜHRUNGS-LEARNING MIT DEM BLICK AUS HEUTIGER SICHT:

Ja, ich hätte damals das offene Gespräch suchen können. Doch ich war noch jung und unerfahren und konnte schlecht mit der Situation umgehen. Trotzdem habe ich mir Gedanken gemacht und nicht kopflos gekündigt. Ich habe Klarheit für mich geschaffen und dann eine bewusste Entscheidung getroffen. Diese Entscheidung hat sich in diesem Moment für mich richtig angefühlt und das ist es, was am Ende zählt.

REFLEXIONSFRAGE:

1. Wie hättest du gehandelt?
2. Hast du mal eine ähnliche Situation erlebt?
3. Falls ja, wie ging es bei dir weiter?

Nimm dir gerne Zeit für deine Notizen, bevor du weiterliest.

Wie mein Weg im Anschluss verlaufen ist, teile ich dir im folgenden Abschnitt mit.

Nach einer beruflichen Übergangslösung ergab sich dann tatsächlich die nächste Chance. Ich war bereit, mich der Führungsverantwortung zu stellen und diese mit Wertschätzung den Menschen gegenüber umzusetzen. Geschafft habe ich dies nicht allein. Es war Teamwork! Mit einem vertrauensvollen und rückenstärkenden Geschäftsführer als Verbündeten und einem motivierten, kundenorientierten Team haben wir zwölf Jahre lang gewinnbringende Dienstleistungen umgesetzt.

Noch Jahre später frage ich mich immer wieder, was mein persönliches Highlight aus dieser Zeit war.

Was hat mich an diesem Job so fasziniert?

Die Vielfalt der Menschen und Branchen, von IT-Firmen bis zu Produktionsunternehmen, sogar ein Unternehmen mit einem DTM-Rennsportteam. Ich erhielt Einblicke in verschiedene Geschäftsmodelle und konnte schnell die Bedürfnisse von Unternehmen und Menschen verstehen. Beim Betreten von Geschäftsräumen und in Diskussionen spürte ich oft direkt das Betriebsklima.

Es war eine aufregende Zeit mit vielfältigen Aufgaben und Freiraum zur Entfaltung. Die Freiheit und der persönliche Handlungsspielraum, unterstützt durch das Vertrauen zu meinem Chef, motivierten mich.

Aber es gab auch Herausforderungen, vor allem in der Anfangsphase als Bereichsleiterin. Interne Strukturabläufe und Dokumentationen waren eine große Hürde. Ich musste vieles neu lernen, aber ich gab nicht auf.

Die Arbeit mit den Menschen erschöpfte mich nicht, doch kaufmännische Abläufe waren anfangs eine Herausforderung. Ich erinnere mich an einen Nachmittag, an dem ich total erledigt auf der Couch einschlief, nachdem ich stundenlang mit Kopfschmerzen Dokumente studiert hatte.

„Aufgeben gilt nicht", war der Gedanke, der mich motivierte. Ich wusste, ich kann es schaffen, denn die neuen Aufgaben im Job begeisterten mich. Ich konnte etwas bewegen, mich weiterentwickeln und das Teamklima war großartig.

Ich blieb dran, wurde sicherer mit Tabellen, Zahlen und Abrechnungen und erhielt positive Rückmeldungen von Mitarbeitenden und der Kundschaft. Doch die nächste Herausforderung kam schnell, denn das erste Halbjahresgespräch über die Kostenstrukturen meiner zwölf Kostenstellen stand an. Nach stundenlangen Diskussionen war mir vieles unklar, jedoch fand mein Chef einen Weg, das Wichtigste zu erklären.

Der Rest war meinem Wissensdurst und meiner Ausdauer zu verdanken, zwei wichtige Eigenschaften, die, wie ich heute weiß, zu meinen persönlichen Führungsqualitäten zählen.

MEINE PERSÖNLICHEN FÜHRUNGS-LEARINGS, DIE MICH ALS MERKSÄTZE BEGLEITEN:

„Menschen bilden die Basis für gesunde Unternehmen und sind die Grundlage von schwarzen Zahlen am Jahresende."

– Sonja Connert-Weiss

„Führung ist die Kunst, Menschen zu inspirieren, damit die eigenen und die unternehmerischen Ziele erreichbar werden."

– Sonja Connert-Weiss

REFLEXIONSFRAGE AN DICH:

1. Hast du dir schon einmal über deine Stärken und Einzigartigkeiten Gedanken gemacht?
2. Welche Stärken und Eigenschaften zeichnen dich aus?
3. Mit einem Augenzwinkern gefragt: Was ist dein „Special-Effect", der auf andere Menschen wirkt?

Mein Zusatztipp:
*Ein sogenanntes „360-Grad-Feedback" zeigt dir zusätzlich den Blick von außen, wie du von Freund*innen, Kolleg*innen, Mitarbeitenden oder engen Geschäftspartner*innen wahrgenommen wirst. Frag doch bei nächster Gelegenheit gezielt nach, welche drei Eigenschaften die von dir ausgewählten Persönlichkeiten spontan mit dir verbinden. Damit hast du einen Rundumblick, wie dich andere Menschen wahrnehmen und erlebst vielleicht einige Aha-Momente, die dich schmunzeln lassen?*

Nimm dir dazu wieder die Zeit, die du brauchst.

In meiner Arbeit mit Führungskräften fasziniert mich immer wieder die Vielfalt der Ergebnisse. Die Harmonisierung von Selbst- und Fremdwahrnehmung schafft Klarheit und bildet die Grundlage für Authentizität.

Denke daran, dass alles im Beruf und Privatleben miteinander verknüpft ist wie ein Dominospiel. Eine stabile Führungskraft ist ein wichtiger Dominostein und trägt dazu bei, dass auch das Team stabil bleibt, weil das Fallen eines Steins Auswirkungen auf alle anderen hat.

Wenn wir bestimmte Regeln, Werte und Zusammenhänge beachten, spüren wir alle mehr Freude im eigenen „Spiel des Lebens" und erreichen Spitzenergebnisse. Wetten, dass ...?

SELBSTFÜHRUNG, MOTIVATION, STRESSBALANCE – WICHTIG FÜR DEINE SELBSTSTÄNDIGKEIT UND DEINEN JOB

Erfolgreiche Führung beginnt nicht nur im Umgang mit anderen, sondern auch mit der Führung deiner eigenen Person. In diesem Abschnitt bekommst du wertvolle Erkenntnisse und praktische Tipps zur Selbstmotivation und einem gesunden Umgang mit Stress. Denn nur mit diesem Bewusstsein ist es möglich, Höchstleistungen zu erbringen, ohne dabei auszubrennen. Ein für mich sehr wichtiger Punkt, vor allem in Zeiten des Wandels. Die steigende Anzahl an psychischen Erkrankungen durch Überforderung und Unsicherheit schlägt sich in den Fehlzeitenstatistiken von Unternehmen und Berichten verschiedener Krankenkassen in Deutschland deutlich nieder[15]. Darüber habe ich im Juni 2023 einen Online-Fachartikel[16] im Präventionsnetzwerk der Gesundheitsstrategen veröffentlicht, in dem ich einige Tipps zu einem gesunden Arbeitsumfeld gebe.

Für mich persönlich ist es zwar alarmierend, jedoch nicht ausweglos. Als Führungskraft wirst du als Vorbild angesehen und genau hier sehe ich die Chance, das Blatt zu wenden, indem du auf deine Art gesunde Selbstführung vorlebst.

Doch was ist Selbstführung?

Selbstführung ist deine innere Kompassnadel. Verantwortung und Fürsorge für dein eigenes Leben und Business zu übernehmen, ist ein wichtiger Punkt. Die Basis bildet ein Selbstbewusstsein für die eigene Person zu entwickeln, zu pflegen und regelmäßig zu reflektieren. Sich selbst und sein Leben bewusst zu gestalten ist die Basis für ein gesundes Leben, fördert ein soziales Miteinander und macht uns schlussendlich ausgeglichen.

Drei wichtige Punkte gebe ich dir als Impulse gern weiter:

SELBSTFÜHRUNG

- erreichst du, indem du dir über deine Ziele, Werte und Visionen Klarheit verschaffst.
- startet mit einer Standortanalyse und deiner klaren Vision. Dadurch entfachst du dein inneres Feuer, das du brauchst, um mit Begeisterung deinen Weg zu gehen, auch wenn es mal holprig wird.

15 https://www.dak.de/dak/bundesthemen/haelfte-der-beschaeftigten-war-2023-bereits-einmal-krank-2626414.html#/; 11.10.2023
16 https://mypfadfinder.com/personalmangel-die-arbeitswelt-geraet-weiter-unter-druck/; 11.10.2023

- hängt eng mit deinem Durchhaltevermögen zusammen. Dies ist aus meiner Erfahrung eine der wichtigsten Grundlagen, wenn Kurskorrekturen notwendig sind, denn nicht alles im Leben ist planbar.

Zitat von John Lennon[17]:

„Leben ist das, was passiert, während du andere Pläne machst. "

Nimm dir jetzt etwas Zeit und reflektiere, wann es in deinem Leben Situationen gab, die deine Lebenspläne durchkreuzt haben.

- *Wann ist etwas gravierend anders gelaufen, als du es geplant hast und wie bist du damit umgegangen?*
- *Warst du gestresst oder blockiert?*

Druck und Stress sind heutzutage alltägliche Begleiter vieler Menschen. Egal, in welchem Bereich du zu welchem Zeitpunkt aktiv bist, in der Selbstständigkeit, im Berufsleben, Familie oder Sport, ist es wichtig zu erkennen, dass nicht der Stress selbst das Problem ist, sondern wie du mit ihm umgehst.

Dazu teile ich erneut eine meiner Lebensphasen und ermögliche dir, einen Blick hinter meine prägende Führungskulisse zu werfen.

Ich bin in einer leistungsorientierten Familie aufgewachsen. Arbeit und Beschäftigung hatten immer einen hohen Stellenwert. Landgasthaus, Vermietung von Gästezimmern und Landwirtschaft. Freizeit und Pausen gab es kaum. Als Führungskraft mit Anfang 30 und einer Vielfalt an Aufgaben fielen mir die langen Arbeitszeiten daher leicht. Ein Dienstfahrzeug und ein Firmenhandy waren wichtige Anerkennungszeichen und wahre Statussymbole, für die ich so manche Überstunden mühelos dranhängte. Hinterfragt habe ich das selten, denn ich liebte die Abwechslung, die große Verantwortung und die damit verbundene Freiheit.

Vielleicht waren diese äußeren Zeichen damals ein Teil meiner eigenen Vorstellung von Karriere und Erfolg?

17 https://www.zitate7.de/5119/leben-ist-das-was-passiert-waehrend.html ; 11.10.2023

Für meine persönliche Weiterentwicklung lernte ich in Seminaren stetig dazu. Ich besuchte Schulungen und Trainings, die ich alltagstauglich in der Praxis umsetzte.

Was ich dabei manchmal aus den Augen verlor, war der persönliche Ausgleich, also meine Freizeit und Me-Time, wie es heutzutage so schön heißt. Doch diese Wichtigkeit des Energieauftankens ist mir mit den Jahren bewusster geworden. Es ist ein lebenswichtiger Teil, um mental fit und entspannt zu bleiben. Die sogenannte Me-Time, wie es im New-Leadership heißt, ist die optimale und natürliche Burnout-Prävention, die in unseren eigenen Händen liegt.

UND DESHALB JETZT MEINE FRAGEN AN DICH:

- Wie sieht deine Me-Time aus?
- Hast du dir über deinen Ausgleich und deine Balance schon einmal bewusst Gedanken gemacht?

Eine Empfehlung von mir ist das Lebensrad. Mit diesem kannst du dich selbst hinterfragen und visualisieren, wo du momentan stehst. Aus meinen Workshops und Einzelsessions höre ich immer die Rückmeldung, dass es die Leute weitergebracht hat und sie sich jetzt regelmäßig damit analysieren.

KURZANLEITUNG ZUM LEBENSRAD:

Das Lebensrad ist ein Werkzeug, mit dem du herausfinden kannst, wie erfüllend du dein Leben empfindest. Ziel ist es, deine Lebensbereiche mit Veränderungspotenzial aufzudecken, um deine allgemeine Zufriedenheit zu steigern und durch eine neue Perspektive erfüllter und glücklicher zu werden.

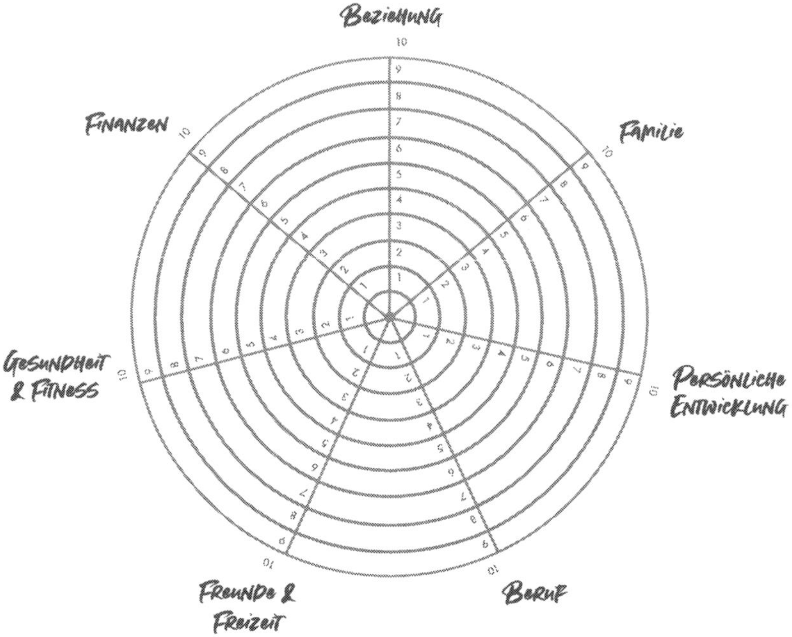

Wie funktioniert das Lebensrad?

1. Schritt: Die Zufriedenheit wird anhand von sieben Lebensbereichen gemessen. Diese Lebensbereiche werden auf einer Skala von eins bis zehn bewertet.

2. Schritt: Danach wird der Ist-Zustand mit dem Wunschwert verglichen. Die zwei Lebensbereiche mit den größten Differenzen zwischen Ist- und Soll-Zustand werden in den Fokus genommen, denn sie bergen das größte Potenzial.

3. Schritt: Ein realistisches Veränderungsziel schriftlich festlegen.

Gönne dir nach dieser Aufgabe eine bewusste Pause und lasse diese Übung nachwirken. Notiere dir gern Impulse, falls dir dein Unterbewusstsein welche sendet. Vielleicht sind es einzelne Worte oder ganze Sätze. Wenn es dir wichtig erscheint, dann baue diese Impulse in deine Lebenszielplanung ein.

Ergänzend gebe ich dir noch ein paar bewährte Strategien und fünf Tipps für die Reflektion an die Hand:

1. **Zeitmanagement:** Priorisiere deine Aufgaben und plane deinen Tag sorgfältig. Setze realistische Ziele und schaffe Zeitfenster für Erholungspausen. Besonders wichtig ist es, bewusst digitale Auszeiten zu schaffen. Wenn das Smartphone im Blickfeld ist, sind wir im Dauer-Stand-By-Modus und das Abschalten fällt immer schwerer, denn optische und akustische Zeichen stimulieren unterbewusst unsere Gehirnaktivität.

2. **Selbstfürsorge:** Achte auf deine körperliche und geistige Gesundheit. Ausreichend Schlaf, regelmäßige Bewegung und gesunde Ernährung sind entscheidend für dauerhafte Leistungsfähigkeit.

3. **Delegieren und Loslassen:** Mache nicht alles allein!
Delegiere Aufgaben an dein Team, deine Familie oder den Partner und sortiere Überflüssiges aus. Überlege dir, welche zusätzliche Unterstützung sinnvoll ist, damit du mehr Zeit für strategische oder kreative Aspekte sowie Selbstfürsorge hast. Denke hier noch einmal bewusst an deine Lebensradübung zurück.

4. **Reflexion**: Nimm dir mindestens einmal in der Woche Zeit, um über deine Fortschritte und Erfolge nachzudenken und schreibe diese auf. Diese Praxis hält deine Motivation aufrecht und überbrückt auch so manche Durststrecken.

Tipp: *Lege dir ein Spaßkonto an, auf das du regelmäßig Geld einzahlst. Das dient deiner persönlichen Selbstbelohnung!*

5. **Entspannungstechniken:** Teste Methoden zur Stressbewältigung, wie Atemübungen oder Bewegungsaktivitäten. Egal, ob es eine Wandertour ist, eine Mountainbikeauszeit oder der Golfsport auf dem schillernden Rasen inmitten der Natur. All dies ist hilfreich, um die Anspannung und den Stress abzubauen und den Fokus aufrechtzuerhalten.

Mein Geheimtipp: *Baue dir besondere Auszeiten, wie eine Runde Tanzen und gesunde Lachmomente in deinen Alltag ein. Dies hat eine entspannende und aufheiternde Wirkung, die neue Lösungsräume eröffnet. Das geht auch spontan in der Mittagspause.*

Aus eigener Erfahrung kann ich heute sagen, dass ich manchmal unter Tränen etwas Liebgewonnenes losgelassen habe, um persönlich weiterzukommen.

Dieser Prozess kann schmerzhaft sein, ist jedoch wichtig für deine Weiterentwicklung.

„Das Loslassen von Altem schafft Raum für Neues! Genau das bringt dich weiter auf deiner persönlichen Erfolgsleiter"
– Sonja Connert-Weiss

IM ALLTAG STARK BLEIBEN UND DIE EIGENE HANDLUNGSFÄHIGKEIT AUFRECHTERHALTEN

Während meiner Arbeit mit Menschen ist mir etwas Besonderes aufgefallen. Es gibt Menschen, die nach einem Schicksalsschlag nur schwierig wieder auf die Beine kommen, während andere direkt wieder aufstehen und sich gefühlt den Staub von den Kleidern klopfen, ihre Ärmel hochkrempeln und einfach weitermachen.

In meinem Arbeitsumfeld gab es Kolleg*innen, die in stressigen Phasen ausgeflippt sind und dann gar nichts mehr ging. Bei anderen Menschen war ich wiederum überrascht, dass diese bei besonders fordernden und komplexen Aufgaben regelrecht aufblühten. Zur zweiten optimistischen Menschenvariante zähle ich mich selbst dazu. Zu welcher Menschenvariante gehörst du?

Deshalb kommt gleich eine weitere Geschichte aus meinem Leben:
Durch meine gesunde Neugier und mein Organisationstalent ergab sich ein überraschendes Projektangebot. In nur sechs Wochen sollte ich mehrere völlig neue Betriebe, 120 km entfernt und mit 22 neuen Mitarbeitenden, an sechs Standorten im Schwarzwald übernehmen. Ich hielt dies für eine große Herausforderung, aber meine Begeisterung für Neues überwog.

Die knappe Vorbereitungszeit hat mich zunächst überrascht, aber ich konnte auf die Unterstützung meiner Führungskraft zählen. In diesen Wochen haben wir mein Backoffice mit einer zusätzlichen Bürokraft umstrukturiert, mein Stammteam informiert und sie dazu ermutigt, mehr Eigenverantwortung zu übernehmen. Dies entlastete mich. Das Projekt war ursprünglich für drei bis vier Monate geplant, dauerte jedoch insgesamt elf Monate, begleitet von zahlreichen Hindernissen und stressigen Situationen. Daran wäre meine Liebesbeziehung zu meinem Partner beinahe gescheitert, denn viel von dem Stress nahm ich mit nach Hause. Zum Glück hat unsere Partnerschaft diese außerordentliche Prüfung bestanden und wir haben noch im selben Jahr geheiratet.

MEIN PERSÖNLICHES FÜHRUNGS-LEARNING AUS HEUTIGER SICHT:

Ich habe die Situation und Reichweite meiner Entscheidung damals unterschätzt. Dadurch habe ich gelernt, Situationen und mich selbst rechtzeitig zu reflektieren und Grenzen zu setzen. Gleichzeitig wurde mir bewusst, was ein Mensch alles bewirken und leisten kann, wenn die Basis und die Rahmenbedingungen passen.

Eine Frage, die mich seither bewegt und zum Hinterfragen anregt, ist, weshalb Menschen so unterschiedlich auf Druck- und Belastungssituationen reagieren?

Aus Eigenmotivation und Neugier habe ich mich dem Thema durch Fachliteratur angenähert. Einer der Gründe dafür ist vermutlich unsere unterschiedliche seelische Widerstandskraft, in der Psychologie auch Resilienz genannt. In verschiedenen Studien wurde dokumentiert, dass resiliente Menschen außergewöhnliche Belastungen leichter wegstecken.

Die gute Nachricht ist, dass wir unsere Widerstandskraft durch Training stärken können.

Laut Dr. Klaus Lieb vom deutschen Resilienz-Zentrum der Universität Mainz beeinflussen rund 100 Faktoren die Resilienz.

Aufgrund der Empfehlung der American-Psychological-Association (APA) aus dem TK-Online-Magazin[18] habe ich einen Drei-Punkte-Plan für turbulente und stressige Zeiten erstellt und mit meinen persönlichen Tipps erweitert.

18 https://www.tk.de/techniker/magazin/life-balance/stress-bewaeltigen/resilienz-persoenliche-schutzfaktoren-gegen-stress-2006874 ; 11.10.2023

1. Netzwerke bilden, pflegen und gegenseitige Unterstützung fördern

Egal, ob unter Kolleg*innen, Freund*innen, in Gesprächsgruppen oder mit Mentor*innen oder qualifizierten Coachs, wenn du weißt, dass du dich in Notfällen beruflich und privat auf andere verlassen kannst, lebst du wesentlich entspannter.

Tipp: Hast du schon eine Netzwerkkontaktliste mit Ansprechpersonen für verschiedene Ausnahmesituationen? Falls nicht, lege dir unbedingt eine an. Meine ist stets griffbereit.

2. Veränderungen als Teil des Lebens akzeptieren. Ein Perspektivenwechsel ist hilfreich.

Krankheit, Pflegefälle, Eheprobleme oder Jobverlust. Das sind erst einmal harte Schicksalsschläge, aber sie bedeuten nicht das Ende der Welt.

Oft ist es schwierig, in solchen Momenten einen Ausweg zu finden. Ich habe mich oft gefragt, warum Dinge ausgerechnet mir passiert sind, nachdem es doch zunächst so gut lief. Diese Momente brachten Verzweiflung, Trauer und scheinbare Hoffnungslosigkeit mit sich. Tränen, Wut und Hilflosigkeit. Solche emotionalen Momente machen uns unserer Verletzlichkeit bewusst.

Es gab Augenblicke, in denen ich mich verlassen fühlte. Doch im Rückblick erkenne ich, dass es immer jemanden gab, der mir half, wenn ich darum bat. Anderen Menschen vertrauen, über seine Probleme sprechen und nach Lösungen suchen, ist der entscheidende Punkt. Das Bitten um Hilfe fiel mir lange Zeit schwer. Doch ohne Kommunikation und Offenheit können wir keine Unterstützung erwarten.

Niemand kann Gedanken lesen, und Oberflächlichkeit in Beziehungen verhindert Authentizität. Das Aufrechterhalten einer äußeren Fassade kostet viel Energie und kann dich innerlich zermürben.

3. Krisen nicht als unüberwindbare Probleme einstufen

Wendepunkte als vorübergehende Phasen zu betrachten, in denen es nicht so gut läuft, unterstützt die Akzeptanz. Diese Denkweise ist erlernbar und stärkt unsere emotionale Resilienz, wie das Muskeltraining beim Sport.

In meinem Leben gab es selten ruhige und stressfreie Zeiten, und ich bin überzeugt, dass dies für die meisten Menschen gilt. Erfolge feiern und Rückschläge bewältigen sind lebenswichtige Erfahrungen. In der heutigen digitalen Ära können uns scheinbar perfekte Lebensgeschichten in den sozialen Medien und im Fernsehen beeindrucken, doch wir wissen, dass das Leben immer zwei Seiten hat.

Ich habe viel gelernt, indem ich meine eigenen Vorurteile und Denkmuster hinterfragt habe, sowohl bei mir selbst, als auch in meinem Umfeld. Dies ist heute ein wichtiger Bestandteil in meiner Beratung und ermöglicht so manchen Aha-Effekt und Perspektivwechsel.

4. Die Kraft der Veränderung – Kreativität

Kennst du diesen Song „Wind of Change" von der Band Scorpions? Sie wird auch „Hymne der Wende" genannt und hat am Ende der 80er-Jahre musikalische Brücken für den Frieden gebaut und mich damals bewegt. Mehr als 30 Jahre später habe ich genau dieses Lied auf dem Heimweg im Autoradio gehört. Meine persönlichen Gegenstände, die ich aus dem Büro geräumt hatte, standen auf dem Rücksitz meines Autos. Ich sang den Text mit und spürte die Energie, die der „Wind of Change" mit sich brachte. Eine Energie, die ich gemeinsam mit anderen Menschen für den Wandel in eine lebenswertere und erfülltere Zukunft investieren wollte. Mein Auto vibrierte durch den Gesang und die Tonwellen. Ich spürte Energie pur! Die Erinnerung weckte Kräfte in mir, die ich lange Zeit nicht mehr in diesem Maße gespürt hatte. Musik hat mich in Veränderungsphasen schon immer begleitet. Die Schwingungen haben Frust und Spannung gelöst und sehr oft bestärkend gewirkt. Der Text der Scorpions jedenfalls hatte eine motivierende Botschaft für mich, die mir sagte, dass ich alles erreichen kann, was ich aus ganzem Herzen will und bereit bin, die ersten Schritte zu gehen. „JA, ich will ...!", hörte ich mich innerlich rufen. Wenn bisherige Wege uns nicht weitergebracht haben, dann unterstützt uns die Kreativität beim Neudenken.

Passend dazu ein Zitat von Albert Einstein[19]:

„Eine neue Art von Denken ist notwendig,
wenn die Menschheit weiterleben will."

19 https://www.zitate.eu/autor/albert-einstein-zitate/28385 ; 11.10.2023

Der griechische Philosoph Heraklit von Ephesus wusste schon damals[20]:

„Nichts ist so beständig wie der Wandel.
Alle Dinge sind im ewigen Fluss, im Werden,
ihr Beharren ist nur Schein."

Doch Wandel bedeutet auch Unsicherheit und damit kommen Zweifel und Bedenken einher.

Der menschliche Wunsch nach Stabilität und Sicherheit wird immer wieder durch äußerliche Faktoren auf die Probe gestellt. Strukturen und Stabilität kommen ins Wanken und verursachen einen Gefühlsmix, der sich wie eine Achterbahn anfühlen kann. Umso wichtiger ist, das Vertrauen in sich selbst zu pflegen, um eine hoffnungsvolle und optimistische Einstellung zu bewahren. Dabei hilft Kreativität sowie „thinking out of the box".

Aus meiner Sicht erreichen Führungskräfte mit Begleitung leichter und entspannter ihre Ziele und starten früher in den nächsten Karriereschritt. Kreative Lösungen und Vordenken brauchen Austausch mit Menschen, die diese oder vergleichbare Situationen kennen und Praxistipps und Impulse geben können.

Und jetzt bist du dran!

Was verbindest du mit dem Wort Kreativität? Höre auf dein Bauchgefühl! Notiere dir, was dir einfällt und das gern auch über die nächsten Tage verteilt.

Ist Kreativität für dich nur mit Kunst, Theater oder Musik verbunden?

Überlege gern, ob du technische, naturwissenschaftliche oder sportliche Aktivitäten mit dem Wort Kreativität verbinden kannst?

Du findest viele Definitionen für Kreativität, aber diese hat mich am meisten angesprochen:

„Kreativität ist die Grundlage aller Schaffenskraft und jeder Idee. Sie gibt der Kunst Ausdruck und Form und ist zugleich eine wichtige Voraussetzung für Innovation."

20 https://www.sinndeslebens24.de/zitate-fuer-veraenderung-und-wandel ; 11.10.2023

- Wenn du dir die vorherige Definition von Kreativität bewusst vor Augen hältst, was zählt dann noch alles für dich dazu?
- Mit welchen Hobbys kommst du in den kreativen Flow und kannst dich entspannen?

Tipp: Nutze deine Kreativität zur Problemverarbeitung und Entspannung. Nimm dir bewusst Zeit für eine Kreativstunde mit Musik, Farben, Block oder Leinwand.

Dir ist Kreativität fremd? Manche Menschen haben die kreativsten Ideen beim Duschen. Probiere es aus und überlege, wann und wo du kreativ bist. Kreativität hat viele Facetten und du solltest dir erlauben, deine zu leben.

Kreativität eröffnet neue Denkräume und macht Menschen flexibler und krisensicherer!

FÜHRUNG BEDEUTET LEBENSLANGER WANDEL

Das Leben hat mir den stetigen Wandel gelehrt und ich betrachte Führung wie eine abenteuerliche Reise.

Gesundes Führen in Zeiten des digitalen Wandels bedeutet für mich Empathie, Verantwortung übernehmen, Vertrauen und Akzeptanz. Es geht darum, flexibel und anpassungsfähig zu sein, ohne die menschlichen Aspekte der Führung zu vernachlässigen. Menschlichkeit, sich verletzlich zu zeigen und Vertrauensverhältnisse pflegen, sind alles Teile der Führungsaufgabe. Einen Raum für einen offenen Umgang schaffen, eine gewinnbringende Fehlerkultur pflegen und begeistert weitermachen, auch nach Tiefschlägen ist heute noch viel wichtiger als vor 30 Jahren.

Lebenslanges Lernen ist der Schlüssel zum Wachstum, begleitet von Wertschätzung und einer Prise Humor.

Um deine Führungskompetenz zu bewahren, erweitere deinen Horizont und lasse andere neben dir erstrahlen.

Führung bedeutet für mich, mit Freude zu LEBEN. **Achtung vor Risiken und Nebenwirkungen, denn Menschenbegeisterung wirkt echt ansteckend. Wetten, dass ...?**

Abschließend gebe ich dir noch drei Gute-Laune-Tipps mit auf deine Reise:

1. Meide Orte, an denen sich Dauernörgler aufhalten, um deine positive Energie zu bewahren.

2. Praktiziere mentale Visionsreisen und setze diese mit mehr Leichtigkeit in aktives Handeln um.

3. Tief durchatmen und einfach mal nichts tun außer lächeln! Auch das erfordert Übung und bringt am Ende Entspannung mit exzellenten Nachwirkungen, pur!

Optimistische Grüße und wir treffen uns sicher an einem besonderen Tag in der erfolgreichen Zukunft. **TOP, die Wette gilt!**

Sonja

AUTORINNEN-VORSTELLUNG

Sonja Connert-Weiß

CONNERT-WEISS CONSULTING

Beratung | Mentoring | Workshops

Von-Thierbach-Straße 3
74196 Neuenstadt am Kocher

info@connert-weiss.consulting

connert-weiss-consulting.de

DEIN BUSINESS IN MAXIMAL DREI SÄTZEN?

Mit meinem Menschenfokus gestalte ich die Arbeitswelt nachhaltig, wirtschaftlich gesund mit und nutze dazu meine stärkenorientierte Talenterkennung zur Führungs- und Arbeitskräftesicherung.

Als ausgebildete Wirtschaftsfachwirtin und Diversity-Managerin mit über 20-jähriger Führungs- und Beratungserfahrung kenne ich starre hierarchische Strukturen sowie viele neue Arbeitskonzepte. Die Quintessenzen fließen in meine tägliche Arbeit ein und ich lerne parallel automatisch ständig dazu.

Wofür ich morgens aufstehe? Damit ich Unternehmen unterstützen kann und eine generationsfreundliche Kultur gestalte, in der vielfältige Menschen lächelnd zur Arbeit kommen und ein motivierendes Betriebsklima herrscht.

FÜR WEN BIST DU GENAU DIE RICHTIGE ANSPRECHPARTNERIN?

Seit vielen Jahren unterstütze ich Menschen, die sich mit den Zukunftsthemen „anders führen und anders leben" beschäftigen. Oft stecken sie in festgefahrenen Themen fest oder in einer Krisen- und Veränderungsphase. Ich arbeite mit optimistischen Lösungsdenkenden, die, wie ich, eine Prise Humor vertragen und tief im Inneren Lust auf ein sinnhaftes Lebens- und Arbeitsabenteuer verspüren.

ARBEITEST DU OFFLINE, ONLINE ODER BEIDES?

Überwiegend in Präsenz und ergänzend dazu mit Online-Formaten.

WELCHE WAREN DEINE DREI WICHTIGSTEN LEBENS- BEZIEHUNGSWEISE LERNSTATIONEN?

1. Mein gesammelter Erfahrungsschatz als Führungspersönlichkeit und die bewegendsten Momente, welche in meinem Beitrag zu lesen sind.

2. Beratung und Begleitung von Menschen in Veränderungsphasen und bei verschiedenen Erkrankungen oder Schwerbehinderungsarten.

3. Meine Erkenntnis, dass ich eine facettenreiche, bodenständige Krisenoptimistin bin und die Dankbarkeit, die ich dafür empfinde. „Es gibt immer eine Lösung, nur manchmal sehen wir sie nicht auf den ersten Blick!"

MAL ANGENOMMEN, DU KÖNNTEST 15 JAHRE IN DIE VERGANGENHEIT REISEN. WAS WÄRE DEIN WICHTIGSTER TIPP AN DEIN 15 JAHRE JÜNGERES ICH?

Vertraue deiner Intuition, die mit deinem Kopf und deinem Herzen verbunden ist, und behalte deine Neugier auf das Leben.

Frage deine Netzwerkkontakte, denn du hast viele Unterstützer*innen und dann mach DEIN DING!

Mit Lebensfreude, Leichtigkeit und Spaß an der Arbeit geht es gleich weiter. Arbeitszeit ist Lebenszeit und die ist so unglaublich wertvoll. Wie müßig ist es, viele Stunden am Tag mit Tätigkeiten oder in einem Umfeld zu verbringen, das dich traurig macht oder Stress und Angst auslöst, die dich dominieren? Wie viele negative Emotionen kannst du ertragen? Und genau so, wie du gerne mit Freude und Leichtigkeit leben möchtest, möchten deine Mitarbeitenden das auch. Und zwar nicht nur in ihrer Freizeit, sondern auch im Job. Wie geht das? Dazu hat unsere nächste Autorin viel zu berichten.

Lass dich von ihr inspirieren!

Nicola Hammerschmidt

Am Ende deines Lebens ist nicht wichtig, was du erlebt hast, sondern wie du gelebt hast!

Was, wenn der Sinn des Lebens ist, Spaß zu haben?

Was, wenn du als Führungskraft für den Spaß an der Arbeit mitverantwortlich bist?

Und was, wenn Führen ganz leicht ist?

Das sind Fragen, die ich in meinen Führungskräfteseminaren gerne stelle. Meist werde ich irritiert angeschaut, vor allem, wenn ich dann noch provokativ sage: „Als Führungskraft musst du eigentlich nicht viel können oder wissen, solange du ein großartiges Team hast." Bist du eventuell eine Führungskraft oder selbst Unternehmerin? Oder bist du anderweitig verantwortlich für die Kultur und Atmosphäre in deinem Unternehmen oder möchtest diese vielleicht ändern? Dann ist dieses Kapitel genau das Richtige für dich. In meinem Beitrag geht es um Inspirationen zum Thema, wie Menschen (Mitarbeitende/ Arbeitnehmende / Teammitglieder; was auch immer du bevorzugst) ein neues Miteinander im Arbeitsalltag finden können, das sie motiviert und einander bindet, um mit Freude zur Arbeit zu gehen.

Viele Menschen verbringen einen Großteil ihres Lebens bei der Arbeit. Doch Arbeitszeit ist auch Lebenszeit und wäre es daher nicht sinnvoll, während der Arbeit so viel Spaß wie möglich zu haben? Wie fühlt es sich an sich vorzustellen, dass das sogar der Sinn des Lebens sein könnte?

Wie wäre es, wenn du die Arbeitszeit genießen könntest? Als Führungskraft hast du den Schlüssel dafür in der Hand und es ist leichter, als du denkst.

Drei wichtige Dinge hierfür sind: gegenseitige Achtsamkeit, Wertschätzung und ein fürsorgliches Miteinander.

Wenn du wissen willst, was du tun kannst, dann lies weiter.

ARBEITSZEIT IST LEBENSZEIT!

Mit den folgenden Tabellen möchte ich dich dafür sensibilisieren, warum das Thema so wichtig ist:

Die meisten erwerbstätigen Erwachsenen verbringen im Durchschnitt 50-70 % ihrer Wachzeit bei ihrer Arbeit. Mit sinkender Tendenz. Es gibt immer mehr Firmen, die eine Vier-Tage-Woche oder den Sechs-Stunden-Tag bevorzugen, um Mitarbeitende zu locken.

Vielleicht ergeht es dir auch so, dass du morgens beim Aufstehen schon daran denkst, was für Aufgaben heute anfallen, und oft ist der letzte Gedanke vor dem Schlafen genauso mit Arbeit gefüllt. Selbst in der Mittagspause gibt es häufig kaum andere Themen als die Arbeit.

Wenn du magst, fülle die folgenden Tabellen aus:

ÜBUNGSBLATT FÜR DICH:

1	2	3	4	5	6	7

Im Durchschnitt werden Frauen 85 Jahre alt. Männer werden durchschnittlich etwas weniger alt. Die Tabelle enthält 84 Kästchen, welche der Anzahl an Lebensjahren entspricht, die wir auf der Erde verbringen.

1. Jetzt kreuze von oben die Anzahl der Lebensjahre an, welche du bereits hinter dir hast.

Beispiel: *Wenn du 35 Jahre alt bist, dann kreuzt du 5 Zeilen mal 7 Spalten an.*

1	2	3	4	5	6	7
x	x	x	x	x	x	x
x	x	x	x	x	x	x
x	x	x	x	x	x	x
x	x	x	x	x	x	x
x	x	x	x	x	x	x

Übrig bleibt die Zeit, die noch vor dir liegt.

Der Tag hat 24 Stunden, von denen wir ca. 8 Stunden mit Schlafen verbringen. Das heißt, dass wir die meiste Zeit gar nicht aktiv und bewusst genießen können. Das soll jedoch nicht heißen, dass wir schlafen nicht genießen können.

Es bedeutet aber, dass wir ein Drittel der verbleibenden Kästchen als die Zeit, die wir mit Schlaf verbringen, ankreuzen müssen, also 8 von 24 Stunden.

2. Kreuze von unten ein Drittel der verbleibenden Zeit an. Wenn du vorher fünf Zeilen angekreuzt hast, dann kannst du von den verbleibenden sieben Zeilen jetzt 2,5 Zeilen ankreuzen.

1	2	3	4	5	6	7
x	x	x	x	x	x	x
x	x	x	x	x	x	x
x	x	x	x	x	x	x
x	x	x	x	x	x	x
x	x	x	x	x	x	x
				x	x	x
x	x	x	x	x	x	x
x	x	x	x	x	x	x

Die grauen Kästchen sind nun die Zeit, die dir noch bleibt. Und davon verbringst du ungefähr die Hälfte, 50–70 %, mit oder bei der Arbeit mit deinen Arbeitskolleg*innen.

Was fällt dir ein, wenn du jetzt an deine Arbeit denkst?
Trage hier deine Gedanken ein:

Arbeit muss..!

Richtig, Arbeit muss Spaß machen! Es gibt keine Alternative!

Wenn du 50–70 % deiner bewussten Lebenszeit, in der du wach bist und die du genießen solltest, mit Arbeit verbringst und nur wenig Zeit für das bleibt, was dir persönlich wichtig ist, dann geht es doch darum, dass du diese Zeit so angenehm wie möglich gestaltest. Dass du gern zur Arbeit gehst und Freude und Spaß mit den Mitarbeitenden teilst.

Arbeitszeit ist Lebenszeit, und es wäre doch viel schöner, wenn du deine Lebenszeit mit deinen Arbeitskolleg*innen so gestaltest, dass sie von Achtsamkeit und Wertschätzung im Alltag geprägt ist, oder?

Jetzt denkst du vielleicht, dass nicht alles, was du tust, Spaß macht. Das ist richtig, aber du hast in der Hand, wie du die Arbeit gestaltest, welche Gedanken und Emotionen du in das, was du machst und sagst, einfließen lässt. Darum geht es!

Am Ende des Lebens geht es nicht darum, was du gemacht oder wo du gelebt hast, sondern WIE du gelebt hast.

Und nebenbei sind Spaß, Freude und Lachen auch der Garant dafür, dass dein Team und du eure bestmöglichen Leistungen und maximale Kreativität mit hoher Geschwindigkeit und hoher Leistung hervorrufen. Genau diese Werte werden immer wichtiger in Unternehmen.

Lass uns das Thema intensiver anschauen und herausfinden, wie du im Arbeitsalltag ansetzen kannst, weshalb die kleinen Dinge wichtiger werden sollen und weshalb Spaß essenziell ist.

Damit dir bewusst ist, um welche Bereiche es geht, lass uns das Bild mit der Waage kreieren:

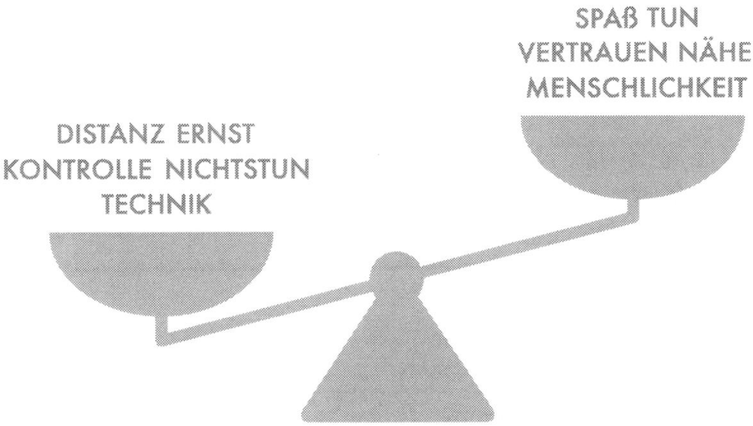

Grundsätzlich ist es so, dass ein Unternehmen oder ein Team aus mehreren Systemen bestehen. Als Unternehmerin oder Führungskraft solltest du das im Hinterkopf behalten.

Als einfaches Beispiel kannst du das System des Menschen nehmen. Der Mensch besteht ebenfalls aus verschiedenen Systemen, zum Beispiel dem Blutkreislauf-, Hormon-, Verdauungs- oder Immunsystem. Alle Systeme streben dabei grundsätzlich nach einem Gleichgewicht, welches in der Biologie „Homöostase" genannt wird.

Wenn Teams und Menschen in ihrem Gleichgewicht oder ausgewogen sind, dann sind sie in der Lage, ihr volles Potenzial auszuschöpfen und rundum zufrieden und wahrscheinlich sogar richtig glücklich zu sein.

Vielleicht kennst du das an dir selbst, dass, wenn du das Gefühl hast, im Ungleichgewicht zu sein, wirkt sich das schnell auf deine Stimmung und die Leistung im Team aus. Vielleicht fragst du dich in solchen Momenten, warum du dich so unwohl fühlst und kannst es nicht richtig greifen. Genau in solchen Momenten ist die Wahrscheinlichkeit hoch, dass die Werte, die dir wichtig sind, nicht mit denen übereinstimmen, die du bei der Arbeit erfährst.

Lass uns das Thema Werte etwas näher in Bezug auf den Arbeitsalltag anschauen.

Ein Wert ist das, was dir im Leben, Arbeitsleben und bei allem, was du tust, wichtig ist. Es bestimmt die Art und Weise, wie du etwas tust, zum Beispiel mit Spaß oder Ernst, in weiblicher oder männlicher Energie, innovativ oder diszipliniert, standardisiert oder menschlich, nahbar oder distanziert, mutig oder angstvoll, im Vertrauen oder kontrollierend, in Ruhe oder aufgebracht, in Liebe und Wertschätzung oder missmutig und mürrisch.

Wenn du deine Werte nicht auslebst, entsteht ein Ungleichgewicht und damit auch Unzufriedenheit. Das heißt folglich, dass du schauen solltest, welche Werte nicht im Gleichgewicht sind. Wie viel hast du von welchen Werten in deine Waagschale gelegt, sodass das Ungleichgewicht entstehen konnte?

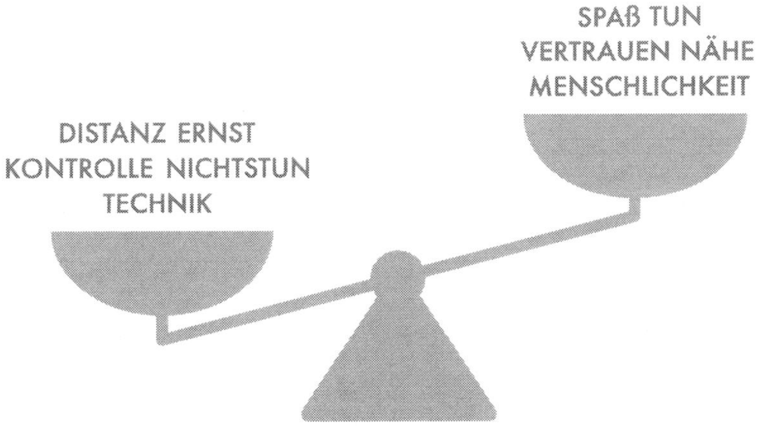

Meistens handelt es sich dabei im Arbeitsleben um folgende Werte: siehe Abbildung oben.

Die Frage ist, was legst du jeweils in die andere Waagschale, damit euer Team als System ausgewogen ist und ihr mit Freude und Zufriedenheit zusammenarbeiten könnt?

Wenn ihr zum Beispiel immer viel arbeitet und tut und das Gefühl bekommt, euch in einem Hamsterrad zu befinden, dann wären kleine Momente des Nichtstuns das, was euer System wieder ins Gleichgewicht bringen könnte. Vielleicht hilft es, eine zehnminütige Auszeit zu nehmen, bewusst zu einem coolen Lied abzurocken, ein Heißgetränk zu trinken, zu meditieren oder sogar einen Powernap zu machen. Ein Powernap ist ein Minischlaf oder ein kurzes Nickerchen zwischendurch.

Wenn ihr den ganzen Tag lang ernst seid, dann wären mehr Spaß, Spiel und Humor angebracht. Und das sind nebenbei auch die Momente, die am Ende des Tages besonders positiv in Erinnerung bleiben, aber dazu später mehr.

Wenn ihr als Team den ganzen Tag nach strengen Standards arbeitet, wären inspirierende, kreative Tätigkeiten vielleicht genau das Richtige für euch.

Wenn die Technik tagtäglich dominiert, was es in vielen Unternehmen tut, dann sind Momente der Menschlichkeit, die die euch zurück in ein Gleichgewicht bringen können. Es sind vor allem emotionale Berührungen, die das Leben ausmachen, uns im Gleichgewicht halten, um der Digitalisierung in allen Bereichen zu trotzen.

Wenn du schaust, was in Unternehmen immer wichtiger und sogar in Zielen festgelegt wird, dann sind es vielfach männliche Werte, wie Zielorientierung, Perfektionismus, Durchsetzungskraft, Schnelligkeit und Ähnliches. Was es jetzt benötigt, ist mehr Raum für weibliche Werte, wie Inspiration, Spiel, Weichheit, Menschlichkeit und Nähe, damit euer System ausgewogen wird und eure Waagschale nicht kippt.

Und dafür bist du da als Unternehmerin, Führungskraft oder Arbeitskollegin verantwortlich! Es geht um das Leben neuer Werte. Oft sind es die weiblichen Werte, welche vermehrt im Arbeitsalltag gebraucht werden, um den Ausgleich zu schaffen.

WIE GELINGT ES, WEIBLICHE WERTE WIE ACHTSAMKEIT, FÜRSORGE, NÄHE UND MENSCHLICHKEIT IN DIE PRAXIS EINZUBRINGEN?

Es sind die kleinen Dinge im Leben, die über Glück und Freude entscheiden, und es sind die scheinbaren Banalitäten im Alltag, die das Leben lebenswert machen.

Lass uns nun auf ein wichtiges Thema schauen, und zwar auf das fürsorgliche Miteinander, das Füreinander und auf die Menschlichkeit. Wie können wir diesen Themen im Arbeitsumfeld mehr Raum geben?

FANG BEI DIR AN!

Du kannst als Führungskraft nicht erwarten, dass deinen Mitarbeitenden die gesteckten Teamziele und Aufgaben wichtig sind und sie alles dafür tun, um diese zu erreichen, wenn du auf der anderen Seite das ignorierst, was den Mitarbeitenden wichtig ist.

Natürlich sollen deine Mitarbeitenden Leistung erbringen. Aber sie sollen sich auch wohl fühlen. Frage dich einmal selbst, was rückblickend die schönsten Momente in deinem Leben waren? Bei den meisten Menschen sind es die Momente, in denen sie emotional berührt waren. Es sind die Momente des Miteinanders, die in Erinnerung bleiben und das Leben wertvoll machen.

Das sind genau die Momente, in denen Bindung entsteht. Bindung an das Team, an die Führungskraft und an das Unternehmen.

Das, was dich an dein Team bindet und umgekehrt, sind die gemeinsam geteilten emotionalen und positiven Momente, ganz nach dem Motto „geteilte Freude ist doppelte Freude" und „geteiltes Leid ist halbes Leid", wobei Mitgefühl das bessere Wort wäre.

Mein Tipp ist, ab heute darauf zu schauen, in welchen Momenten deine Teamkolleg*innen beruflich und privat emotional positiv oder negativ berührt sind. Diese Berührungen teilt ihr miteinander und fühlt sie gemeinsam. Lasst uns wieder menschlicher werden, indem wir miteinander fühlen und miteinander leben lernen.

Damit du eine noch bessere Vorstellung davon hast, was ich meine, nenne ich dir im Folgenden ein paar Beispiele.

BERUFLICHE MOMENTE, IN DENEN WIR EMOTIONAL BERÜHRT SIND

Beruflich sind dies positive Momente, in denen du zum Beispiel voller Stolz bist, weil du besondere Projekte und Herausforderungen gemeistert oder abgeschlossen hast, in denen du vielleicht eine Weiterbildung bestanden, besonderen Lob von der Kundschaft erhalten oder vielleicht dein vierjähriges Firmenjubiläum gefeiert hast. Diese Momente machen dir bewusst, wie viel Zeit du jeden Tag mit Körper, Geist und Seele in deinen Job einbringst. Diese Momente sind wichtig mit deinen Kolleg*innen zu teilen, sie wertzuschätzen und Aufmerksamkeit zu zeigen, sei es ein Smiley-Post-it auf dem Arbeitsplatz. Dies macht den Unterschied im Arbeitsalltag aus. Weitere Beispiele folgen später.

Es sind aber auch die beruflichen emotional negativen Momente, in denen Menschen zum Beispiel trauern, weil ein Freund das Team verlässt, in eine andere Abteilung wechselt oder aus dem Unternehmen geht. Es sind Momente der Unsicherheit, wenn Vorgesetzte wechseln, wir Reklamationen entgegennehmen oder Kund*innen verlieren. Situationen, in denen wir in unseren Projekten scheitern oder versuchen, die Dinge gut zu tun und sie am Ende dennoch nicht gelingen. In diesen Momenten geht es darum, mitfühlend zu sein und dem anderen das Gefühl zu geben, er ist nicht allein.

Es sind aber nicht nur die großen Ereignisse, die uns berühren, sondern fast noch wichtiger sind die vielen kleinen Momente, die deinen Teamkolleg*innen und dir wichtig sind und in denen ihr emotional berührt seid. Diese Momente könnt ihr als Team im Arbeitsalltag wahrnehmen und darauf reagieren. Jede Aktion hat immer eine Reaktion zur Folge und so macht es einen Unterschied, ob du erkennst, wann Kolleg*innen gute oder schlechte Zeiten erleben und du als Führungskraft signalisierst, dass du in diesen Zeiten bei ihnen bist und ihr als Team zusammenhaltet und füreinander da seid.

Es geht um die psychologische Sicherheit für alle, einer sogenannten zweiten Familie anzugehören, die in guten wie in schlechten Zeiten zusammenhält und dies zeigt.

PRIVATE MOMENTE, IN DENEN WIR EMOTIONAL BERÜHRT SIND

Was sind das für private emotionale Momente, die Kolleginnen und Kollegen miteinander teilen und mehr Raum im Alltag geben können?

Es sind Momente, in denen Kolleginnen und Kollegen neu ins Team kommen. Oder wenn jemand in eine fremde Stadt umzieht, in der sie niemanden kennt. Es sind Momente, in denen sie Kinder bekommen, heiraten, sich scheiden lassen, krank sind und zu Hause oder gegebenenfalls allein nach einem Unfall im Krankenhaus liegen. Es sind Situationen, in denen jemand den Führerschein verloren oder zurückbekommen hat und dies feiern will. Vielleicht sind es auch Erfolge in Hobbys, wenn sie endlich in die zweite Liga aufsteigen, oder wenn ihre Kinder die Kommunion oder das Abitur feiern und sie wegen der Vorbereitungen gestresst sind. Momente, in denen sie endlich ihr erstes Auto kaufen können, ihre Schulden zurückbezahlen oder eine Lebenskrise meistern müssen, weil sie nahestehende Menschen verloren haben.

Du und ich, wir alle sind Menschen und erleben permanent emotional positive, als auch negative oder fordernde Situationen, die du als Kollegin wahrnehmen und zeigen kannst, dass ihr als Team zusammenhaltet, in guten wie in schlechten Zeiten. Mach einen Unterschied und sei in diesen Situationen eine helfende Hand, auch wenn es nur eine Stunde ist, in der das Team hilft, die Umzugskartons auszupacken oder du ein Motivations-SMS schreibst.

ICH MÖCHTE DICH AN ZWEI GESCHICHTEN TEILHABEN LASSEN, DIE SICH IN MEINEM UMFELD ABGESPIELT HABEN

Als Erstes geht es um eine Freundin, die einen Skiunfall hatte. Ihr gesamtes Knie war in Stücke zerschmettert und es musste in mühseliger Kleinarbeit geflickt werden. Jetzt gibt es ein unausgesprochenes Gesetz in europäischen Firmen, dass jeder, der im Krankenhaus liegt, in der ersten Woche was bekommt?

Richtig! Er bekommt den klassischen, oft hingerotzten Blumenstrauß mit der ebenso klassischen, oft hingerotzten Postkarte. Vielfach sieht das in der Praxis so aus, dass das Sekretariat jemanden beauftragt, eine Gute-Besserungs-Postkarte mitzubringen, wenn er beim Bahnhofskiosk vorbeikommt. Dann werden einige Unterschriften von Kolleginnen und Kollegen gesammelt und da viele im Team mittlerweile im Homeoffice arbeiten, müssen dann gern auch Kolleginnen und Kollegen aus anderen Abteilungen herhalten. Bei sieben bis acht Unterschriften wird diese Karte mit dem Blumenstrauß über einen Boten ins Krankenhaus geschickt und die Sache ist erledigt.

Aber wie sieht das aus der Sicht der kranken Kollegin aus? Was passiert in der zweiten Woche, die sie im Krankenhaus liegt? Und was folgt dann in der dritten und vierten Woche?

Aus meiner Erfahrung heraus passiert dann genau gar nichts mehr.

Nach einiger Zeit kommt die Verunfallte dann in die Rehabilitation. Der Übergang vom Krankenhaus in die Klinik gelingt oft nicht nahtlos, man verbringt zwei bis drei Tage zu Hause, packt die Koffer, regelt Krankenkassenangelegenheiten, muss einkaufen und mit Krücken in den Waschkeller herunter, um die Wäsche für die Reha vorzubereiten. Wenn jemand ledig ist, wie meine Freundin es war, und im schlechtesten Fall allein in einer neuen Stadt wohnt, macht sie dies auf Krücken. Die Frage stellt sich, wo sind die Kolleginnen und Kollegen denen sie sonst bis abends noch im Büro ausgeholfen hat?

Was glaubt ihr, hat meine Freundin geantwortet, als der junge Assistenzarzt am Ende der vierten Woche fragte, wie es ihrem Knie ginge und ob sie am Montag wieder arbeiten gehen könnte.

Richtig, mit einem großen „Oje! Ich glaube, ich kann noch lange nicht arbeiten gehen." Meine Freundin hat damals acht Monate lang nicht gearbeitet. Dann kam sie donnerstags von elf Uhr bis zwölf Uhr wieder für eine Stunde ins Unternehmen und keiner war darüber informiert. Keiner wusste Bescheid, als sie den ersten Tag zurückkam. Ihr Schreibtisch war zu einer Ablagefläche für Kartons geworden und neue Mitarbeitende kamen auf sie zu und fragten, wer sie sei. Ihr E-Mail-Fach war überfüllt. Meine Freundin ist eine gestandene Frau und das war der Anfang vom Ende für sie bei dieser Firma und in diesem Team. Die Reaktion meiner Freundin, nachdem sie wochenlang nichts von ihren Kolleginnen und Kollegen gehört hat, ist wahrscheinlich stellvertretend für viele andere Arbeitnehmende. Wie viel wirtschaftlicher Schaden mag also durch mangelnde Fürsorge im Team pro Jahr wohl entstehen?

Warum erzähle ich diese Geschichte?
Ich möchte dich dafür sensibilisieren, dass wir auch dann fürsorglich füreinander da sein sollten, wenn 50–70 % des Lebens plötzlich wegfallen. Es geht mir um Einfühlungsvermögen und die Gestaltung eines achtsamen Miteinanders im Arbeitsalltag.

Ich habe noch eine zweite Geschichte für dich:
Eine andere Freundin war zehn Jahre lang in einer Firma in München beschäftigt und sie war die gute Seele des Betriebes. Ich habe sie am ersten Tag kennengelernt, weil ich dort gearbeitet habe, um mein Studium zu finanzieren. Seit dem ersten Arbeitstag waren wir Freundinnen. Zum zehnjährigen Firmenjubiläum rief ich sie frühmorgens an und meinte „Heidi, wir sind heute seit zehn Jahren Freundinnen! Weißt du das?" Sie erwiderte: „Ja, ich weiß!" Ich wollte wissen: „Und? Was macht der Dicke?"

Der Dicke ist nicht wirklich dick, aber er war groß und der Chef. Er wurde so genannt. Meine Freundin meinte: „Ich weiß es nicht, aber ich bin aufgeregt!" Ich meinte zu ihr: „Ich rufe dich am Mittag wieder an!" Gesagt, getan. Am Mittag rief ich sie erneut an: „Und?" Sie: „Nichts." Ich sagte zu meiner Freundin: „Ok, ich rufe dich am Abend an!" Am Abend um 18 Uhr rief ich sie zum dritten Mal an: „Und?" Sie antwortete: „Nichts! Ich gehe jetzt!"

An diesem Punkt war sie zehn Jahre lang jeden Tag von morgens um halb zehn bis abends um halb acht für das Unternehmen da gewesen. Sie war nie krank. Sie war immer für alle da und sagte nie Nein zu Anfragen von Kolleg*innen. Sie war die gute Seele im Betrieb. Sie hat sich in den eineinhalb Jahren, in denen ich dort als Studentin gearbeitet habe, kein einziges Mal Zeit genommen, sich im Tante-Emma-Laden unten ein Sandwich zu kaufen. An den Abenden ging sie mal ins Fitnessstudio, ins Kino oder Essen mit einer Freundin, räumte aber auch die Wohnung auf oder musste waschen.

Am nächsten Tag kam der zweite Chef zu ihr und meinte mit schlechtem Gewissen: „Oh nein! Frau Hartmann, wir haben ihr Zehnjähriges vergessen. Sie haben einen Wunsch frei!" Meine Freundin antwortete: „Okay, wir gehen alle zum Feinkost-Käfer essen." Das war eines der teuersten Lokale in München. Das Unternehmen hatte genug Geld, sodass dies kein Problem war, und um dies kurzfristig teure Jubiläumsessen steuerlich absetzen zu können, luden sie noch schnell ein paar Kund*innen ein. Als dann alle um halb vier zurückkamen, fragte der zweite Chef meine Freundin: „Frau Hartmann, wären Sie bitte so nett, dass Sie zwei Blumensträuße bestellen? Einen für 70 € und einen für 90 €."

Ratet, für wen der Blumenstrauß für 70 € war?

Ja, für sie selbst. Da hat sie sich noch selbst Blumen bestellen müssen. Der Blumenstrauß für 90 € war für die Freundin des Chefs. Für diese besorgte meine Freundin öfter kleine Seidentüchlein, wenn die Stimmung zu Hause wohl schlecht war. Das war der Anfang vom Ende.

Unternehmen scheitern selten an großen Entscheidungen. Teams und Unternehmen scheitern, weil sie im Alltag nicht achtsam und menschlich miteinander umgehen. Es fehlt das fürsorgliche Miteinander.

Jetzt denkst du vielleicht, woher soll ich mir die Zeit nehmen, auf alle zu achten? Aber es geht nicht darum, dass einer auf alle anderen schaut. Es geht darum, dass das Team als Familie lernt, miteinander zu leben, sich privat füreinander zu interessieren, zusammenzuhalten und sich auszutau-schen. Es geht um das Gefühl der Zugehörigkeit und die psychologische Sicherheit.

Je vertrauensvoller und menschlicher ein Miteinander ist, desto weniger haben Mitarbeitende und Führungskräfte Angst, Fehler zuzugeben. Fehler passieren, das ist menschlich. Doch besser als diese zu verschweigen, ist es, dass alle daraus lernen können. Das geht jedoch nur im vertraulichen Miteinander.

In den nächsten Jahren werden laut einer Studie des Achievers-Workforce-Institute 50% der Mitarbeitenden ihren Job wechseln[21]. Es zeigt sich aber auch, dass dies nur dann bei den jüngeren Kolleginnen und Kollegen der Fall ist, wenn ihre eigenen Werte nicht berücksichtigt werden. Sollte es gelingen, im Job eine zweite Familie aufzubauen, die Rücksicht auf individuelle Wünsche nimmt, Sicherheit bietet, Spaß macht und Zusammenhalt fördert, dann hat dies einen positiven Einfluss auf die Firmenbindung und erhöht die Chance, dass junge Menschen unsere Mitarbeitenden bleiben.

Es geht vor allem um die kleinen Dinge im Arbeitsalltag, die scheinbaren Banalitäten. Ein kleines Dankeschön von Auge zu Auge, mit winziger Berührung von nur einem Finger an den Arm des Kollegen, denn dies macht bereits einen großen Unterschied. Eine Sonnenblume oder ein Gänseblümchen, persönlich gepflückt und überreicht, ist oft mehr wert als jeder Blumenstrauß für 80€. Ein Danke-Smiley auf einem Post-it oder ein Glücksblatt, das ich dem Kollegen zustecke, wenn er einen herausfordernden Moment hat. Zwei Kinokarten von seinem Lieblingsfilm sind mehr wert als einen 50 Euroschein in die Hand gedrückt zu bekommen. Manchmal kann auch eine spontane Aktion, in der ich den Kollegen wie auf einer Rikscha durch das Unternehmen trage, ehrerbietend und lustig sein. Sie wird wohlwollend in Erinnerung bleiben.

Du kannst dir dazu eine kleine Excelliste machen, in der die Eigenheiten, Hobbys und persönlichen Vorlieben der Kolleginnen und Kollegen gelistet werden. Dass es diese Excelliste gibt, verrätst du deinen Mitarbeitenden natürlich nicht. Doch glaube mir, die Namen der Kinder, Ehepartner,

21 Achievers (2022). Bericht zu Motivation und Mitarbeiterbindung 2022. Achievers Workforce Institute

Haustiere, die Geburtsdaten, Hochzeitsdaten oder auch die Lieblingseissorte zu kennen, das macht den Unterschied. Vor allem, wenn du zum Beispiel extra einen anderen Eishändler anfährst, um für einen Mitarbei-tenden sein Lieblings-Waldmeister-Eis mitzubringen.

Angenommen, wir haben unser Leben zu Ende gelebt. Vielleicht sind wir dann 120 Jahre alt (wir haben auf jeden Fall das Potenzial dazu) und entscheiden uns, diesen Planeten zu verlassen. Und angenommen, es gäbe eine Himmelspforte, an die wir klopfen. Jemand macht auf und sagt: „Na, endlich bist du auch da!" Und angenommen, es gibt diesen einen Moment, in dem wir unser Leben Revue passieren lassen und sehen, wie wir gelebt haben.

Dann stellt sich in diesem Moment die Frage, was die fünf wichtigsten Dinge in unserem Leben waren, weshalb wir rufen: „Ha! Alles richtig gemacht!" und bereit sind, durch die Pforte zu gehen. Diese fünf Dinge von unseren Mitarbeitenden zu kennen, das macht den Unterschied. Was ist ihnen wichtig, den Menschen, mit denen ich 50 % meiner Zeit verbringe?

Oft wissen junge Menschen noch gar nicht, was ihnen wirklich wichtig ist, aber dafür haben sie Träume und Wünsche. Hast du schon einmal den Begriff „Löffelliste" gehört? Auf einer Löffelliste steht, was man alles in seinem Leben erlebt haben möchte, bevor man den Löffel abgibt. Damit Motivation im Team zu schaffen und einige der Löffellistenpunkte gemeinsam abzuarbeiten, lässt das Team zusammenwachsen und bietet Nährboden für ein glückliches Leben. Und by-the-way: happy people means happy money! Glückliche Mitarbeitende leisten mehr, sind schneller und haben bessere Ideen!

Ich kann nicht erwarten, dass alles, was ich als Unternehmerin oder Führungskraft als wichtig erachte, auch wichtig für alle Teammitglieder ist. Und ich kann das schon gar nicht erwarten, wenn ich nicht bemerke, was den einzelnen Menschen im Team selbst wichtig ist. Ein Gleichgewicht ist nur gegeben, wenn ich sowohl weiß, was meinen Mitarbeitenden wichtig ist, als auch, wenn diese wissen, was mir als Führungskraft wichtig ist. Ich kann nicht erwarten, etwas zu bekommen, das ich brauche, wenn ich nicht selbst gebe, wenn ein anderer braucht.

Besonders beeindruckt hat mich ein Team, das am Ende des Tages die drei schönsten Momente auf der Arbeit besprochen hat. Ihre Vorgesetzte, die dieses Ritual initiiert hat, sagte, dass der dahinterstehende Gedanke folgender sei:

Angenommen, es gäbe einen Raum, in dem wir die drei schönsten Momente des Tages auf einem Polaroid abfotografieren und festhalten würden. Dann wäre ein gerechter Anspruch, den Mitarbeitenden mindestens ein Polaroidbild des Tages zu ermöglichen, denn sie verbringen ja 50 %–70 % ihres Lebens auf der Arbeit.

Mein Tipp ist, ein kleiner Überraschungsmanager im Arbeitsalltag zu werden. Es sind die kleinen Vorfreuden, die wir spüren, wenn wir anderen eine Überraschung machen. Es muss nichts Großes sein. Es sind die kleinen Gesten im Alltag.

NOCH EIN LETZTER GEDANKE –

Investiere in Spaß und Lachen im Leben, in emotional positive Situationen. Das ist es, was am Ende des Lebens in Erinnerung bleibt. Lacht und spielt mehr!

Lass uns eine Zeitreise machen. Mal angenommen, du bist 70 Jahre alt und hast dein Arbeitsleben hinter dir. Du sitzt mit deinen Enkelkindern vor dem Kamin und sie fragen dich: „Sag mal, Oma, was war das Schönste an deiner Arbeit?" Was möchtest du berichten?

Wenn ich zurückblicke, dann waren die schönsten Momente nicht nur die, in denen ich emotional berührt war. Es waren vor allem auch die Momente, in denen wir als Team intensiv gemeinsam Emotionen geteilt haben, also richtig gemeinsam gelacht haben und Spaß hatten.

Es geht um das Teilen von emotional positiven Momenten, die das Leben lebenswert machen und die am Ende des Lebens zählen. Es geht um das gemeinsame Lachen.

Wir haben Nerf-Schlachten* gemacht, Verstecken gespielt, Schreibtische verkleidet und Wilhelm-Tell-Apfelschießen mit einer Dartscheibe geübt und die Gewinnerin oder der Gewinner bekam eine Eintrittskarte ins Wilhelm-Tell-Museum. Es waren die gemeinsamen Sonnenaufgangsfrühstücke am See und die kurzen Volleyballspiele auf dem Parkplatzrasen oder das Sackhüpfen mit Seminarteilnehmenden, an die ich denke. Es waren einfach die skurrilsten Momente.

* Eine Nerf-Gun ist ein Spielzeuggewehr mit Schaumstoffpfeilen und ich kann nur empfehlen, es einmal auszuprobieren. Bevor ihr mich als Autorin ausschimpft, dass ich Waffenspiele anpreise, probiert es selbst aus! Am besten mit den Augen und Herzen eurer Kinder, denn es macht einfach Spaß!

Es sind die positiven, emotionalen, gemeinsam geteilten Momente, die die schönsten im Job waren, aber auch die kleinen Berührungen, in denen Herz-zu-Herz-Verbindungen aufgebaut wurden und kleine Glücksmomente des Tages darstellten.

Zusammenfassend noch einmal meine drei wichtigsten Botschaften:

1. Arbeitszeit ist Lebenszeit. Deshalb muss Arbeit Spaß machen!

2. Lacht und spielt mehr! Investiere in Spaß und Lachen und emotional positive Situationen. Das ist, was am Ende des Lebens in Erinnerung bleibt.

3. Es sind die kleinen Dinge im Leben, die über Glück und Freude entscheiden. Es sind die scheinbaren Banalitäten im (Arbeits-)Alltag, die das Leben lebenswert machen und die Mitarbeitenden binden.

Ich kann es gar nicht oft genug wiederholen: Lacht und spielt mehr!

Ein kleiner Hinweis am Rande: zu allen meinen Aussagen gibt es neurobiologische Grundlagen oder Studien. Wenn du dich mit dem Thema Spielen, Lachen und Spaß auf der Arbeit auseinandersetzen und wissen möchtest, wie du so eine Kultur mit deinem Team aufbauen kannst, empfehle ich dir mein Buch, das voraussichtlich im zweiten Halbjahr des Jahres 2024 herauskommen wird. Oder melde dich einfach bei mir persönlich unter www.nicolahammerschmidt.com. Ich habe noch viele kleine Filme für dich über das Thema.

AUTORINNEN-VORSTELLUNG

Nicola Hammerschmidt

Kastaniensteig 1
6047 Kastanienbaum | Schweiz

+41 76 4567560

nicola@nicolahammerschmidt.com

nicolahammerschmidt.com

DEIN BUSINESS IN MAXIMAL DREI SÄTZEN?

Als Coach, Dozentin und Trainerin begleite ich Führungskräfte, Teams und Unternehmen dabei, mehr Spaß bei der Arbeit und in ihren Teams zu haben, ihre Unternehmenskultur so zu verändern, dass am Ende alle davon gewinnen. Mehr Happiness, eine höhere Kreativität, Geschwindigkeit, Mitarbeitendenbindung und damit auch mehr Geld am Ende.

FÜR WEN BIST DU GENAU DIE RICHTIGE ANSPRECHPARTNERIN?

Wenn du dir wünschst, dass dein Arbeitsalltag mit Spaß und Freude gefüllt ist und in einer Atmosphäre, in der du nicht nur arbeitest, sondern Kolleginnen und Kollegen fürsorglich und menschlich miteinander umgehen. Dann bin ich genau die richtige Umsetzungspartnerin für dich.

ARBEITEST DU OFFLINE, ONLINE ODER BEIDES?

Offline und in Präsenz

WELCHE WAREN DEINE DREI WICHTIGSTEN LEBENS- BEZIEHUNGSWEISE LERNSTATIONEN?

1. Mich im Ausland selbstständig zu machen.
2. Alleinerziehend im Ausland zu sein.
3. Neugierig zu sein und immer in mich, meine persönliche Entwicklung und Bewusstseinserweiterung zu investieren.

MAL ANGENOMMEN, DU KÖNNTEST 15 JAHRE IN DIE VERGANGENHEIT REISEN. WAS WÄRE DEIN WICHTIGSTER TIPP AN DEIN 15 JAHRE JÜNGERES ICH?

Vertraue dem Leben und lass dich führen. Gehe den Weg der Freude, das ist immer der richtige Weg. Entscheide aus dem Herzen. Fühlt es sich leicht an und öffnet sich das Herz, dann just go for it.

Im Beitrag von Nicola hast du nun einige wunderbare Tipps erhalten, wie du es als Führungskraft schaffen kannst, Freude und Leichtigkeit in den Arbeitsalltag zu bringen. Du hast erfahren, wie wichtig die gegenseitige Achtsamkeit und das füreinander Dasein im Alltag sind.

Du hast aber auch in den beiden Beispielgeschichten erfahren, was es mit Menschen macht, wenn sie nicht wertgeschätzt werden. Genau deswegen gibt es jetzt noch einmal ein extra Beitrag zum Thema Wertschätzung. Dass Wertschätzung wichtig und sinnvoll ist, daran besteht selten ein Zweifel. Und dennoch fehlt es oft im Arbeitsalltag.

Warum ist das so? Dieser Frage ist unsere nächste wundervolle Herzensbotschafterin auf den Grund gegangen. Und sie hat eine klare Antwort: Wertschätzung von anderen beginnt mit Wertschätzung der eigenen Person. Wie oft erkennst du dich beispielsweise selbst dafür an, wie wundervoll du bist? Wie oft lobst du dich für die Dinge, die du selbst geschaffen und geschafft hast? Wie sieht es mit deiner Selbstwertschätzung aus?

Wenn du jetzt sagst: „Ja, dem stimme ich zu. Aber ich schaffe es einfach nicht, mich selbst wertzuschätzen", dann ist das nächste Kapitel genau das Richtige für dich.

Alessandra Janda

Wertschätzung goes Business

Wertschätzung ist der Diamant unter den Ressourcen für dich als Macherin, Unternehmerin und Powerfrau. Wertschätzung zieht dann in dein Leben, wenn du dich selbst wertschätzt.

Kennst du einen Menschen, der sagt, er möchte nicht geschätzt werden? Jemand, der sagt, es ist mir völlig egal, wie andere Menschen mich behandeln? Wertschätzung für meine Arbeit, meine Familie und mich persönlich ist mir nicht wichtig?

Ich kenne niemanden. Nicht eine einzige Person. Jeder freut sich über Aufmerksamkeit und Wertschätzung. Du auch?

Im Rahmen meiner Diplomarbeit im Jahr 2020 habe ich eine Umfrage mit über 90 Unternehmer*innen durchgeführt und 100 % sagten Ja zur Wertschätzung. Da war mir klar, dass Wertschätzung ein Thema für alle ist.

Ich glaube, dass jeder Mensch ge(wert)schätzt werden möchte:

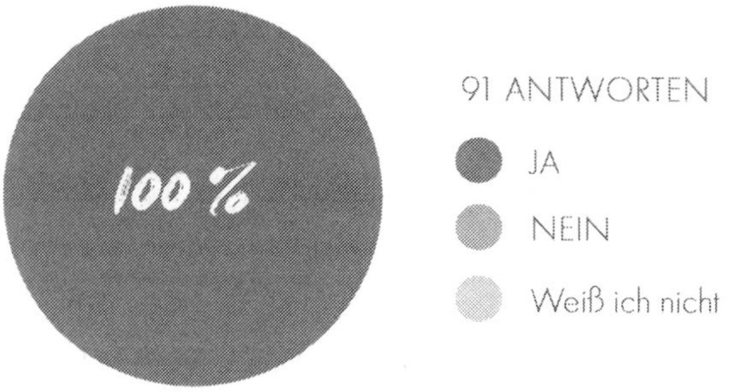

Ich kenne nur Menschen und sehr oft Frauen, die zu wenig Wertschätzung erhalten oder sich mehr Wertschätzung wünschen. Ich schreibe diese Zeilen, weil es mir ein Anliegen und eine Herzensbotschaft ist, dass jeder Mensch gesehen und geschätzt wird. Ich habe diese wunderbare Vision von einer Welt, in der sich jeder Mensch geschätzt, gesehen und geliebt fühlt. Stellt euch vor, was wäre, wenn wir im Berufsleben volle Wertschätzung leben und erleben, wertschätzende Gespräche führen, Beziehungen aufbauen, die auf gegenseitiger Wertschätzung basieren und uns selbst für das schätzen, was wir sind. Jede Einzelne von uns ist einzigartig und bringt ihre eigene Energie in diese Welt. Unsere Welt wäre ein besserer Ort, und in unserer Arbeitswelt würden wir uns von einer Leistungsgesellschaft in eine Wertegesellschaft entwickeln. Stellt euch vor, was passieren würde, wenn sich jede Reinigungskraft, Pflegekraft oder Kassenkraft geschätzt fühlen würde. Jede und jeder verdient es, sich geschätzt zu fühlen. Glaubt ihr, wir würden langfristig mehr oder weniger Leistung erbringen, wenn wir uns geschätzt fühlen würden?

In der schon erwähnten Umfrage stellte ich diese Frage: Welche Menschen können langfristig bessere Leistungen erbringen? Und unglaubliche 100 % sagten, dass Menschen, die Wertschätzung erleben und vorleben, mehr leisten. Es ist mir wichtig zu zeigen, dass Wertschätzung nicht nur eine soziale Fähigkeit ist, sondern sich auch in Zahlen niederschlägt.

Wertschätzung ist mehr als ein nettes Gefühl. Sie ist wirklich der Diamant unter den Ressourcen, die uns Menschen und Unternehmen zur Verfügung stehen.

Welche Menschen können eine bessere Leistung langfristig bringen?

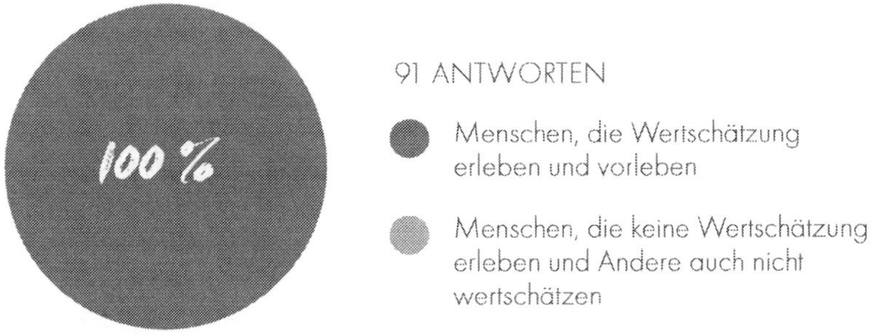

Wenn du dich fragst, wie du es schaffst, mehr geschätzt zu werden, dann verrate ich dir gern ein Geheimnis. Schätzte dich selbst! Selbstwertschätzung ist der Schlüssel, um mehr Wertschätzung von anderen zu bekommen.

Wenn ich mich selbst nicht mit allem, was ich habe und wer ich bin, schätze, wieso sollten es dann andere tun? Wenn ich nicht weiß, wie ich mir selbst Wertschätzung entgegenbringe, woher weiß ich dann, dass sich andere von mir geschätzt fühlen? Merkst du was? Alles beginnt bei dir.
Ich erzähle dir mal eine kleine Geschichte aus meinem Leben. Ich bin Unternehmerin, Prokuristin im Familienbetrieb, Mutter, Tochter, Freundin, Schwester und Ehefrau. Ja, da kommt schon einiges an Rollen zusammen. Wie ist das eigentlich bei dir? Hast du auch viele Rollen in deinem Leben zu spielen? Jede ist wunderbar, aber alle zusammen manchmal unglaublich anstrengend. Vor allem, wenn ich nicht die Rolle wechsle, sondern jemand anderes meine Rolle wechselt. Wie ich das meine? Na ja, ich arbeite zum Beispiel im Homeoffice, bin dann also gerade in meiner Rolle als Unternehmerin und meine Tochter ruft an. Sie möchte, dass ich ihr sofort die vergessene Mappe bringe, weil sie sonst Schwierigkeiten mit ihrem Lehrer bekommt. Zack, und raus bin ich aus meiner Rolle der Unternehmerin und in der Mutterrolle. Ganz egal, was ich meiner Tochter antworte, ich antworte als Mutter und nicht als Unternehmerin. Wenn dann noch eine WhatsApp-Nachricht hereinkommt von meiner Schwester, weil

sie eine Entscheidung bezüglich des Begräbnisses unserer Mutter braucht, dann bin ich natürlich in der Schwesternrolle. Und ja, das stresst mich. Aber nicht mein Unternehmen, meine Tochter oder meine Schwester stressen mich, sondern ich mich. Ich will allem gerecht werden. Kennst du das? Geht es dir manchmal auch so wie mir oder kennst du jemanden, bei dem du das beobachten kannst?

Aber nun zu meiner Geschichte. Ob ich meine Rollen in der richtigen Reihenfolge aufgeschrieben habe, weiß ich nicht, und ich glaube, je nach Bedarf ändert sich das auch bei mir. Das bedeutet für mich, dass meine Arbeitswoche lang ist und es kaum ein Wochenende vergeht, an dem ich nicht arbeite. Ich liebe meine Kinder und manage ihre Schul- und Freizeitaktivitäten. Ich habe einen Ehemann, der selten zu Hause ist, mit dem ich im Familienbetrieb zusammenarbeite, und ich habe eine Familie. Ich bin Unternehmerin und Angestellte gleichzeitig, denn mein Angestelltenverhältnis ist mein Brotjob. So fahre ich seit Jahren zweigleisig. Ich spüre oft den Druck, nicht allem gerecht zu werden. Ich war rund um die Uhr beschäftigt und bin es immer noch. In ruhigen Momenten merkte ich dann manchmal, wie müde ich bin. Ich habe das Gefühl, immer mehr schaffen zu müssen, damit vielleicht endlich jemand bemerkt: „Großartig, Alessandra. Gut gemacht, Alessandra. Toll, Alessandra. Ich sehe, was du alles schaffst!" Mir fehlte die Wertschätzung in meinem Leben. Ich fühlte mich nicht geschätzt und gesehen von meinem Umfeld. Das Resultat war, dass ich natürlich mehr machen musste, da es bis jetzt ja nicht gereicht hat. Geht es dir vielleicht auch manchmal wie mir? Denkst du dir: „Hallo, seht ihr denn nicht, wie es mir geht. Seht ihr nicht, was ich alles leiste?"

Ich sehnte mich danach, dass jemand meine Arbeit und mein Tun sieht und schätzt. Also versuchte ich, noch härter zu arbeiten und den Erwartungen anderer gerecht zu werden. Ich meine das, was ich dachte, was die anderen erwarteten. Vollkommen egal, wie viel ich arbeitete, es schien nie genug zu sein, um die Wertschätzung zu erhalten, die ich gebraucht hätte, um mich gut zu fühlen. Und ja, dann habe ich mir auch noch einen Partner ausgesucht, der Wertschätzung nicht gut ausdrücken kann. Dennoch weiß ich, wie viel ich ihm bedeute, aber er sagt es nicht so oft. Wie ist das eigentlich bei dir? Wie wertschätzend geht dein Umfeld mit dir um?

Was macht das mit dir?

Doch meine Geschichte geht weiter. Ich brauchte eine dringende Pause und ein Frauenabend wurde geplant. Ich verrate euch mal was. Eigentlich sagen meine Freundinnen und ich immer noch Mädelsabend, aber ich dachte, mit 49 Jahren klingt das vielleicht komisch für euch Leserinnen. Stellt euch vor, auch dafür hatte ich mir schon viel zu lange keine Zeit mehr genommen, denn manchmal hatte ich dafür einfach keine Kraft mehr, obwohl ich es so dringend gebraucht hätte. Man tut genau das nicht, was Energie bringen würde. Das ist nicht sehr klug, aber menschlich. Ich kann nur eine kluge Entscheidung treffen, wenn mir die Fakten bewusst sind. Wir Menschen sind sehr unbewusste Wesen. Meistens steuert unser Unterbewusstsein unsere Handlungen. An diesem einen Mädelsabend hat mein Unterbewusstsein auf jeden Fall eine goldrichtige Entscheidung getroffen und dieser eine Abend hat so einiges verändert. Ich hatte endlich verstanden, dass ich der Maßstab für mein Leben bin. Die Meinung der anderen höre ich mir gern an, jedoch treffe ich Entscheidungen nur, wenn sie mich meinem Ziel näherbringen und mich glücklich machen.

Unser geplanter Mädelsabend stand endlich vor der Tür, und ich kann euch verraten, es wurde magisch. Ich vertraute mir nämlich an diesem Abend Katharina an, einer langjährigen, sehr lieben Freundin. Katharina ist auch selbstständig. Der Unterschied zu mir war, dass sie von ihrem Umfeld geschätzt wurde und sie vor Selbstvertrauen strotzte. So erzählte ich ihr, dass ich mir so sehr mehr Wertschätzung für das wünsche, was ich tue. Von meinem Mann, meiner Familie, meinen Kund*innen. Katharina war eine gute Zuhörerin und ermunterte mich, ihr alles zu erzählen. Es tat gut, es einfach einmal auszusprechen. Dann sagte Katharina liebevoll zu mir: „Liebe Alessandra, wahre Wertschätzung beginnt bei dir selbst. Du musst dich selbst wertschätzen und anerkennen, bevor andere es machen können." Katharina stellte mir noch eine Frage: „Wie viel ist ein 100 Euroschein wert?" „Natürlich 100 €!", sagte ich und dachte mir, dass das eine komische Frage ist. Dann nahm Katharina den Geldschein, schmiss ihn auf den Boden, stieg mit den Straßenschuhen darauf herum, zerknitterte den Schein und hielt ihn mir wieder hin. „Und was ist der Schein jetzt wert? Du siehst, er ist schmutzig, eingerissen und nicht mehr sehr ansehnlich." Ich sagte: „Natürlich 100 €. Ich kann damit einkaufen gehen und würde für 100 € Waren bekommen." „Richtig! Der Geldschein hat seinen Wert nicht verloren. Das ist genauso wie mit unserem Selbstwert, denn auch wenn andere Menschen auf dir herumtrampeln oder dich gar nicht sehen, bist du bist wertvoll und verlierst nie deinen Wert." Ich dachte über diese Worte von Katharina nach. Zugegeben, sie klangen weise. War es wirklich so, dass ich mich nicht selbst schätze? War es wirklich so, dass ich mich nicht selbst lobte oder stolz auf mich war? Warum sollten es dann die anderen sein? Wann hatte ich das letzte Mal wertschätzend und vielleicht sogar liebevoll mit mir selbst gesprochen? Vielleicht gestern, als ich schon so wahnsinnig müde war, aber das Projekt unbedingt fertigstellen wollte? Nein, das war eher so: „Komm, stell dich nicht so an! Andere schaffen das auch! Beiß die Zähne zusammen." Zugegeben, sehr wertschätzend und liebevoll klang das wirklich nicht. Die Worte meiner Freundin ließen mich nicht mehr los. Habe ich keine Wertschätzung bekommen, weil ich nicht wertschätzend zu mir selbst war? Konnte das wirklich sein? Und ich erkannte, dass ich mich zum ersten Mal in meinem Leben mit mir selbst beschäftigen musste. Bitte nicht falsch verstehen, natürlich habe ich mich mit mir beschäftigt, Ausbildungen gemacht, eine Familie gegründet und so weiter. Aber wie du schon liest, war ich dauernd am Machen und Tun, aber nur selten am Fühlen. Wie fühle ich mich? Das habe ich mich eigentlich nie gefragt und wenn, dann meistens nur festgestellt, dass es mir nicht gut geht. Aber hinzuschauen und sich ganz intensiv mit mir selbst zu beschäftigen, das war neu. Was sind meine Talente und Ressourcen? Was gibt mir Kraft und was entzieht mir Energie?

Es gab so viel Wertvolles zu entdecken. Unter anderem stellte ich mir die Frage, was ich an mir schätze. Anfangs konnte ich noch gar nicht so viel darauf antworten, aber mit ein bisschen Übung fielen mir immer mehr Dinge ein. Bisher hatte ich immer darauf gewartet, dass andere mich loben und wertschätzen. Doch nun war es anders, denn dieses Mal hörte ich in mich hinein. War ich zufrieden mit mir? Ich feierte jeden Erfolg, auch wenn er noch so klein war. Ich bin nicht über Nacht zur Selbstwertschätzungs-Weltmeisterin geworden, sondern ich habe gelernt, mich jeden Tag für was ich bin zu schätzen und zu lieben. Und dann passierte etwas Unglaubliches. Plötzlich wurde ich von anderen wahrgenommen und auch geschätzt. Plötzlich haben mich Menschen, die ich davor gar nicht wahrgenommen habe, geschätzt und positiv über mich mit mir gesprochen. Mein Umfeld hat sich verändert, neue Menschen sind in mein Leben getreten und haben mir neue Impulse gebracht. Eigentlich war es eine Neverending-Story.

Die Erkenntnis, dass wahre Wertschätzung von innen kommt, veränderte mein Leben nachhaltig. Ich erkannte, dass der Schlüssel zu mehr Wertschätzung von anderen darin besteht, sich selbst wertzuschätzen und anzuerkennen. Es nahm mir auch den Druck, es allen recht machen zu müssen und von Lob und Wertschätzung von außen abhängig zu sein. Indem ich mir meiner eigenen Stärken bewusst geworden bin und ich so mein Selbstwertgefühl stärkte, zog ich automatisch mehr Anerkennung und Wertschätzung von anderen an. Das ist wohl das Gesetz der Anziehung, aber das ist eine andere Geschichte.

Genug von mir. Nun geht es um dich!

Lass uns an die Arbeit machen und da starten, wo es am sinnvollsten ist: bei dir selbst.. Dafür teile ich zehn Erkenntnisse und Übungen mit dir. Ich nenne sie Diamanten. Sie bringen dir Selbstwertschätzung.

DIAMANT 1: KLARHEIT – WIE WERTSCHÄTZEND GEHST DU MIT DIR UM?

Selbstreflexion ist ein wichtiger Bestandteil unserer Reise. Ich empfehle dir, diese Übung regelmäßig zu wiederholen. Nimm dir Zeit und notiere deine Antworten. Schränke dich nicht ein und schreibe alles auf, was dir in den Sinn kommt.

Dein Fragenkatalog für eine Selbstreflexion:

BEANTWORTE FOLGENDE FRAGEN UND FINDE EIN BEISPIEL AUS DEINEM LEBEN:

1. HÖRST DU AUF DEIN BAUCHGEFÜHL?

2. WIE SPRICHST DU MIT DIR SELBST? WOHLWOLLEND UND LIEBEVOLL? ODER DENKST DU DIR MANCHMAL SÄTZE WIE: „REISS DICH ZUSAMMEN!“ ODER „EH KLAR, DASS ICH DAS NICHT KANN“? GIBT ES SÄTZE, DIE DU OFT ZU DIR SAGST?

3. HAST DU ANGST DAVOR, FEHLER ZU MACHEN?

4. STEHT DIR DEIN PERFEKTIONISMUS MANCHMAL IM WEG?

5. SORGST DU DAFÜR, DASS ES DIR GUT GEHT (Z. B. REGELMÄSSIGE PAUSEN, GUTE NAHRUNG, SPORT ETC.)?

6. VERFOLGST DU DEINE ZIELE UND WÜNSCHE?

7. STELLST DU DIE BEDÜRFNISSE ANDERER ÜBER DEINE EIGENEN?

8. FEIERST DU DEINE ERFOLGE?

9. BIST DU STOLZ AUF DICH?

10. KENNST DU DEINE STÄRKEN UND SCHWÄCHEN?

Beantworte diese Fragen gern für dich allein. Sie können Klarheit über dein Selbstbild bringen und sind somit der erste Schritt in Richtung Selbstwertschätzung.

Hier gibt es kein Richtig und kein Falsch. Hier gibt es nur Klarheit für dich.

Jetzt realisierst du deine Wertschätzungswahrheit. Es ist nicht leicht, dort hinzusehen, wo es schmerzt, aber genau das bringt dich weiter. Vielleicht ist dir auch bewusst geworden, dass du gar nicht so wertschätzend mit dir selbst umgehst. Aber ganz ehrlich, du kannst dich doch feiern. Du hast es geschafft, eine unbewusste Handlung ins Bewusstsein zu bringen. Du hast eine Erkenntnis. Klarheit ist der erste Schritt, um überhaupt zu sehen, wie du mit dir umgehst. Sie ist auch der Spiegel dafür, wie wertschätzend du mit anderen umgehst.

DIAMANT 2: WANN FÜHLE ICH MICH (WERT)GESCHÄTZT?

Der nächste Diamant auf unserer Wertschätzungsreise ist es, zu wissen, wann du dich wertgeschätzt fühlst und wann nicht.

Ich fühle beispielsweise Wertschätzung, wenn andere mich loben und anerkennen oder kurz gesagt, mich sehen. Überlege mal, was der Unterschied ist zwischen "wenn du gegrüßt wirst von jemandem, der dir in die Augen schaut" oder "von jemandem, der dich gar nicht anschaut". Ich denke, das kennen wir alle. Wir alle haben schon Wertschätzung gefühlt und auch gespürt, was es heißt, wenn man nicht geschätzt wird. Für dich ist es wichtig zu wissen, was du brauchst, damit du dich geschätzt fühlst. Was lässt dich am meisten Wertschätzung fühlen? Wann fühlst du dich nicht geschätzt oder wer schätzt dich nicht? Schreibe das alles auf und bekomme Klarheit. Gewinne dadurch eine Idee darüber, was Wertschätzung und Selbstwertschätzung für dich bedeutet. Was fühlst du, wenn du dich geschätzt fühlst? Beschreibe dieses Gefühl mit all deinen Sinnen. Was macht dieses positive Gefühl mit deinem Körper und deinem Energiehaushalt? Was verstärkt dieses positive Gefühl? Versuche, dieses Gefühl so genau wie möglich zu beschreiben. Jedes Detail ist wichtig. Am besten schließe für einen Moment die Augen und mache eine Innenschau. Atme ruhig und überlege, wann du dich das letzte Mal so richtig wertgeschätzt gefühlt hast.

DIAMANT 3: DAS WERTSCHÄTZUNGSKONFETTI

Wenn du weißt, wann du dich geschätzt fühlst, kann ich dir das Wertschätzungskonfetti empfehlen.

Das Wertschätzungskonfetti ist ein wunderbares Tool, um mehr Wertschätzung in dein Leben zu ziehen. Damit kannst du Wertschätzung wie einen Magnet anziehen, wenn du es regelmäßig machst und übst. So holst du dir Wertschätzung in dein Leben. Tag für Tag ein bisschen mehr.

Übung: Denke zwei Minuten nur an wunderbare Momente, in denen du dich wertgeschätzt gefühlt hast. Fühle diese Momente mit all deinen Sinnen. Was siehst du, wenn du geschätzt wirst? Was hörst du? Was sagen Menschen, die dich schätzen, konkret? Riechst du oder schmeckst du etwas Besonderes bei deiner Wertschätzung? Wie fühlt es sich an? Wo spürst du es im Körper? Sollten sich andere Gedanken dazwischen schleichen, lass ihnen für diese Übung keinen Raum. Lass Sie weiterziehen, wie Wolken am Himmel, und konzentriere dich wieder auf Erlebnisse voller Wertschätzung und Freude. Beginne gerne wieder beim letzten wertschätzenden Gedanken und wiederhole diesen so lange, bis neue wertschätzende Gedanken kommen. Bade in diesem schönen Gefühl, geschätzt zu werden für dein Tun und dein Sein.

Mache diese Übung regelmäßig, am besten dreimal täglich.

Genauso wie Konfetti können wir Wertschätzung in unser Leben pusten!

DIAMANT 4: ACHTSAME ROUTINEN SCHAFFEN MEHR WERTSCHÄTZUNG

Diesen Diamanten findest du überall dort, wo du achtsam deinen Weg gehst. Kreiere neue Routinen in deinem Leben, die dich zu mehr Selbstwertschätzung führen. Ich habe begonnen, regelmäßig zu meditieren und Yoga zu praktizieren. Zuerst habe ich nur fünf Minuten am Tag meditiert und 15 Minuten Yoga gemacht. Am Anfang war es schon eine Herausforderung, obwohl ich spürte, wie gut es mir tat. Es hat mir geholfen, es in meinem Kalender einzutragen und die Zeit nur dafür zu reservieren. Und wenn ich es einmal nicht geschafft habe, war ich nicht streng, sondern ehrlich zu mir. Ich habe mir überlegt, warum es heute nicht funktioniert hat und was ich ändern kann. Dabei habe ich zum Beispiel herausgefunden, dass ich besser nur dreimal die Woche Yoga praktiziere, dafür aber länger. Es tat mir so viel besser und so konnte ich mich auch leichter dazu motivieren. Und wie du schon gelesen hast, wenn du dich selbst schätzt, dann bekommst du auch mehr Wertschätzung von anderen Menschen in deinem Leben. Jetzt überleg dir doch mal, was du tun kannst, um neue Routinen zu schaffen. Vielleicht etwas Neues, was du bis jetzt noch nicht gemacht hast, um mehr Wertschätzung zu bekommen? Es kann zum Beispiel eine Routine wie die Folgende sein. Jeden Tag nach dem Aufstehen nehme ich mir fünf Minuten Zeit, um kurz innezuhalten und mir zu überlegen, wie ich heute meinen Tag plane, was mir heute wichtig und was mein Fokus ist. Das muss nicht immer etwas Großartiges sein. Oft sind es viele kleine Dinge, die dann ein großes Ganzes ergeben. Einfache Routinen bringst du leichter in deinem Tag unter. Oder vielleicht magst du einige Minuten meditieren, laufen oder dich auf einen Plausch mit deiner besten Freundin treffen. Am besten planst und tust du etwas, was dir guttut und bei dem du spürst, wie sehr du dich schätzt.

Versprich dir hier und jetzt, dass du Folgendes für dich und für mehr Wertschätzung in deinem Leben tun wirst. Beschreibe hier deine neue Routine:

Mache daraus eine Routine und baue sie täglich in deinen Tagesplan ein. Weshalb schreibe ich so viel über Selbstwertschätzung, obwohl dieser Beitrag doch eigentlich um „Wertschätzung goes Business" geht? Das ist, weil es ein System ist. Wir sind nicht isoliert von anderen Menschen oder unserem Umfeld. Wenn wir etwas bei uns verändern, verändern wir immer auch unsere Umgebung und unsere Energie. Ich kann nicht wertschätzend mit anderen umgehen, wenn ich nicht mit mir selbst tue. Wie in einem Notfall im Flugzeug sorgst du zuerst für dich selbst und legst dir selbst deine Sauerstoffmaske an, erst dann hilfst du anderen.

DIAMANT 5: GELD IST WERTSCHÄTZUNG

Geld ist pure Wertschätzung. Punkt.

Wie viel bist du dir wert? Am Anfang meiner Selbstständigkeit habe ich viel Wissen verschenkt und immer mehr geliefert als abgemacht war. Und wenn es darum ging, Preise für ein Produkt zu finden, war mein Lieblingsspruch: „Wer soll das bitte zahlen?" Also habe ich es für so günstig wie möglich angeboten. Also habe ich mir eigentlich dauernd gesagt, dass ich nichts wert bin. Verkauft habe ich deshalb nicht mehr, sondern weniger. Denn wenn ich denke, dass ich nichts wert bin, warum sollten dann andere das Gegenteil tun? Zack, und da sind wir wieder beim Thema Selbstwertschätzung!

Ein Schlüsselerlebnis führte dazu, dass ich verstand, dass Geld nicht zu denjenigen kommt, die am härtesten arbeiten. Ich bin mit lieben Freundinnen für ein verlängertes Wochenende nach Kärnten gefahren. Es war ein tolles Wochenende mit Sport, wertvollen Gesprächen und einem Casinobesuch. Es war ein ausgelassener Abend, und wir waren bestens gelaunt. Einfach ein perfekter Frauenabend. Wir sind ganz sicher keine Spielerinnen, aber es machte Spaß und fühlte sich leicht an. Wir genossen die Atmosphäre und beobachteten die Menschen bei einem Glas Sekt. Irgendwann haben wir uns zu den Blackjack-Tischen gesetzt. Sie waren frei und wir wollten es ausprobieren. Ich habe es erst zum zweiten Mal in meinem Leben gespielt und kannte noch nicht alle Regeln. Umso verwunderter war ich, dass ich gewann und gewann und gewann. Auf einmal waren einige Menschen hinter mir, und ein Mann legte Geld auf meinen Platz. Das hat mich total irritiert und ich habe in die Runde gefragt, was das soll. Ich spiele doch gerade. Ich dachte mir: „Das gibt's ja nicht, der kann doch nicht, während ich noch spiele, Geld auf meinen Platz legen." Die Antwort, die mir jemand aus der Runde gab, hat mich total verblüfft. Er sagte: „Der Herr setzt auf sie. Er glaubt, dass sie gewinnen werden." Dieser Mensch kannte mich nicht, aber trotzdem glaubte er an mein Können und mich. Wenn ich gewinne, dann gewinnt er auch. Das regte mich zum Nachdenken an. Kann es sein, dass jemand meinen Wert sieht und ich nicht?

Ist es dir auch schon einmal passiert, dass jemand anderes geglaubt hat, dass du etwas schaffst, während du am Zweifeln warst?

Auf jeden Fall dachte ich mir dann, dass ich mir mehr zutrauen sollte. Übrigens bin ich an diesem Abend nicht reich (an Geld) geworden. Die Erkenntnis begleitet mich aber noch immer und deshalb kann ich sagen, dass ich etwas Unbezahlbares gelernt habe: Andere setzten auf mich und deshalb sollte ich das auch tun.

Es ist wichtig, eine Beziehung zu unseren Finanzen aufzubauen. Dass wir Geld als Wertschätzung sehen, die uns andere Menschen geben. Und wenn du dir jetzt überlegst, was du tun kannst, um deine Beziehung zu Geld zu verbessern, beziehungsweise um mehr Geld in dein Leben zu holen, dann kann ich dir nur sagen: Geld ist deine Freundin-in-Crime. Geld ist Wertschätzung!

Welche Beziehung hast du bisher zu Geld? Ich bin so aufgewachsen, dass Geld eigentlich immer gefehlt hat. Zeitweise hatte ich sogar nur wenige Lebensmittel zur Verfügung, und das hat natürlich viel mit mir gemacht. Heute ist mein Kühlschrank überfüllt, denn ein leerer Kühlschrank vermittelt mir ein schlechtes Gefühl. Wie kann ich mir also vorstellen, reich zu sein und in Fülle zu leben? Diese Fragen habe ich mir oft gestellt, denn ich wollte es lernen. Überall liest man, dass man in das Gefühl eintauchen soll, um es zu manifestieren und Reichtum ins Leben zu holen. Was, wenn du weder jemals reich warst, noch viel Geld hattest? Woher sollst du dann wissen, wie es sich anfühlt? Wieder ein großartiger Mensch in meinem Leben hat mir hier weitergeholfen. Sie sagte damals: „Alessandra, hast du schon einmal Geld auf der Straße gefunden oder etwas gewonnen?" Ja, tatsächlich habe ich schon öfter, sogar manchmal Geldscheine, auf der Straße gefunden und ich habe auch mehrmals etwas gewonnen. Und sie fragte weiter: „Und wie hat es sich angefühlt?" Ja, super, natürlich! Ich war richtig glücklich. Und genau das ist das Gefühl! Genau so fühlt sich Fülle an. Da war ich ehrlich baff. Ich Glückspilz habe schon ganz viele solcher schönen Momente erleben dürfen und das ist sicherlich nicht selbstverständlich.

Wie viel bist du dir wert? Denke daran, wenn du dein nächstes Angebot schreibst oder um eine Gehaltserhöhung bittest.

DIAMANT 6: UMGIB DICH MIT WERTSCHÄTZENDEN MENSCHEN

Wer sieht deinen Wert?
Wer glaubt an dich?
Wer hört dir zu?
Wer tut dir gut?

Wer darf in deinen Wertschätzungsraum eintreten? Das entscheidest du! Wähle weise, denn es ist unglaublich kraftvoll, wenn du dich mit Menschen umgibst, die dich schätzen.

DIAMANT 7: FÜHRE POSITIVE SELBSTGESPRÄCHE

„Was für ein verrückter Tipp", hat eine Klientin zu mir gesagt. Ja und Nein. Wir führen dauernd innere Dialoge und führen Selbstgespräche, oft auch unbewusst. Auf jeden Fall sind die Worte und die Geschichten, die du dir erzählst, sehr mächtig. Dein Gehirn kann nämlich nicht unterscheiden, ob es wirklich passiert oder du nur denkst, dass es passiert. Klingt das kompliziert für dich? Ich gebe dir ein Beispiel, damit du weißt, was ich meine.

Schließe deine Augen: Mache ein paar entspannte Atemzüge. Beim Einatmen hebt sich die Bauchdecke, beim Ausatmen senkt sich die Bauchdecke. Mache das dreimal in deinem Tempo. Nun stelle dir eine saftige Zitrone vor. Sie ist voll reif und du riechst diese angenehme Frische.
Was passiert ist, dass der Speichelfluss angeregt wird, so als würdest du in eine Zitrone beißen. Und manchmal zieht sich auch dein Gesicht zusammen, weil du den Gedanken mit dem sauren Geschmack in Verbindung bringst.

Das Geheimnis ist, dass du mit allen Sinnen denkst. Was siehst du? Was hörst du? Was riechst du? Wie fühlt es sich an? Dann kann unser Gehirn die Geschichte noch besser fassen und es für die Realität halten.

Mache dir das doch zunutze und wende diese Erkenntnis für dich an. Was schätzt du an dir?

DIAMANT 8: MITGEFÜHL UND SELBSTWERTSCHÄTZUNG GEHÖREN ZUSAMMEN

Wenn wir Mitgefühl entwickeln, entwickeln wir gleichzeitig unser wohlwollendes, helfendes Verhalten, welches unser Belohnungssystem im Kopf aktiviert. Es fühlt sich gut an. Wissenschaftlich gesehen bedeutet das, dass wenn du Empathie für das Leid eines oder einer anderen oder auch für dein eigenes Leid empfindest, aktiviert dies dein Gehirn mit deinen eigenen neuronalen Schmerzzentren. Verwandelst du aber die Empathie in Mitgefühl um, dann können wir unser Leid und das der anderen wahrnehmen, ohne mitzuleiden. Dadurch kannst du dir und anderen besser helfen. Um das zu praktizieren, kann dir die sogenannte Metta-Meditation helfen. Sie unterstützt dich bei den folgenden Punkten:

- Stressreduktion: Wir reagieren auf psychosozialen Stress gelassener.
- Verbundenheit: Sie erhöht das Gefühl der Zusammengehörigkeit.
- Beziehungsfähigkeit: Höhere Qualität in der Beziehung zu dir und anderen.
- Schmerzlinderung: Sie kann sogar das Schmerzempfinden reduzieren.
- Happiness: 234.000 Umfragen in 136 Ländern zeigen, dass wohlwollendes, zugewandtes Verhalten uns glücklicher macht, unabhängig von wo wir leben.

Diese Meditation war einer meiner Schlüssel, um Mitgefühl für mich und andere klarer und intensiver zu fühlen. Dieses Mitgefühl war dann die Basis, um auch Selbstwertschätzung zu leben. Deshalb teile ich sie gern mit euch.

Hier findest du eine einfache Anleitung für eine Metta-Meditation

DIAMANT 9: FEIERE DEINE ERFOLGE UND DICH

Es ist nicht entscheidend, wie groß ein Erfolg ist, sondern es ist entscheidend, welche Bedeutung du ihm gibst. Think big! Feiere die kleinen Erfolge und zeige dir selbst Wertschätzung. Manchmal sind wir da aus der Übung. Zu häufig warten wir darauf, Wertschätzung von außen zu bekommen. Leider oft vergeblich, denn die eigenen kleinen Erfolge werden von anderen Menschen oft übersehen, da sie einen anderen Fokus haben. Nicht, weil sie dich nicht schätzen, sondern weil sie diesen kleinen Erfolg nicht sehen. Es kann an ihrer Perspektive liegen oder einen anderen Grund haben. Ach, da gibt es viele Möglichkeiten und ehrlich, es ist gar nicht so wichtig. Das, was zählt, ist, dass du dir diese Wertschätzung selbst schenkst. Halte nichts für selbstverständlich, sondern feiere dich. Denke an meinen Schicksalsschlag und wie mir alles danach wie ein Geschenk vorgekommen ist, auch das einfache Frühstück mit meiner Familie. Wie hast du deinen letzten Geburtstag gefeiert und wie feierst du andere?

Gönn dir Schönes und lass dich feiern!

Ich stelle mir oft vor, wie genial es wäre, wenn sich alle Menschen wertgeschätzt fühlen würden. Alle Pflegekräfte, Reinigungskräfte, jeder Mitarbeitende an der Supermarktkasse oder natürlich du oder unsere anderen Mitmenschen. Alle verdienen es. Wertschätzung ist ein Menschenrecht. Es ist ganz einfach, seine Wertschätzung auszudrücken. Es ist nichts Kompliziertes, nichts Unerreichbares und muss auch nicht perfekt sein, sondern nur ehrlich.

> „Wertschätzung muss nicht perfekt,
> sondern ehrlich sein."
> *– Alessandra Janda*

Meine Herzensbotschaft an dich ist, schätze dich für das, was du bist, für das, was du tust, und für das, was du leistest. Schätze deinen Körper, der dich durch dieses Leben trägt. Du bist der wichtigste Mensch in deinem Leben.

AUTORINNEN-VORSTELLUNG

Alessandra Janda

+436767206621

alessandra@janda.at

alessandrajanda.com

facebook.com/alessandra.janda

linkedin.com/in/alessandra-janda-a375a342/

instagram.com/alessandrajanda/

DEIN BUSINESS IN MAXIMAL DREI SÄTZEN?

Ich bin Expertin für wertschätzende Businesstrainings mit dem Schwerpunkt Führungskräfteentwicklung, Teambuilding, Verkaufs- und Verhaltenstraining. Im Zentrum meines Tuns stehen immer die Menschen und deren Weiterentwicklung.

FÜR WEN BIST DU GENAU DIE RICHTIGE ANSPRECHPARTNERIN?

Ich helfe Menschen, die sich mehr Wertschätzung in ihrem Leben wünschen. Ich arbeite für Unternehmen, die ihre Mitarbeitenden in wertschätzenden Lernräumen weiterentwickeln möchten.

ARBEITEST DU OFFLINE, ONLINE ODER BEIDES?

Beides in Gruppen- und Einzeltrainings.

WELCHE WAREN DEINE DREI WICHTIGSTEN LEBENS- BEZIEHUNGSWEISE LERNSTATIONEN?

- Meine großartigen Kinder haben mir gezeigt, was im Leben wirklich wichtig ist. Durch sie konnte ich meinen Platz im Leben finden.

- Meine schwere Operation im Jahr 2019 hat mir gezeigt, dass jeder Tag ein wertvolles Geschenk ist, das man schätzen sollte. Ich habe gelernt, dass Selbstwertschätzung der Schlüssel für mein Leben ist.
- Ich habe sechs Berufe gelernt und ausgeübt. Von Großhandelskauffrau für Medizintechnik, über Versicherungsfachfrau und nun bin ich Businesstrainerin, wo ich all meine Berufserfahrungen vereinen kann.

MAL ANGENOMMEN, DU KÖNNTEST 15 JAHRE IN DIE VERGANGENHEIT REISEN. WAS WÄRE DEIN WICHTIGSTER TIPP AN DEIN 15 JAHRE JÜNGERES ICH?

Liebe Alessandra, es wird besser. Das Leben ist schön. Genieße jeden Tag und überlege bei deinen Entscheidungen, ob sie dich näher an dein Ziel und dein Glück bringen.

Jetzt hast du schon sehr viel zum Thema Unternehmertum und Führung gelesen. Du hast vieles zum Thema Unternehmensgründung erfahren, weißt nun einiges über das Thema Marketing, hast wertvolle Tipps über das Thema Menschenführung erhalten und dir die Wertschätzung näher angeschaut.

Doch es gibt noch ein weiteres wichtiges Herzensthema, das wichtig ist, damit dein Business gut laufen kann: Struktur und Ordnung. Gerade wenn du ein kreativer Mensch bist, ist dies vielleicht nicht dein Lieblingsthema.

Soll ich dir etwas verraten? Genauso geht es mir auch. Ich bin eine kreative Chaotin und gerade deswegen brauche ich Struktur und Ordnung. Ohne Menschen an meiner Seite, die mich organisieren und einen Blick auf mein manchmal durchaus großes Chaos haben, würde mein Business nicht annähernd so gut laufen, wie es das tut. Wenn du keine Ahnung hast, wie du Ordnung schaffen sollst, und vielleicht die ulkigsten Systeme erfindest, um dich selbst zu organisieren, nur um sie nach einigen Wochen wieder über den Haufen zu werfen, dann habe ich jetzt genau die richtige Expertin für dich. Herzensbotschafterin Janina ist eine der besten Adressen für dich, wenn es um das Thema Organisation und Struktur geht.

Janina Hahn

Struktur und Ordnung – damit das Chaos dem Erfolg weichen kann

Es ist still.

Ich sitze in der Ecke in meinem Zimmer und atme tief ein und ganz tief wieder aus.

Es fühlt sich an, als wäre eine Leere im gesamten Raum.

Dabei liegt alles aus den Schränken gezogen auf dem Fußboden und es herrscht ein großes Chaos.

In meinem Zimmer und auch in meinem Kopf.

Ich bin acht Jahre alt und fühle mich völlig überfordert. Völlig überfordert vom Leben, dem Chaos in meinem Zimmer und allem drumherum. Und das schon in diesem Alter. Die Emotionen überkommen mich. Der gefühlte Bergrutsch zieht mich immer weiter nach unten und zerreißt mich innerlich. Immer wieder wurde ich von meinen Erzeugern körperlich und mental vernachlässigt. Sich als Kind nicht gesehen und akzeptiert zu fühlen, macht einen starr und lässt einen innerlich stagnieren. Die daraus entstandene Wut staut sich an und wird zu einer inneren Lawine.

Aber was ist dann passiert?

Habe ich dann weiter weinend in der Ecke gesessen und mich meinem Schicksal ergeben?

Nein!

Denn ich bin ein Steinbock. Und ein Steinbock ist es gewohnt, die Berge in kargen Landschaften immer wieder hochzuklettern und sich jedem Wetter auszusetzen. Er kennt die Bergrutsche.

Also habe ich mich, nach zehn Minuten weinen und sich einsam und leer fühlen, auf meine Kräfte besonnen, die in mir schlummerten. Es war wohl die angestaute Wut und Enttäuschung.

Ich habe mir die Tränen weggewischt, einmal kräftig ins Taschentuch geschnaubt und überlegt, was ich jetzt machen soll.

Ich folgte einfach meinem inneren Antrieb. Schon damals schaffte ich unbewusst eine Umwandlung von negativen Emotionen in positive Strategien.

Ich habe einfach angefangen, aufzuräumen. Aber nicht nur aufzuräumen. Ich habe all die Dinge, die ich aus Wut und Enttäuschung auf mein Leben und meine Erzeuger aus den Schränken gepfeffert habe, erst einmal angeschaut. Eins nach dem anderen wurde von mir betrachtet und hinterfragt. Ganz intuitiv.

Benötige ich dies wirklich?
Hilft mir das in meinem Dasein aktuell?

Natürlich waren das in diesem Alter noch nicht solch spezifische Fragen. Sondern eher, ob ich das noch toll finde und behalten will.

Ich habe somit alles erst einmal gesichtet und dann in die berühmten drei Haufen sortiert:

Behalten – Wegwerfen – Verkaufen/Verschenken

Meine Generation der 76er erinnert sich vielleicht noch, dass wir uns damals gern auf Decken vor das Haus oder Supermärkte gesetzt und unsere Dinge vollkommen unbedacht verkauft haben, damit wir uns danach Süßigkeiten oder ein neues Spielzeug kaufen konnten.

So verlebten wir schöne Nachmittage und gingen danach fröhlich wieder nach Hause. Der erste Schritt in die Selbstständigkeit und zu einem Leben, welches man aktiv allein gestalten kann.

Jedenfalls sortierte ich meine Dinge in diesen Kategorien und verpackte diese dann in Kartons aus dem Keller. Die Sachen zum Wegwerfen probierte ich mit Ach und Krach in die Mülltonne zu stopfen, sodass meine Erzeuger nicht gleich wieder den nächsten Meckeranfall kriegen würden.

Alle Dinge, die mir besonders wichtig waren, packte ich nicht einfach zurück in die Schubladen.

Nein, ich habe mir genau überlegt, wo ich sie am besten gebrauchen könnte. Wo benutze ich dies am häufigsten und wie könnte ich es so sortieren, dass es mir auch optisch gefällt? Zusätzlich habe ich Kartons und Kisten aus dem Haus zusammengesucht und diese zum ordentlicheren Einsortieren in Schubladen genutzt. Ich liebte es, Schubladen zu öffnen und farblich sortierte Dinge vorzufinden.

Das ist meine persönliche Macke, glaube ich.

Ich habe die Barbies ordentlich aufgereiht in ein Regalfach gesetzt und die Kleidchen in einer Kiste farblich sortiert.

So ging ich weiter vor, bis ich irgendwann nach mehreren Stunden völlig erschöpft, aber zufrieden, in meinem Zimmer saß und das erste Mal seit Langem wieder Glück verspürte.

Warum?

Ich hatte es allein geschafft und während des Prozesses meine Traurigkeit und Wut verarbeitet. Natürlich hatte ich es nicht so verarbeitet, dass ich nie wieder daran gedacht habe, aber in diesem Moment hat es sich gut angefühlt und mir weitergeholfen voranzukommen.

Zusätzlich hat sich dadurch auch noch etwas entwickelt. Nämlich der Weg zu einer eigenen Struktur und einem Ordnungskonzept. Und dies schon im zarten Alter von acht Jahren.

Aber das wusste ich zu diesem Zeitpunkt natürlich noch nicht.

Doch ich bekam bereits ein Gespür für die Dinge, die mir helfen konnten. Dinge, die mir Sicherheit verschafften, nämlich Struktur und Ordnung. Das ist bis heute mein roter Faden durchs Leben.

Noch wertvoller war es, dass ich mir diesen roten Faden selbst geschaffen habe, einfach aus meinem Inneren heraus, ohne Einfluss von außen.

Das war eine enorme Erkenntnis für mein restliches Leben.

Je älter ich wurde, umso schwieriger wurde die Umsetzung. Wer sich in einem großen Umfeld bewegt, muss mit Außenwirkungen jonglieren. Die Fassade aufrecht zu halten und sich gleichzeitig selbst nicht zu verlieren ist ein schmaler Grat. Gerade in einer Welt des Männerbusiness, in der ich mich bewege, ist diese Fassade auch ein Schutz. Sie hilft dir dabei, dich durchzusetzen und deine Ziele zu verfolgen.

Aber es gibt hier ein großes Aber, denn das bin ja nicht ich, beziehungsweise spiegelt es nicht meine ganze Persönlichkeit wider. Daher habe ich im Laufe der Jahre gelernt, mich immer mehr auf meine Intuition zu verlassen. Dabei half mir zusätzlich mein roter Faden.

Dieser hat seinen Ursprung in meiner Kindheit und hat mich zu der Frau werden lassen, die ich heute bin.

Und warum?

Weil er mir bis heute ein Gefühl von Stabilität und Sicherheit gibt. Dieses Gefühl, welches ich durch meine Erzeuger leider nicht bekommen habe. Ich konnte es mir aber selbst geben.

Jetzt, wo ich es niederschriebe, wird mir bewusst, wie kraftvoll man sein kann und wie oft ich das leider wieder vergessen habe. Gerade in der aktuellen Zeit ist das kein einfacher Prozess.

Viele hielten es für übertrieben. Ich wäre zu strukturiert, zu ordentlich und zu verbissen. Aber um wen ging es in diesem Moment?

Es ging um mich.

Ich musste und wollte in meinem Leben klarkommen. Ich wollte leben, so wie ich es für mich als gut empfinde. Es musste ja keinem anderen gefallen, außer mir.

Natürlich verändern sich Ansichten über die Jahre. Einige werden verworfen und neue kommen hinzu. Keiner von uns bleibt starr. Es ist ein stetiger Prozess, den wir alle jeden Tag durchlaufen. Oft auch unbewusst. Manchmal war es ein mühseliger Prozess. Wie der Steinbock auf dem Berg, wenn der Wind zu doll bläst und er sich noch mehr bemühen muss, die Hänge hochzukommen, um an Futter zu gelangen.

Wenn das Geröll den Steinbock mehrere Meter nach unten gezogen hat und er sich wieder nach oben bemühen musste. Schritt für Schritt, manchmal auch mehrmals dieselbe Strecke, bis er sicher am Ziel steht und ein wenig Kraft schöpfen kann, bevor es zum nächsten Ziel geht.

So erging es mir auch in meinem Leben. Und wer kennt es nicht?

Diese Niederlagen, die einem erst einmal alle Kraft rauben. Bis zu dem Moment, wo die innere Power auf einmal aufblitzt und du den Schub bekommst, den du dringend benötigt hast, um die letzten Meter zum nächsten Ziel zu schaffen.

Wir haben alle stetig neue Ziele, jeden Tag. Kleine Schritte, über die wir uns oft nicht bewusst sind. Schritte, die wir aber regelmäßig ganz selbstverständlich meistern, ohne auch nur einen Gedanken daran zu verschwenden. Zusätzlich kommen die großen Ziele dazu, die einem aus unterschiedlichen Gründen noch mehr Kraft abverlangen. Aber mit unserer inneren Power erreichen wir sie – Schritt für Schritt.

Neue Herausforderungen und Niederlagen purzeln dir jeden Tag wie Geröllsteine ins Leben. Sie verursachen manchmal Bergrutsche und erschaffen oft auch neue Plateaus zum Ausruhen für den nächsten Anstieg zum Ziel.

Meine Struktur hat mir immer wieder die Sicherheit zum Meistern dieser Bergrutsche gegeben. Sie verschaffte mir die Möglichkeit, innezuhalten und mich zu besinnen, um neue Kraft für den nächsten Schritt Richtung Ziel zu haben.

Ich konnte dadurch immer wieder erleben, wozu ich allein imstande bin. Ohne Hilfe von außen.

Mir wurde immer klarer, was ich definitiv kann, und zwar Ordnung und Struktur zu schaffen, Prioritäten zu setzen und Entscheidungen zu treffen. Und dies mit einer enormen Schnelligkeit, die den Unterschied macht.
Daraus hat sich dann Schritt für Schritt, ganz unbewusst, mein Business entwickelt.

Daraus entwickelte sich der Schritt in die Selbstständigkeit als Ordnungscoach. Da ich lange andere Prioritäten in meinem Leben gesetzt habe, geschah dies allerdings erst relativ spät. Meine Priorität war meine Kinder, denn ich wollte alles anders machen als meine eigenen Erzeuger. Ich wollte da sein und meinen Kindern den Halt bieten, den ich selbst nie bekommen habe. Bestimmt habe ich auch nicht alles richtig gemacht, aber ich habe mich über das Maß hinaus bemüht. Heutzutage bin ich froh, dass ich schon mit 25 Jahren zum ersten Mal Mutter geworden bin und sechs Jahre später noch einmal meinen zweiten Sohn auf der Welt begrüßen durfte. Ich habe die wichtigsten Momente in ihrem Leben nicht verpasst, denn ich war immer da.

Zusätzlich habe ich durch diese Priorität an Sicherheit und noch mehr Praxiserfahrung im Business gewonnen. Wieso?

Weil ich durch meine Kinder lernen durfte, was ihre Sicht auf Ordnung und Struktur ist. Wie wichtig feste Abläufe sein können und dass man auf spielerischer Ebene und mit ganz viel Zeit und Liebe auch schon in diesem Alter Dinge für die Zukunft gezielt verankern kann.

Während dieser Zeit habe ich Menschen in meinem Umfeld geholfen, Ordnung in ihrem Haushalt zu schaffen und zu halten. Insbesondere bei alleinerziehenden Müttern waren meine Tipps und Hilfestellungen Gold wert. Es war die perfekte Übung für mich.

Somit kann ich heute behaupten, dass ich jahrzehntelange Berufserfahrung im Job als Ordnungscoach habe und das mit vollumfänglicher praktischer Erfahrung in allen Lebenslagen.

Diese Tätigkeit habe ich dann von Privathaushalten immer weiter in Richtung berufliche Büroorganisation ausgeweitet. Dort eröffnete sich eine neues Feld für mich.

Eine neue Herausforderung, der ich mich als Steinbock und selbstbewusste Frau gerne stelle.

Trotz vieler innerer und äußerlicher Unsicherheiten habe ich den Drang verspürt, mich zu entwickeln. Ich würde nicht sagen, mich zu verändern, aber mich neu zu erfinden. Der Wille, mich zu verbessern und mit mir selbst und anderen Themen zu beschäftigen, war immer da. Nicht, weil ich mich nicht gut fand, wie ich war, sondern weil ich diese Stürme auf dem Berg brauchte, um mich zu spüren.

Durch den Gegenwind merke ich, dass ich lebe. Dann habe ich meine Kraft meistens nach einem kurzen Tief schnell wieder zurück und erlange noch mehr Power, als ich vorher hatte. Meine beste Zeit ist oft die nach einem enormen Tief. Sobald ich mich wieder auf mich selbst besonnen habe, geht es los, den Berg hoch und über jeden Stein.

Manchmal auch ohne Luft zu holen, denn dann lebe ich und fühle mich frei.

Oftmals wird man von außen als getrieben angesehen, aber das kann ich verneinen, denn mich treibt niemand an, außer ich mich selbst. In jüngeren Jahren war es oft aus einer Unsicherheit heraus, meinen Erzeugern zu beweisen, dass ich gut bin und die Bestätigung zu bekommen, die sie mir nie gegeben haben.

All das hat mich zu der Frau werden lassen, die ich heute bin. Ich habe früher oft mit mir und der Vergangenheit gehadert. Zwischendurch kam immer wieder ein Funke auf, der mich straucheln ließ. Dadurch habe ich oft Dinge angefangen und wieder verworfen, auf der Sach- aber auch auf der Emotionsebene. Diese Situationen wurden immer weniger mit den Jahren. Mein roter Faden hat wie ein Backup fungiert und mir dabei geholfen, mich auszutoben und dabei trotzdem voranzukommen. Eine gute Mischung aus Tradition und Innovation.

Nach meinem letzten Tief, welches gar nicht so lange her ist, habe ich ganz deutlich gemerkt, dass es mir gar nicht um meine Außenwirkung geht, so wie es viele von mir denken. Es geht mir um mich selbst. Ich möchte das so. Ich möchte diesen Wind in meinen Haaren spüren und mich diesen Herausforderungen stellen. Natürlich müssen diese nicht immer ein hohes Level haben, aber immer nur eine seichte Brise ist das Leben, das ich möchte.

Daher ging ich das nächste Level meines Lebens an.

Ich firmierte um und widme mich seitdem verstärkt dem Zeitmanagement- und Strukturcoaching in kleineren Handwerksbetrieben, oft in Bezug auf ihre Auszubildenden. Gerade in solchen Betrieben fehlt es oft an Struktur und den Auszubildenden fast grundsätzlich an einem guten Selbstmanagement. Selbstreflexion und Selbstmanagement sind aber die Schlüssel, um die Bergrutsche zu überstehen und nicht die Richtung zu verlieren. Diese Fähigkeiten lege ich besonders den Auszubildenden nahe, und die Erschaffung ihres eigenen roten Fadens ist dafür essenziell.

Es geht oft auch um die Übernahme eines Handwerksbetriebs. Und wer könnte den Betrieb besser übernehmen, wenn nicht der sehr gut strukturierte Auszubildende?

Ich helfe diesen Teams, ihren roten Faden an Struktur und Ordnung zu finden. Ich hospitiere im Vorfeld in den Betrieben, erstelle Bedarfsanalysen und biete individuelle Lösungsansätze. Diese können dann durch neue Strukturen in Einzel- und Gruppencoachings umgesetzt werden. Mein Ziel ist es, eine langfristige Begleitung zu sein.

Hier spielt für mich, genau wie im familiären Umfeld, das Thema Bindung eine Rolle. Wenn ich oder noch wichtiger, die Auszubildenden, keine Bindung zum Betrieb herstellen, dann wird es kein gutes Ergebnis geben.

Nur wenn man begreift, wieso wir tagtäglich tun, was wir tun, können wir gut in unserem Job werden. Egal, in welcher Position man sich befindet. Genau das ermöglicht dir dein roter Faden.

Das richtige Zeitmanagement ist mir hierbei besonders wichtig. Der Steinbock muss auf dem Berg auch ein richtiges Gespür für den perfekten Moment zum Aufstieg entwickeln und sein Umfeld richtig wahrnehmen und schätzen können, denn nur dann schafft er es.

Wenn ich durch Unpünktlichkeit, Zeitverzug in der Auftragsabwicklung und vielem mehr mein Umfeld, meine Kundschaft, meine Vorgesetzten nicht richtig wertschätze, werde ich nicht erfolgreich und anerkannt sein. Mir war dieser Punkt schon als Kind sehr wichtig. Ich bin immer etwas früher zu jeder Verabredung angekommen. Und das ist bis heute so, denn lieber zu früh als zu spät sein.

Diese Form der Anerkennung kann man leicht verteilen, und das tue ich gern. Mein roter Faden greift auch hier.

Natürlich kommen auch mal Geröllberge und starke Wettereinflüsse auf dem Weg dazwischen, aber in der heutigen Zeit haben wir so viele Möglichkeiten, uns bemerkbar zu machen und unserem Gegenüber ein gutes Gefühl zu geben. Die Person wird sich dann von uns gesehen fühlen.

Aber nun zurück zum roten Faden.

Mein Businessweg hat sich aus einer, nennen wir es Niederlage entwickelt.

Ich helfe Menschen von Herzen gern, sich in ihrer neuen inneren und äußeren Ordnung zu finden.

Sie bekommen durch meine Arbeit die Möglichkeit, sich leichter durchs Leben zu bewegen und ihren eigenen roten Faden zu finden, egal ob privat oder beruflich. Dies geschieht oft unbewusst Schritt für Schritt innerhalb des Coachings. Und am Ende ist man selbst erstaunt, was plötzlich alles möglich ist.

WELCHE TIPPS KÖNNTE ICH DIR KURZ UND KNACKIG MITGEBEN, DAMIT DU DICH AUCH AUF DEN WEG ZU DEINEM ROTEN FADEN MACHEN KANNST?

1. Führe drei Wochen lang einen detaillierten Wochenplan. Du kannst diesen auch auf Tagespläne herunterbrechen, Hauptsache, du bist konsequent. Dadurch wirst du ein Gespür für deine Zeitfresser entwickeln und sehen, wodurch die Leichtigkeit tagtäglich abhanden geht.

2. Plane deinen Tag. Nimm dir jeden Abend fünf bis zehn Minuten Zeit und schreibe deine Aufgaben für den morgigen Tag nieder. Dann setze Prioritäten, so gut du kannst, und plane zusätzlich gezielt Pausen ein. Beobachte zusätzlich, wann du ein Arbeitshoch und Tagestief verspürst, damit du gezielt danach deine Aufgabenverteilung planen kannst.

3. Überlege dir, was dich an deinem Arbeitsplatz ablenkt und was dir zur vollen Konzentration verhilft. Dann ändere diese Punkte so schnell es geht.

4. Zu Hause kannst du dir überlegen, welche neuen Strukturen und Abläufe deinen Tag erleichtern würden. Schreibe diese Veränderungen auf und wähle die für dich wichtigste Sache raus. Setze dir eine Deadline, bis wann du diese Veränderung umsetzen möchtest.

5. Jede Veränderung im Leben darf auch wieder weichen. Nichts ist starr!

Dein roter Faden wird dir helfen, mit jeder neuen Veränderung und Abweichung klarzukommen.

Daher mache dich auf den Weg auf deinen Berg. Schritt für Schritt. Stelle dir deinen roten Faden als Sicherungsleine an dem Berg hängend vor. Er wird dir helfen, dich mutig Schritt für Schritt nach oben zu begeben. Auch wenn der Wind mal doller weht oder man wieder mit dem Geröll nach unten rutscht.

Mir gibt es selbst noch mehr Stabilität und Sicherheit, wenn ich merke, dass ich jemandem anderen helfen kann, seine eigene Struktur zu finden. Ich liebe es, Personen zu unterstützen und ihnen das Gefühl zu vermitteln, gut genug zu sein und nicht allein vor diesem Berg zu stehen, sei es nun im Business oder im Privaten. Ich möchte meiner Kundschaft dazu verhelfen, meine Anfangssituation aus meinem Kinderzimmer für sich selbst zu erleben, und ihre Situation so zu meistern, dass sie voller Kraft weiter ihres Weges gehen können. So wie ich heute. Ich stehe als Erwachsene manchmal auch noch mental in einer Ecke von einem Raum, weine und schnaube dann kräftig ins Taschentuch. Dann nehme ich die Herausforderung an und gehe weiter.

Man trägt die Sicherheit als roten Faden in sich selbst.

Welches Gerüst du dir dafür baust, damit du deinen Berg erklimmen kannst, musst du für dich selbst herausfinden. Ich kann in diesem Prozess gern eine Begleitung sein, wie ein Gehstock, um den Berg ein wenig leichter begehen zu können.

Vertraue auf dich und deine innere Power.

Ich stehe heute gern vor einem Berg. Ich verzweifle manchmal in gewissen Punkten, aber dies hält mich nie lange davon ab, aufzusteigen. Dann gibt es einen Klick in meinem Kopf und ich stehe wieder in der Ecke von meinem Zimmer und besinne mich auf das, was ich kann und packe es mit genau diesen Kräften an.

Du schaffst das auch.

AUTORINNEN-VORSTELLUNG

Janina Hahn

@ coaching@janinahahn.de

janinahahn.de

Janina Hahn –
Agentin für Zeit und Struktur

janinahahncoaching

DEIN BUSINESS IN MAXIMAL DREI SÄTZEN?

Ich verhelfe KMUs aus dem Handwerk zu einem neuen Zeitmanagement und einer besseren Arbeitsstruktur. Weiterhin unterstütze ich speziell die Auszubildenden dieser Betriebe, denn das fehlende Selbstmanagement dieser ist ein großer Zeitfresser. Ich verhelfe den Unternehmenden, ihre Ziele und die Nachhaltigkeit des Betriebs sichtbar werden zu lassen.

FÜR WEN BIST DU GENAU DIE RICHTIGE ANSPRECHPARTNERIN?

Ich bin für die Handwerksunternehmende richtig, die sich mehr Freizeit und Leichtigkeit in ihrem Beruf und Unternehmen wünschen. Jene, die langfristig gut eingegliederte Azubis in ihrem Betrieb haben wollen, um den Betrieb in der Zukunft beruhigt abgeben zu können. Alle Unternehmenden, die weniger Stress und ihr Warum spüren möchten.

ARBEITEST DU OFFLINE, ONLINE ODER BEIDES?

Ich arbeite in der Regel offline. Zum Thema Zeitmanagement biete ich allerdings auch Onlinecoachings und -kurse an.

WELCHE WAREN DEINE DREI WICHTIGSTEN LEBENS- BEZIEHUNGSWEISE LERNSTATIONEN?

1. Meine Kindheit
2. Die Geburten meiner Kinder
3. Die Trennung vom Familienbetrieb

MAL ANGENOMMEN, DU KÖNNTEST 15 JAHRE IN DIE VERGANGENHEIT REISEN. WAS WÄRE DEIN WICHTIGSTER TIPP AN DEIN 15 JAHRE JÜNGERES ICH?

Sei nicht zu verbissen und ängstlich. Du bist gut, genauso wie du bist und kannst alles schaffen. Du hast noch so viele Stationen vor dir und jede wird dich weiterbringen. Glaub an dein Ziel und lass die Zeit dir helfen.

Mit dieser wunderbaren Herzensbotschaft von Janina verlassen wir den zweiten und kommen zum dritten Teil des Buches. Als Überleitung für den nächsten Teil möchte ich einen Satz aus den Tipps von Janina anbringen: Nichts ist starr.

Und so sind auch die Einordnungen der Beiträge nicht als starr anzusehen. Auch wenn der dritte Teil den Titel „Über Göttinnen, Geistwesen und Geisteswissenschaften" hat, so wirst du auch hier vieles finden, was in die Businesswelt passt.

Doch dazu mehr in dem folgenden dritten Teil.

03

ÜBER GÖTTINNEN, GEISTWESEN & GEISTESWISSENSCHAFTEN

„Was für ein Kapitel!?", denkst du jetzt vielleicht. Entweder, weil sie dich neugierig macht oder weil du mit den Themen bisher nichts anfangen konntest. Zugegebenermaßen gibt zahlreiche Menschen, die mit diesen Themen nichts anfangen können, und wenn du dazu gehörst, dann ist das vollkommen in Ordnung. Ich möchte dich jedoch gern dazu ermutigen, dir dieses spannende Kapitel trotzdem unbedingt durchzulesen. Vielleicht verstehst du im ersten Moment nicht alles oder tust es als spirituellen Schnickschnack ab, doch es könnte dir auch neue Horizonte und Perspektiven öffnen. Alle Kapitel enthalten wundervolle Herzensbotschaften, die dich sowohl auf der persönlichen als auch auf der geschäftlichen Ebene weiterbringen werden. Es gibt vieles, was wir nicht sehen können, und dennoch ist es da, wie Bakterien, Viren und Atome. Sie sind wissenschaftlich nachweisbar, auch wenn dein Auge sie nicht wahrnehmen kann. Und dann gibt es den großen Bereich der Dinge, die nicht nachweisbar sind, woran aber viele Menschen glauben und es als ihre Wahrheit anerkennen. Dazu gehören die Themen Religion und Spiritualität. Spiritualität ist etwas, das Hoffnung und Vertrauen bringt. Über verschiedene spirituelle Ansätze kannst du Antworten in deinem Leben finden. Dinge, die deinem Verstand sinnlos erscheinen, bekommen plötzlich einen Sinn. Vielleicht schaust du irgendwann auf besonders traurige, dramatische oder sogar traumatisierende Erlebnisse zurück und sagst: „Ach, deshalb habe ich diese Erfahrung gemacht."

Was ist, wenn das, was du aus tiefstem Herzen ablehnst, eine wichtige Erfahrung ist, die du dir auf Seelenebene selbst ausgesucht hast?

Was ist, wenn es möglich ist, mit Menschen Frieden zu schließen, die aktuell weit entfernt oder sogar verstorben sind? Was ist, wenn das, worüber du dir Gedanken machst oder etwas, worüber du ein schlechtes Gewissen hast, im Grunde nur Teil deines Weges ist? Spiritualität ist nur eine Facette in diesem Teil des Buches. So beschäftigt sich unsere Herzensbotschafterin Astrid beispielsweise nicht mit dem Thema Spiritualität, sondern mit Fragen aus der Wissenschaft. Sie stellt die Frage, inwieweit wir aus der Umwelt eine Unswelt kreieren können. Ein spannendes, wenn auch herausforderndes Kapitel. Doch ich möchte gar nicht so viel vorneweg nehmen. Lasst uns endlich mit dem dritten Teil des Buches starten. Wir fangen recht pragmatisch mit dem Thema Fotos an. Doch in dem nächsten Beitrag geht es nicht nur um irgendwelche schönen Businessfotos, denn dann wäre es auch eher ein Thema für den zweiten Teil gewesen. Es geht um Göttinnen-Shootings und um die Erlaubnis, genau diese Seite von dir zeigen zu dürfen.

Doch lies selbst, welche wundervollen Herzensbotschaften die liebe Kamila Burkhard für dich hat.

Kamila Burkhard

Entdecke deine innere Göttin

An einem Sommermorgen sitze ich in meinem Studio und warte auf eine Kundin. Ich genieße einen Kaffee mit meiner Assistentin und Stylistin in voller Vorfreude auf das wundervolle Shooting.

Alles ist vorbereitet, es ist mit einer wundervollen Mischung namens „Frau sein! Pur sein!" frisch geräuchert. Im Hintergrund läuft leise, entspannte Musik. Die Kundin kommt ins Studio und sieht nicht so glücklich aus. Plötzlich sagt sie zu mir: „Es hat bisher noch kein Fotograf geschafft, Fotos von mir zu machen, die mich von meiner schönsten Seite zeigen. Meine Fotos gefallen mir alle nicht." In diesem Moment ging mir als Fotografin der Puls hoch und ich zweifelte plötzlich an mir selbst. Obwohl viele Menschen meine Bilder loben und ich schon ein paar Awards gewonnen habe, kamen mir Gedanken wie: „Oh Mist, bekomme ich das dann hin? Wie soll ich das nur schaffen?" Ich verdränge die Gedanken, bitte die Frau zu mir rein und spreche ihr Mut zu, obwohl ich gerade an mir selbst zweifle.

Meine Assistentin verändert instinktiv die Musik und es ertönt nun kraftvolle Musik. Ich spüre tiefe Dankbarkeit dafür. Meine Assistentin hat ein hervorragendes Gespür für Menschen und Situationen.

Die Kundin setzt sich hin und wir trinken erst einmal einen Kaffee zusammen, bevor die Stylistin anfängt, die in meinen Augen wunderschöne Frau zu schminken und ihre Haare zu machen. Zum Glück entspannte sich die Kundin, aber ich spürte noch immer ihre Zweifel und auch meine kritische Stimme im Kopf wurde lauter.

Meine Assistentin gab der Kundin ein wunderschönes rotes Kleid mit viel Stoff. Der leichte rote Stoff umschmeichelt die Figur und bei jeder Bewegung schwingt es mit, fast so als würde sie mit Leichtigkeit fliegen. Sie zog es an und ich machte das Lied „Unstoppable" an. Wir starteten das Shooting. Anfangs bewegte sie sich recht unsicher vor der Kamera und zu der Musik. Ich fragte sie: „Möchtest du tanzen?" Sie bejahte und schon schnell merkte ich, dass das die beste Idee war, die ich hätte haben können.

Ihre und meine Zweifel verflogen, als sie vor der Kamera mit dem wunderschönen Kleid tanzte und den Stoff um sich herum schwingen ließ. Ich zeigte ihr das Ergebnis, und sie war sofort begeistert. Das war nicht nur ein Schlüsselmoment für sie, sondern tatsächlich auch für mich. Seitdem ist es mein Geheimtipp, dass wir tanzen sollten, wann auch immer wir mögen. Ob beim Fotografieren oder einfach nur so für dich selbst.

Wenn du Selbstzweifel verspürst, tanze. Wenn du traurig bist, dann tanze. Du wirst spüren, wie schnell du in eine andere Energie kommst, egal ob beim Fotografieren oder auch nur für dich selbst. Kommen Selbstzweifel hoch, dann tanze. Du wirst schnell die andere Energie spüren.

INNERE STILLE, INNERE DUNKELHEIT

Kennst du Sätze wie „du bist gut genug", „lerne dich selbst zu lieben", „alles, was du brauchst, steckt bereits in dir" und viele andere, die für dich eher nur Floskeln sind? Und vielleicht denkst du dir: „Ja, ich weiß. Aber ich fühle das nicht und ich komme auch nicht in dieses Gefühl hinein."

Die Sätze sind sicherlich richtig und auch lieb gemeint, aber ich sage gerne: „Gut gemeint ist halt nur gut gemeint." Wenn du nicht weißt, wie du sie umsetzen sollst, bleiben es für dich leere Floskeln.

Kennst du das? Egal, was du machst, es fühlt sich irgendwie nicht gut genug an. Alle sagen dir zwar, wie toll du bist, aber innerlich ist es dunkel und still. Da können andere viel erzählen und dir sagen, was sie in dir sehen, aber wenn du es selbst nicht spürst, bleiben es nur leere Worte. Deine Göttin in dir traut sich nicht zu zeigen.

Warum ich das behaupte? Ich kenne es nur zu gut. Nicht nur von mir selbst, sondern auch vielen Frauen, die zu meinen Fotoshootings kommen. Du glaubst gar nicht, wie oft ich es beim Shooting erlebe, dass ich starten will und dann kommen Selbstzweifel um die Ecke. Es fühlt sich an wie ein Schlag ins Gesicht.

Ist dir das auch schon passiert? Glaube mir, du bist damit nicht allein! Das sage ich nicht nur so daher, weil man das so sagt, sondern weil ich noch nie eine Frau bei mir hatte, die vollends hinter sich und ihrem Körper stand.

Bei einem meiner Babybauchshootings war ich, wie immer, voller Vorfreude. Es war alles vorbereitet, inklusive eines edlen Lavendeldufts. Meine Kundin kam und wir haben viel gelacht, getanzt und wunderschöne Erinnerungen geschaffen. Es war wie im Bilderbuch. Die Energie war magisch und voller Liebe. Gegen Ende des Shootings fragte ich sie, ob wir noch Aktfotos oder Bilder in Dessous machen wollen. Ich spürte ihre Zweifel und deswegen bot ich ihr an, dass wir die Fotos einfach mal machen können und sie sie ja nicht nehmen muss, wenn sie ihr nicht gefallen. Zögernd stimmte sie mir zu. Ich spürte, dass sie sich nicht wirklich wohlfühlte. Deswegen fragte ich sie noch einmal, ob es wirklich in Ordnung sei, und ihre Antwort schockierte mich.

Sie sagte: „Voll komisch hier zu liegen, weil ich mich sonst immer nur verstecke. Die Aktbilder will ja keiner sehen." „Oh krass, eine so wunderschöne Schwangere, die so über sich denkt", dachte ich mir.

Ich habe ein paar Bilder gemacht und sie ihr gezeigt. Sie war begeistert und sprachlos.

Nachdem wir fertig waren und sie sich wieder angezogen hatte, tranken wir noch gemeinsam einen Kaffee und das, was sie mir dabei erzählte, machte mich fassungslos. Sie erzählte mir von einem Fotografen, der sie fotografieren sollte, als sie 16 Jahre alt war. Er brach das Shooting ab und meinte, dass sie nicht fotogen sei.

Wie bitte? Wie kann man jemandem so etwas sagen? Doch nicht nur das. Sie erzählte auch, dass ihr Papa immer schlechte Witze auf ihre Kosten machte, ihr immer wieder sagte, dass sie hässlich sei, ungeschickt und Ähnliches.

Leider ist das kein Einzelfall und immer, wenn ich so etwas höre, macht mich das traurig und wütend zugleich. Wenn du mich fragst, warum, dann ist die Antwort einfach, denn ich kenne das aus eigener Erfahrung.

Mir wurden als Kind und Jugendliche auch viele Sätze und Beleidigungen an den Kopf geschmissen. Lange habe ich diese geglaubt. Ich versuchte mich unsichtbar zu machen und scheute die Sichtbarkeit, auch als Unternehmerin. Wenn ich mich als Kind und Jugendliche zurückerinnere, gab es viele Situationen, die mich geprägt haben. Ich habe es zum Glück geschafft, da herauszukommen.

Wie schon gesagt, als Kind und Jugendliche machte ich mich oft unsichtbar und dann wurde ich natürlich auch nicht gesehen. Oft fühlte ich mich allein. Ich zog mich immer mehr zurück und versuchte nicht anzuecken, und dadurch wurde ich noch unsichtbarer. Ich hatte kein Selbstbewusstsein und habe mich selbst nicht akzeptiert.

Ich erinnere mich beispielsweise noch sehr gut an einen Urlaub, als ich als Sechzehnjährige mit meiner Familie in der Türkei war. Es war heiß und ich saß mit langer Hose und Oberteil am Pool auf einer Liege unter einem Sonnenschirm. Zu dieser Zeit hatte ich eine Essstörung und mein Selbstbild war total verzerrt.

Da ich das Wasser liebte, bin ich nur ins Meer gegangen, wenn wenige Menschen da waren. Außerdem hatte ich einen Badeanzug, der viel bedeckte.

Du fragst dich sicher, wie es dazu kommen konnte. Mir wurde oft gesagt, dass ich nicht so viel essen soll, sonst würde ich zu dick werden. Mir wurde immer wieder gesagt, dass ich aufpassen müsse, weil ich so gerne esse. Andere fanden das lustig, ich nicht. Bis ich irgendwann anfing, so gut wie nichts mehr zu essen. Daraus sind Glaubenssätze, also tiefe Überzeugungen, entstanden, die mich teilweise bis in mein Erwachsenenleben begleiten.

Mein größtes Learning daraus ist, dass Worte was mit uns machen!
IMMER!

ACHTE AUF DEINE WORTE

Jeder Mensch hat Glaubenssätze, die nicht von uns selbst kommen. Es sind die Überzeugungen anderer, die du als Kind als die Wahrheit angenommen hast. Es gibt einige Klassiker, die Generationen von Kindern schon von ihren Eltern gehört haben.

Kommen dir die folgenden Sätze vielleicht bekannt vor?

„Sei leise."
„Was bildest du dir ein?"
„Stell dich nicht so an."
„Wer glaubst du, wer du bist?"
„Was ist los mit dir?"
„Iss nicht so viel."
„An dir ist nichts dran, iss mehr."
„Stell dich nicht in den Mittelpunkt."
„Nimm dich nicht so wichtig."

Ich könnte allein mit diesen Sätzen, die unendlich viele Menschen in ihrer Kindheit gehört haben, mehrere Seiten füllen. Und das Krasse daran ist, dass sie sich oft widersprechen.

Du bist zu dick, zu dünn.
Du bist zu laut, zu leise.
Du bist zu klein, zu groß.

Es scheint, als könnte man es niemanden recht machen.
Wer hat das Recht, so über Menschen zu urteilen?

Aus der Erwachsenenperspektive scheint es unfassbar, doch wer kennt das nicht? Wir alle durften uns als Kinder und sogar auch noch später so viele Glaubenssätze anhören und am Ende haben wir sie geglaubt.

Wenn es nur oft und intensiv genug gesagt wird, dann wird es irgendwann zu deiner Wahrheit.

Wenn Worte so viel Wirkung haben, warum tun wir dann nicht häufiger Gutes mit ihnen?

Es ist so einfach, anderen ein kleines Kompliment zu machen. Doch anstatt mit Worten Gutes zu tun, tragen wir leise alte Narben auf unserer Seele, die uns bremsen. Worte gehen nie spurlos an uns vorbei, weil wir vor allem von den negativen geprägt werden, insbesondere Kinder.

Mache Menschen ehrliche Komplimente. Auch wenn es nur der schöne Schal oder die schöne Kette sind. Du wirst ihren Tag versüßen.

ECHTE GÖTTINNEN ZEIGEN IHRE NARBEN VOLLER STOLZ.

Wünschst du dir auch einen Zauberradiergummi, um die Narben auf deiner Seele wegzuradieren? Einer, der Glaubenssätze einfach verschwinden lässt? Doch wärst du ohne Narben noch dieselbe Person, die du heute bist? Oder sind es vielleicht genau diese Narben, die dich wunderschön und zur Göttin machen?

Bei meinen Göttinnen-Fotoshootings kommen viele Frauen, die eines gemeinsam haben: Jede von ihnen trägt Päckchen mit sich. Es scheint so, als wenn jede etwas an sich zu meckern hat.

Wie wäre es mit einem Tag der Ehrung
deiner inneren Göttin?

Welche Dinge würdest du deiner Göttin darbieten, wenn du heute diesen Tag der Ehrung ausrufst? Schau liebevoll auf deine Narben und frage dich, was sie dir gebracht und welche Erfahrungen sie dir gegeben haben. Was ist es, das du deiner Göttin mitgeben möchtest?

FINDE DIE SCHÖNHEIT DEINER NARBEN UND DU WIRST DICH LIEBEN

Wertschätzung deiner Selbst und deines Körpers ist wichtig für deine Selbstliebe.

Alle sprechen von Selbstliebe, aber wie geht das?

Lerne dich lieben, genauso, wie du bist! Aber wie?
Du kennst vielleicht die Kunst der Affirmationen.
Sage dir oft positive Sätze vor.

„Ich bin gut genug."
„Ich bin wunderschön."
„Ich liebe mich."

Doch was passiert mit dir, wenn du das jeden Tag wiederholst und trotzdem das Gegenteil fühlst?

Dann können Affirmationen meiner Meinung nach gefährlich werden.
Du fragst dich sicher warum.

Aus Erfahrung weiß ich, dass das Gefühl viel stärker ist als die Worte, die du sagst. Wenn du dich permanent unwohl mit den von dir genutzten Affirmationen fühlst, dann ist das, weil sie nicht zu dir passen und dein Unterbewusstsein sie nicht glaubt. Was bleibt dann von diesen Affirmationen in deinem Unterbewusstsein hängen?

Richtig! Das schlechte Gefühl.

Affirmationen sind toll, aber bitte richtig. Sonst heißt es auch hier: „Gut gemeint ist halt nur gut gemeint." Mein Tipp für die richtige Nutzung von Affirmationen erkläre ich anhand eines Beispiels. Du hast den Glaubenssatz, dass dein Bauch hässlich und fett ist. Dann wird es dir nichts bringen, dir jeden Tag zu sagen, dass dein Bauch wunderschön ist. Du wirst dich wahrscheinlich schlecht fühlen und dir das selbst nicht abnehmen. Sag dir stattdessen, dass du dankbar für deinen Bauch bist. Sei dankbar, denn ohne Bauch würdest du wahrscheinlich sehr komisch ausschauen. Falls du Mama bist, sei dankbar, dass dein Bauch ein Schutz für dein Kind war und die Stärke hatte, dein Baby zu tragen. Mit der Zeit wird die Dankbarkeit automatisch zur Akzeptanz und dann zur Liebe.

Hier noch ein weiteres Beispiel. Du findest deine Füße hässlich.

Sag nicht: „Ich liebe meine Füße." Das wird zu nichts führen, denn dein Unterbewusstsein wird dagegen schießen, dass das doch gar nicht stimmt. Ich spreche bei diesem Beispiel übrigens aus eigener Erfahrung. Ich habe meine Füße eklig gefunden und obendrein noch hässlich. Der Satz „Ich liebe meine Füße" hat sich damals falsch angefühlt.

Anstatt dessen fing ich an, meine Füße anzufassen und habe am Anfang zu mir gesagt: „Ich bin dankbar für meine Füße, weil sie mich überall hintragen." Das hat sich besser angefühlt. Es hat etwas gedauert, aber irgendwann habe ich meine Füße akzeptiert und am Ende geliebt.

Wenn du etwas an dir nicht lieben kannst, dann sei dankbar und irgendwann wird es automatisch zur Liebe.

Vielleicht kennst du ja schon die Spiegelübung.

Du setzt dich allein nackt vor einen Spiegel und gehst von Körperteil zu Körperteil. Jedem einzelnen Körperteil machst du nun eine Liebeserklärung.

Ich feiere jede Frau, die das kann und das auch spürt.

Es gibt viele Übungen und sie alle kosten natürlich Zeit. Zeit, die du vielleicht nicht hast. Doch glaube mir, es lohnt sich, diese Zeit zu investieren. Da ich selbst oft nicht viel Zeit habe und mit der Spiegelübung nicht so ganz warm geworden bin, bekommst du hier noch einmal meinen Special-Tipp.

Ich habe die Spiegelübung für mich angepasst und teile meine Variante gerne hier mit dir.

Gehe ins Badezimmer und suche dir ein bis zwei Lieder aus, die für dich stimmig sind. Es kann sein, dass du es erst ausprobieren musst, welche Lieder passend sind. Ich selbst höre am liebsten das Lied: „Bliss /I Am the Light of My Soul".

Mit dem Lied und unter der Dusche kannst du, während du dich einseifst, von Körperteil zu Körperteil gehen und Dankbarkeit oder Liebe aussprechen. Wenn du das bei jedem Mal Duschen machst, werden sich dein Selbstbild und deine Selbstliebe verändern.

Passe diese Übung auf dich an und bringe eigene Ideen mit ein. Mach das, was dir guttut.

Egal, ob du die Übung vor dem Spiegel oder unter der Dusche machst, deine Ausstrahlung wird sich zum Positiven verändern. Probiere es aus!

An dieser Stelle möchte ich dich nochmals daran erinnern:

Lebe deine innere Göttin und lass sie strahlen!

Es könnte sein, dass du jetzt denkst: „Na, die Kamila hat ja gut reden, bei mir funktioniert das nicht." Vielleicht denkst du das, weil du in deinem Umfeld immer noch Menschen hast, die dir erzählen, was mit dir nicht stimmt und du kannst oder willst den Kontakt nicht minimieren oder abbrechen? In einer solchen Situation ist es ganz besonders wichtig zu wissen, dass alles, was diese Personen zu dir sagen, sehr viel mehr über diese Person aussagt als über dich. Es sind ihre Überzeugungen, Ansichten und Bewertungen. Es ist ihre Art zu denken. Daher sprechen sie manchmal auch nur aus, was sie über sich selbst denken. Vielleicht ist Neid oder Unzufriedenheit im Spiel. Niemand hat das Recht, dir zu sagen, dass etwas nicht mit dir stimmen würde. Du bist genauso richtig, wie du bist. Als ich das verstanden habe, wurde es leichter. Mit ein wenig Übung wirst du dein Selbstbewusstsein steigern und diese Veränderung ausstrahlen. Und genau dann werden auch die Sprüche weniger. So war es bei mir.

Ein weiteres Thema möchte ich auch noch ansprechen, und zwar die Aufschieberitis, auch Prokrastination genannt.

Nun fragst du dich sicherlich, was die Aufschieberitis mit dem Göttinnen-Dasein zu tun hat?

Es ist ganz einfach, denn oft schiebt man Dinge aus Angst vor Bewertungen auf die lange Bank.

Vielleicht hast du Angst, dich zu zeigen und verschiebst deswegen ständig wichtige To-dos? Damit schiebst du aber gleichzeitig auch deine Sichtbarkeit auf die lange Bank.

Was ist, wenn du genau heute damit anfängst, deine Göttinnenkräfte zu entfalten und dir erlaubst, die Göttin zu sein, die du wahrhaftig bist? Trau dich, dich zu zeigen. Ich unterstütze dich gerne dabei.

Auf meinen Fotos zeige ich dich so, wie ich dich sehe, in deiner vollen Kraft und Stärke, mit all deinen wundervollen Facetten. Ich zeige dich in deiner sinnlichen und liebevollen Energie, in deiner Verletzlichkeit, aber auch in deiner Stärke und in deiner Kriegerinnenenergie.

Denke daran, dass auch deine verletzliche Seite eine Stärke von dir ist. Gib dich ganz hin! Zeig dich in deiner ganzen Schönheit, genauso, wie du wahrhaftig bist, mit allen Ecken und Kanten. Für mich ist jede Frau schön und für mich gibt es kein Schönheitsideal, das es zu erreichen gilt. Denke daran, dass deine Narben dich zu der Frau gemacht haben, die du heute bist.

Und auch wenn du dir ein Zauberradiergummi wünschst, welches die Narben auf deiner Seele und deine ausbremsenden Glaubenssätze einfach wegradiert, dann kann ich das verstehen.

Doch viel besser ist es, diese Narben voller Stolz zu zeigen. Denn genau diese Narben haben dich stark gemacht und sie machen dich auch einzigartig und schön.

Denke immer daran:
Du bist eine wahre Göttin und wunderschön.

AUTORINNEN-VORSTELLUNG

Kamila Burkhard

Barlachstrasse 100
90455 Nürnberg

info@kamilaburkhard.de

www.kamilaburkhard.de

m.facebook.com/KamilaBurkhard

instagram.com/kamila_burkhard

DEIN BUSINESS IN MAXIMAL DREI SÄTZEN?

Ich sorge mit meinen Fotos dafür, dass Frauen sich selbst endlich schön finden. Das gelingt mir dadurch, dass es sich bei mir nicht nur um ein klassisches Fotoshooting handelt, sondern dass ich meine Kundinnen ins Gefühl bringe und diese magischen Momente in Bildern festhalte. Das Ergebnis sind Fotos voller Ausstrahlung.

FÜR WEN BIST DU GENAU DIE RICHTIGE ANSPRECHPARTNERIN?

Frauen, die sich bisher auf Fotos nicht leiden mögen und endlich welche haben möchten, auf denen sie sich richtig schön fühlen. Ich unterstütze dabei, dass Frauen sich wieder schön finden und stärke dadurch ihr Selbstwertgefühl. Weiterhin bin ich genau die richtige Fotografin für Neugeborenen-, Babybauch- und Familienfotografie. Ich verbinde die Fotografie mit Feingefühl und Spiritualität.

ARBEITEST DU OFFLINE, ONLINE ODER BEIDES?

Als Fotografin arbeite ich ausschließlich offline.

WELCHE SIND DEINE DREI WICHTIGSTEN TIPPS FÜR EIN WUNDERVOLLES LEBEN?

1. Alles ist möglich, wenn du nur daran glaubst und losgehst.
2. Das Leben ist eine Reise, auch wenn manchmal Steine oder Berge im Weg sind.
3. Alles kommt genau im richtigen Moment zu mir.

MAL ANGENOMMEN, DU KÖNNTEST 15 JAHRE IN DIE VERGANGENHEIT REISEN. WAS WÄRE DEIN WICHTIGSTER TIPP AN DEIN 15 JAHRE JÜNGERES ICH?

Ich finde die Frage sehr schwer zu beantworten. Mit 25 hätte ich mir selbst nicht geglaubt. Aber was ich mir sagen würde, wäre: „Trau dich mehr und starte jetzt schon dein Fotografie-Business, denn du wirst das schaffen. Du kannst auf deine Intuition vertrauen."Damals war ich angestellte Zahnarzthelferin. Aber wie schon gesagt, es kommt alles im richtigen Moment.

Ein Zauberradiergummi, was für eine schöne Vorstellung. Und was für eine wundervolle Herzensbotschaft von der lieben Kamila:

„Wärst du ohne Narben noch dieselbe Person, die du heute bist?"

Und das bringt uns direkt zur nächsten Herzensbotschafterin. Sie ist eine wirklich spannende Persönlichkeit und ich verrate dir eins, wenn Astrid so richtig loslegt, dann verstehe ich nur noch Bahnhof. Sie ist eine hochintelligente Persönlichkeit mit einem bewundernswerten breiten wissenschaftlichen Wissen. Es ist faszinierend und erschreckend zugleich, was sie zu berichten hat.

Doch warum bringt uns Kamilas Frage zu Astrid? Während es bei Kamila um dich als Person geht, schaut sich Astrid das Große und Ganze an, nämlich die Unswelt. Unsere Welt hat, genau wie du, viele Narben, die wir ihr als Menschheit angetan haben. Sie verändert sich permanent und leider aktuell nicht zum Guten. Doch wir haben es alle gemeinsam in der Hand, unsere Umwelt zur Unswelt zu machen und sie lebenswert zu erhalten.

Ich spanne dich nicht länger auf die Folter. Lass dich in die Welt von Paul, Paula und Liliput entführen, aber auch in die erschreckenden Aussichten von einem neuen Massenartensterben und ermutigenden Lösungsstrategien. Wenn dir dies aktuell zu harter Tobak ist, dann blättere zunächst weiter und gönne dir diesen außergewöhnlichen Beitrag von der wundervollen Astrid zum Schluss.

Astrid Beger

Von der Umwelt zur Unswelt

"Was gegen die Natur ist, hat auf Dauer keinen Bestand!" – *Charles Darwin*

VORAB ETWAS ÜBER MICH

Viele bezeichnen mich als die sprichwörtliche Brückenbauerin. Ich bin Speaker, Kauffrau und Unternehmerin. Seit der Jahrtausendwende optimiere ich meine Arbeit mit unterschiedlichen Projektmanagementmethoden. Diese Methoden nutze ich in fast jedem Kontext, meist nicht nur schriftlich, sondern vor allem intuitiv. Das macht die jahrelange Übung.

Nicht nur für die Umsetzung einzelner unternehmerischer Projekte, sondern auch zur Flexibilisierung von hierarchischen Lehmschichten erachte ich das als tauglich. In meinem Beruf erlebe ich oft, dass mithilfe dessen menschenorientierte Führung und innovative Lernsysteme aufgebaut werden können. In weltweit agierenden Industriekonzernen, Behörden und mittelgroßen Unternehmen konnte ich damit schon erfolgreich Projekte und Abteilungen im „Liniengeschäft" führen. Doch ich habe noch etwas dabei erlebt, und zwar dass sich Arbeit an manchen Tagen wie für den Papierkorb anfühlt.

Nun kann es sein, dass du dich fragst, warum sich ausgerechnet eine Kauffrau in die Erdsystemwissenschaft verguckt. Ich liebe unerklärbare Fragen und Pathos. Zudem bin ich verliebt in die Idee einer wirtschaftlich erfolgreichen „Unswelt", in der das Besprechen von Utopien zum Alltag wird. Eine Welt, die sich wie die Unswelt anfühlt. Natürlich heißt das nicht, dass jeder und jede von uns einen Egotrip ohne Ambivalenz, Debatten, Lernen und Zielkonflikte haben soll, sondern dass die Diversität als Bestandteil des Grundgesetzes über die Menschen hinauslebt. Die Grenzen des Menschen sind ohnehin unklar, dazu mehr in meinem Beitrag. Wenn etwas kompliziert ist, dann ist es gut, dass Unsicherheit auszuhalten eine meiner Schlüsselkompetenzen ist, obwohl ich ansonsten ein gemütlicher Mensch bin.

In diesem Beitrag verknüpfe ich verschiedene Herzensthemen und wissenschaftliche Erkenntnisse mit alltagstauglichen Umsetzungsmethoden. Methoden, die du schnell auch selbst anwenden kannst. Mit teils komplizierter Sprache, aber auch jede und jeder so, wie der eigene Schnabel gewachsen ist. Du kannst mich auch als Speaker in dein Unternehmen einladen oder mich als Beraterin eine Weile in dein Team integrieren. In diesem Beitrag verknüpfe ich verschiedene Herzensthemen und wissenschaftliche Erkenntnisse mit alltagstauglichen Umsetzungsmethoden. Methoden, die du schnell auch selbst anwenden kannst. Mit teils komplizierter Sprache, aber auch jede und jeder so, wie der eigene Schnabel gewachsen ist. Meine methodische Kompetenz ist immens und ich habe eine hohe Vielfalt an beruflicher Erfahrung, die Organisationen strategisch fit machen kann. Du kannst mich auch als Speaker in dein Unternehmen einladen oder mich als Beraterin eine Weile in dein Team integrieren.

Feminismus bedeutet Menschenorientierung für mich. Die Unswelt soll alle mitnehmen. Wer weiß, dass nur ein einziger Buchstabe das Lieben vom Leben trennt, der kann die Sicht auf das eigene Leben mit kühlem Kopf und warmen Herzen in neue Geschäftsideen umwandeln. „Von der Umwelt zur Unswelt" ist eine Reise, die bei dem Wort „Umwelt" beginnt. Ich möchte dir mitgeben, dass egal, ob Umweltschutz oder Unswelt-Bau, du kannst das, auch wenn das Wie, Was und Warum vollkommen abgefahren klingen.

Wie im Science-Fiction-Film. Wissenschaftlich schreiben kann ich nicht und deshalb schreibe ich anstatt dessen über Wissenschaft. Ich schreibe von Herzen, so wie ich es als Kauffrau verstehe. Meine Herzensbotschaft an dich ist, dir davon zu berichten und die lange Lernreise zu verkürzen. Von der Umwelt zur Unswelt. Von Umweltschutz zum nie endenden Aufbau der Unswelt. Du darfst das gern kompliziert, vertüdelt oder anstrengend nennen. Es ist ja möglich, dass ich dich mit meinen Worten trotzdem inspirieren kann. Offene Fragen dürfen beim Lesen sowohl entstehen als auch nach dem Lesen bleiben. Schlussendlich findest du beim Lesen einige einfache Methoden, um all das auf die Erde zurückzubringen und in deinem Geschäft anpacken zu können. Science-Fiction all-inclusive, sozusagen. Daraus dann Business und Umsatzpotenzial für morgen zu bauen, wird deine Aufgabe sein, und vielleicht wirst auch du irgendwann darüberschreiben. Und nun lade ich dich ein, meinen Beitrag zu lesen, viel Spaß dabei!

VON DER UMWELT ZUR UNSWELT

Ich bin Leben, das leben will. Wenn du das auch willst, dann können wir zusammenhalten. Der Begriff Unswelt kann dabei ein Ass im Ärmel sein. Letzten Sommer sprach ich mit einer Almbäuerin, die als Unternehmerin Knöpfe und Kämme aus allen möglichen Altmaterialien herstellt. Ihr Hof ist unfassbar schön. Ihr Haus sah ich später auch von innen und ich glaube noch nie zuvor eine solch schöne Nussholzküche gesehen zu haben. Der Garten war eine Wiese mit Sauerampfer, Ringelblumen und allerlei mehr, nur eben kein Golfrasen. Intuitiv reflektierte ich meinen Alltag und verglich es mit dem, was ich hier sah. Zum Beispiel beschrieb sie mir mit wenigen Worten, wozu das Rasenmähen gut ist. Sie mäht täglich nur das ab, was ihre Hühner fressen. Und bei mir zu Hause? Umwelt, das sind die anderen. Die Unswelt will ich bauen. Dafür brauche ich dich und mich. Von der Umwelt zur Unswelt ist ein Gesamtkonzept des Fühlens, Lernens und der Liebe für respektvolle Debatten. Vermutlich ist dein Alltag, wie meiner, geprägt von Allerlei. Arbeit, Bürokram und so. Wie diese Bäuerin mit der Unswelt umgeht, fördert dahingegen Diversität und stützt das Leben. Andere Lebewesen brauchen das ganze Jahr Raum, Nahrung und schützende Plätze zum Singen und Zirpen. Menschen sind an und für sich davon nicht ausgeschlossen, aber wissen nicht einmal, wie viele Querverbindungen es gibt. Forschen und Ausprobieren stehen also auf dem Plan.

Langeweile kenne ich ohnehin nur aus Büchern. Und du?
Das Problem ist bloß, dass niemand einrichten kann, dass meine Tage länger werden und mein Schlaf kürzer wird. Wenn das möglich wäre, dann würde man mich damit sehr glücklich machen. Dieses volle Leben liebe ich von ganzem Herzen und ich würde es mit nichts tauschen wollen. Wenn du es mir erlaubst, lass dich mit der Liebe zum Lernen anstecken. Sei eingeladen, das Wort Unswelt in deinen Sprachgebrauch aufzunehmen.

Durch die Liebe zum Lernen und das Lachen von der Umwelt zur Unswelt zu kommen ist möglich, so lautet zumindest meine These. „Von der Umwelt zur Unswelt", diesen Satz habe ich von Reinhold Leinfelder[22] und das, obwohl er mich gar nicht kennt. Ich bin Teil einer ehrenamtlichen Initiative, die sich das „Internationale Forum Anthropozän" nennt. Wir sind ein Team, das viel investiert, um verschiedene wissenschaftliche Zusammenhänge für alle verfügbar zu machen, damit durch das Lernen eine Unswelt entstehen kann. „Aha, fremde Federn", denken jetzt vielleicht einige und bewerten mich dadurch gar persönlich, weil ich meine Herzensbotschaft ebenfalls so genannt habe. Doch fremde Federn erlauben Fortschritt, denn ich kann viel, aber nicht alles allein. Wie geht lernen?

JEDES WORT IST SECONDHAND

Jedes einzelne Wort ist Secondhand. Das gilt auch für jedes meiner Gefühle, denn alle, die es gibt, wurden schon einmal von anderen gefühlt. Unswelt. So viele Helden werden künstlich erzeugt, um sie und ihre Worte von ihrer Umwelt abzugrenzen. So viele Helden kann ich gar nicht unterbringen. Wertschätzung und Anerkennung der Leistungen anderer kann ich schon unterbringen, das geht leicht. Für Bewertungen kann ich dir meinen seit Jahren bewährten Leitsatz mitgeben: „Wie Paul Paula bewertet, sagt viel über Paul und vielleicht etwas über Paula." Nimm das gern mit auf der Reise in die Unswelt, oder einfach in deinen Alltag. Lust am Lernen ist eine Kernkompetenz und in den Zeiten, die vor uns liegen, erst recht. Ist bei mir also alles goldglänzend? Mitnichten. Ich kenne es gut, schlucken zu müssen, wenn andere großartig sind. Ich übe und übe dieses Gefühl zu besitzen, anstatt dass es mich besitzt. Also los, warum liebe ich das Wort „Unswelt" so?

22 Reinhold Leinfelder, im Buch „Werde wieder wunderbar – 9 Wünsche ans Anthropozän" oder hier, mit dem Podcast „Von der Umwelt zur Unswelt" oder der zugehörigen Ausstellung im Naturkundemuseum Stuttgart. Diese Links zuletzt aufgerufen am 10.09.2023: https://www.naturkundemuseum-bw.de/news-detailansicht/digitaler-vortrag-von-der-umwelt-zur-unswelt-das-potenzial-des-anthropozaen-konzepts-fuer-nachhaltige-entwicklung-prof-dr-reinhold-leinfelder-freie-universitaet-berlin und https://www.podcast.de/episode/587312785/das-anthropozaen-konzept-von-der-umwelt-zur-unswelt-prof-dr-reinhold-leinfelder und Spektrum der Wissenschaft https://scilogs.spektrum.de/der-anthropozaeniker/

Ihr lege ich einen Hilfeschrei der Wissenschaft zugrunde, der uns aufrüttelt und Mut macht, obwohl er auch schockiert. Menschen den Satz „Von der Umwelt zur Unswelt" nahebringen zu dürfen, bedeutet pures Glück für mich. Ich möchte ihn dir aus meiner Perspektive zeigen und ihn dir als Lösung für gedankliche Knoten mit auf den Weg geben. Die große Botschaft, die die Unswelt beinhaltet, ist unsere Wirksamkeit. Jede und jeder von uns ist wirksam auf das Morgen. In dieser Erkenntnis schlummert und pulsiert großes Glück.

Der Hilfeschrei der Wissenschaft betrifft jedoch auch unser Nichterkennen des sechsten weltweiten Massenartensterbens.

Vor allem, dass die hohe Geschwindigkeit menschenverursacht ist und sich dies nicht in unseren wiedergutmachenden Handlungen widerspiegelt. Da braucht es uns alle.

Da braucht es den Mut, Wissen weiterzugeben. Wir Menschen machen nur einen Bruchteil der Arten unserer Erde aus, und ich habe mal gehört, dass Menschen nur 0,01 % der weltweiten Biomasse ausmachen. Diese Gruppe, zu der du und ich erst seit Kurzem gehören, hat in kürzester Zeit geschafft, ihre eigene Lebensgrundlage zu vernichten, und das schneller als die Natur selbst es je geschafft hätte. Wir konnten das und nun können wir es wieder umdrehen. Zusammen.

Durch Lernen, Mut und gern auch mit einer Prise Stolz.

Wenn du dir das vorstellen möchtest, dann denke an das Liliput-Prinzip: Liliput wird überleben.

Wer auch immer Liliput sein mag. Sofern es sehr klein ist, lange ohne Essen und Trinken auskommt, ihre Kinder unmittelbar nach der Geburt autark und lebensfähig sind und mit Hitze und Kälte im schnellen Wechsel klarkommt. Und wenn das alles zutrifft, besteht eine Überlebenschance. Die Geschwindigkeit, in der jetzt schon bekannte Arten aussterben, gibt uns die Gewissheit, dass wir die Folgen noch in der eigenen Lebensspanne bemerken werden. Wenn es nur das ist, dann ist es schon die Optimismusutopie. Doch das Wissen, mit welcher Geschwindigkeit wir als Menschheit das sechste weltweite Massenartensterben[23] in Gang gesetzt haben, darf

23 Zum Beispiel, bei Deutschlandfunk Kultur, wird das 6te Massen-Arten-Aussterben erläutert: https://www.deutschlandfunkkultur.de/biodiversitaet-artensterben-folgen-100.html zuletzt am 10.09.23 aufgerufen

uns tatsächlich optimistisch machen. Wir waren niemals zuvor fähig, Information sehr schnell und breit zu verbreiten. Das ist unser Ass im Ärmel. Bist du auch eine Kauffrau, so wie ich? Pi mal Daumen ist die Machbarkeit schnell eingeschätzt. Bist du in der Kunst eines Handwerks unterwegs, dann kannst du Dinge auch gut einschätzen. Kaum jemand von uns entspricht der Beschreibung von Liliput. Solch ein Mist, denke ich da. Wie, keine und keiner kann das genau sagen? So ist es. Hör doch auf, das habe ich schon während der Covid-Zeit anstrengend gefunden.

Dieser Satz hat es in sich: Die Menschheit befindet sich im selbstbefeuerten Massenartensterben. Halte gern kurz inne und überlege, dass es daher schon mindestens fünf andere gegeben hat. Ein Hilfeschrei der Naturwissenschaft, übersehen und unterschätzt. Was hält mich also noch vom Lernen ab?

Von wegen soft.

Da sitzt du hier, mit diesem wunderbaren Buch in deinen Händen. Um dich herum mag es still oder laut sein, voller Komplimente oder nicht. Das sechste weltweite Massenartensterben kannst du dir als Torte vorstellen, wenn das ein haptisches Bild für dich ergibt. Und ja, am Ende ist es ein Kompliment an dich.

Die gesamte Torte[24] ist magisch. Ihre Stücke haben naturwissenschaftliche Namen, und zwar planetare Grenzen. Die Stücke der Torte beziffern die Grenzen der Unswelt, die meistens jedoch Umwelt genannt wird. Sie umgibt uns nicht nur, sondern sie vermischt sich mit uns, und zwar mehr als wir sehen. Sie ist unsichtbar, was es schwer macht, sie konsequent im Kontext einer übermäßig ökonomisierten Gegenwart zu platzieren. Die Realität ist so präsent, dass sie uns wie Zwiebelschalen umhüllt.

Wir alle haben eine Wirkung auf die Politik und die Frage, ob wir unsere Kraft, unseren Lernwillen und unsere Magie liebenswert einsetzen. „Man kann nicht nicht kommunizieren"[25], sagte Watzlawik's, und dieses Gesetz können wir auch auf die Politik übertragen. Die Digitalisierung und Forschung haben es möglich gemacht, die Auswirkungen überhaupt erkennen und beziffern zu können. Du wirst händeringend gebraucht.

24 Planetare Grenzen, z.B.: https://www.bmuv.de/themen/nachhaltigkeit/integriertes-umweltprogramm-2030/planetare-belastbarkeitsgrenzen und hier https://de.wikipedia.org/wiki/Planetare_Grenzen

25 Paul Watzlawick; Man kann nicht nicht kommunizieren, ISBN 978-3-456-85029-0

Deine Arbeit, Kraft, Zeit, Gedanken, Standhaftigkeit und dein Erfinderinnengeist. Sie werden so sehr gebraucht, dass es eigentlich keinen Grund gäbe, sich je allein zu fühlen.

Machst du einen Moment Pause mit mir?

Ich muss gestehen, das hier ist harter Tobak.

Doch wenn ich nicht hinsehe, dann ändert sich auch nichts, weder an dem Sichtbaren noch an den vielen Teilen der Unswelt-Torte, die unsichtbare Dinge beziffert. Kurz gesagt, ändert die Erkenntnis nicht, dass die Tatsache möglicherweise schon lange besteht. Menschen sind seit unfassbar vielen Jahren auf dieser Welt. Noch nie zuvor waren wir so gut vernetzt, so schnell in der Lage, Informationen zu teilen und uns weiterzuentwickeln. Mach mit, denn dich braucht es dafür.

Klug eingeplante Pausen machen ist ein Teil davon. Vielleicht sogar jetzt. Mein Bauch schreit nun förmlich nach Musik, damit ich das verarbeiten kann.

Einen Vorschlag mache ich gern, falls es dir auch so geht.

Alle Gefühle, die es je gab, sind bereits in Musik und Liedtexten konserviert. Es kann mich umwerfen oder nicht, es kann mir Rückhalt geben oder mich erden. Was auch immer ich fühle, andere haben bereits ebenso gefühlt. Kennst du das Lied „Irgendwann bleib I dann dort" von der Band STS?[26] Den Text zu diesem Lied schreibe ich hier für dich auf und spare damit so manche wissenschaftliche Inhaltsfüller erst einmal aus und lade ich dich ein, das Wort Unswelt als Ansporn in dein Leben fließen zu lassen. Es fängt so an:

Der letzte Sommer war sehr schön, I bin in irgendeiner Bucht g'leg'n.

Die Sunn wie Feuer auf der Haut, du riechst das Wasser und nix is laut.

Irgendwo in Griechenland, jede Menge weißer Sand, auf mein' Rück'n nur dei Hand.

Nach zwei, drei Wochen hab i's g'spürt, I hab das Lebensg'fühl dort inhaliert.

Die Gedanken dreh'n si um, was z'haus wichtig war is jetzt ganz dumm.

26 Gefühle, die ich im Kontext der Unswelt teilen will, im Songext „Irgendwann bleib I dann dort" von STS: http://sts.cc/texte/text.aspx?28 alle Links zuletzt aufgerufen 10. September 2023

(...) Und irgendwann bleib i dann dort, lass' alles lieg'n und steh'n,

geh von daham für immer fort. Darauf geb' i dir mei Wort,

wieviel Jahr' a noch vergeh'n, irgendwann bleib i dann dort.

Treffender könnte ich es nicht sagen. Irgendwann bleibe ich dann dort. In der Unswelt, von der ich ein Teil bin und die das, was vorher geschaffen wurde, integriert.

Erst in den vergangenen Jahren haben wir erreicht, wovon unsere Vorfahren nur träumen konnten. Es gibt Regionen, die über mehrere Generationen schon in Frieden leben. Es gibt Medikamente, von denen vor den beiden Weltkriegen nur geträumt werden konnte. Es gibt digitale Welten, freier Zugang zu Musik, Kunst und Literatur, die Möglichkeit, ein Unternehmen zu führen und vieles mehr. Vieles davon verdient Anerkennung, Wertschätzung und Fürsorge. Ja, jedes Gefühl des Stolzes oder Übermuts darf auch ambivalent sein. Das ist das Wunderbare daran.

Zurück zur Torte. Wir haben so viel Gutes erschaffen. Das war eine neue, noch nie dagewesene und vor allem noch nie bei allen angekommene Phase der Menschheit. Das war nur mit gemeinsamer Superpower möglich und leider auch nur mit Dingen, die allenfalls mit einem „Oha" neutral bezeichnet werden können. Dieselgate, Atomtest und vieles mehr kann ich bestenfalls mit einem „Oha" kommentieren.

Die Torte der planetaren Grenzen ist ein Rahmen, der natürliche Grenzen der Unswelt in vielfältiger Art darstellt, und zwar einfach und verständlich. Auf den zweiten Blick wird der Inhalt dieser Grenzen dich und mich natürlich herausfordern, und das nicht wenig. Wenn du dich bei dir zu Hause umsiehst und dir alles, das fremd oder nicht nachvollziehbar erscheint, dann ist das so. Geht mir genauso. Ein Blick auf die wunderbaren Menschen, die mich umgeben, und alles, was ich dir hier mitgebe, erscheint mir kaum greifbar. Ein Blick auf Insekten im Garten, mit ihrer Weichheit, Schönheit und ihren Details, dann kann ich es wiederum fassen. Es soll ihnen gut gehen, aber bei mir verschiebt das die Barrieren. Trotzdem hast du recht, wenn du sagst, vieles von dem erscheint dir nicht nachvollziehbar. Unsichtbar.

DAS UNSICHTBARE MISCHT SICH EIN

Damit meine ich nicht nur die vielen unsichtbaren Glücks- oder Gefühlsthemen, die weniger schwer anzuerkennen sind, sondern das Unsichtbare der Alltagstoxine, also Gifte, die in gewisser Dosis schädlich sind und die wir kaum wahrnehmen können. Das ist harter Tobak, denn es ist viel zu tun und viel zu lernen.

Die Torte wächst dabei allerdings. Dass stetig neue Tortenstücke der planetaren Grenzen hinzukommen, ist unserem weltweiten Lernen geschuldet. Im letzten Jahrhundert wurden zahlreiche Werte, wie die der Bodengesundheit, schlichtweg nicht konsequent verfolgt. Eine neue Wissenschaft, die Attributionsforschung, ist ganz wesentlich auf die Physikerin Friederike Otto[27] zurückzuführen. In den letzten Jahren hat sich unsere Lerngeschwindigkeit rasant beschleunigt. Eine echte gemeinsame Superpower.

In uns'rer Hektomatik-Welt, dreht si' alles nur um Macht und Geld.

Finanz und Banken steig'n mir drauf, die Rechnung, die geht sowieso nie auf.

Und irgendwann fragst di', wieso quäl i mich da so schrecklich ab.

Und bin net längst schon weiß Gott wo.

Aber noch is' net so weit. Noch was zu tun, befiehlt die Eitelkeit.

Doch bevor der Herzinfarkt mich mit vierzig in die Windeln prackt,

lieg i schon irgendwo am Strand, a Bottle Rotwein in der Hand

und steck die Füß in' weißen Sand. Und irgendwann bleib i dann dort...

Der heutige Tag, an dem du dieses Buch liest, ist Teil der Warmzeit, die eine Eiszeit beendet. Kompliziert gesagt, oder? Geht aber nicht anders. Weltweit befinden wir uns im Übergang von einer Eiszeit zur Heißzeit. So schnell wie dies heute voranschreitet, wäre es ohne die sogenannte „Große Beschleunigung" nicht gegangen. Das bedeutet leider, dass unser Wirken in jüngerer Zeit uns in dieses Schlamassel gebracht hat. Erfindergeist, Toleranz und Zusammenhalt können uns retten. Wen wir nun bräuchten, ist Daniela Düsentrieb!

27 Friederike Otto, die maßgeblich die sogenannte Zuordnungs- oder Attributionsforschung möglich gemacht hat: https://de.wikipedia.org/wiki/Friederike_Otto Ihre Forschung zu verfolgen ist unfassbar spannend und hilfreich.

Das lange Bestehen der Menschheit zeigt, dass genau diese Warmzeiten unsere Wohlfühlbereiche sind. Dafür zu kämpfen, lohnt sich also. Kleine Schritte machen den Erfolg und großes Lernen baut die Brücken dazu. Gefühle werden aufkommen und du musst aufpassen, dass dir diese nicht im Nacken sitzen. Besser, du hast sie, als dass sie dich haben, meistens zumindest. Mit meinen Kindern übe ich seit der Kindergartenzeit bis heute Selbstwahrnehmung, auch für peinliche Gefühle, während des Alltags einen Rahmen zu geben. Ich beziehe zunehmend auch mein gesamtes Umfeld in diese Übung mit ein. Unperfekt. Es ist bisweilen lustig, wie Erwachsene darauf reagieren. Meist kreiert es ein kleines Gefühl der Unswelt. Probiere es doch mal aus.

Unsichtbares ist per se nichts Neues für uns. Zumindest ich kann sagen, dass ich an so manche unsichtbare Kraft glaube, nicht zuletzt an die Liebe.

Wir hätten spätestens im Jahr 1987 nach dem Brundtland-Bericht[28] keine Zeit verlieren dürfen. Dies ist noch eine von diesen Aussagen, die dazugehören, obwohl sie sich nicht gut anfühlen.

Ich weiß, dass die Erdsystemwissenschaften die neue Erdzeit vermutlich „Anthropozän" nennen wollen. „Anthropos" heißt übersetzt Mensch, und „Zän" heißt Erdzeit. Dieser Name gefällt mir, denn er ist ein Kompliment an meine Stärke und mich. Es ist meine feste Überzeugung, dass Arbeit und Zeit nicht proportional im Verhältnis zueinanderstehen. Vor allem behaupte ich, dass zielloses Lernen zu klugem Konsum gehört. Probiere das gern aus, mich hat es schier süchtig gemacht.

Das hätte ich nicht gedacht, denn ich war sehr eingebunden in mein altes System und hatte nicht vor, mich auf diese Lernreise zu begeben. Beim Zeitungslesen traf ich auf einen Trigger, und zwar einen Artikel über das „Zeit-Gespräch - Zu Gast: Internationales Forum Anthropozän[29]". Seitdem habe ich tonnenweise Fachbücher konsumiert und an Veranstaltungen von Universitäten teilgenommen. Ich finde es wirklich spannend, wie offen viele Lehrstühle auf Kontaktanfragen reagieren. So kam ich schnell in Kontakt und immer wieder erreiche ich neue Lernfortschritte, und schattenseitig fällt mir das Problem, der auf wenige Menschen übertragenen Deutungshoheit, auf.

28 Der Brundtlandbericht legte erstmals große konkrete Hebel auf, um die große menschgemachte Beschleunigung natürlicher Vorgänge in Handlungspotential zu bringen: https://de.wikipedia.org/wiki/Brundtland-Bericht

29 https://www.forum-anthropozaen.com/de/ Internationales Forum Anthropozän, link zuletzt am 10.09.2023 aufgerufen

Hey, denk mal an Peter Lustig, der 1983 das E-Auto für Kinder verständlich machte. Denk an das Ein-Liter-Auto, das nach der Wende nicht auf den Markt gelassen wurde. Vergiss die persönlichen Helden, stelle dir gutes Handwerk vor und fang an.

Die Wissenschaft hat einiges zu bieten, aber braucht deinen und meinen Rückenwind. Vielleicht gar eine Brise Anschub. Vieles mehr muss erforscht werden. Ich möchte mehr offen zugängliche Daten in die Welt zaubern, inklusive des Schutzes der Integrität einzelner Menschen. Nicht nur Unternehmen müssen besser geschützt und zeitlich offener im Umgang mit Daten sein. Wäre die Wissenschaft ein Mensch, würde ich sie bitten, ihr eigenes Qualitätsmanagement für mich zu verdeutlichen.

Ja, die Unswelt braucht all diese Themen und Kurven. Nur eine bürgernahe Digitalisierung kann uns aus dem Schlamassel bringen und nur umfassendes Lernen kann das erreichen. Wie könnte es unwichtig sein, was mit dem Atem in deinen Körper kommt? Wie kann es unwichtig sein, ob der Boden auf der Erde morgen noch fruchtbar ist? Warum, und damit beende ich die rhetorische Fragereihe, warum genießen nicht viel mehr Menschen kluge Kindersendungen und Bücher, wie das oben erwähnte Lehrstück aus Löwenzahn mit Peter Lustig?

Zu gern würde ich all diese Methoden und Herzensbotschaften barrierearm in leichter Sprache verfassen. Das zählt zu den Massen an Wissen, das du noch lernen kannst.

DIE MENSCHHEIT IST DIE LÖSUNG

Mit sagenhafter Geschwindigkeit verschwinden sogar Arten aus der Welt, die nicht einmal im Blickfeld der Menschen gelebt haben. Es braucht eine Weile, um einen Überblick über die Erdsystemwissenschaft zu erhalten. Es ist Vorsicht geboten, denn es gibt ganze Organisationen, die Polemik daraus machen wollen. Aber das geht nur, wenn es ihnen gelingt, uns zu spalten. Ich halte mit der Unswelt dagegen, denn ja, ich fühle mich stark. Die Menschheit ist nicht die erste Art, der es gelingt, das Weltgeschehen zeitweise zu dominieren. Mit Sarkasmus könnte ich sagen, dass die Menschheit aber die Erste ist, die aktiv am eigenen Ast sägt. Jedenfalls die Ersten, die das Internet und Bildungssysteme geschaffen haben. Ach ja, und ich gehöre dazu. Irgendwie bin ich sogar stolz darauf, oder besser, darauf, dass ich das machen kann, macht mich stolz. Selbst Musik ist für uns fast überall verfügbar. Eindeutige, aber teilweise nicht bekannte Haushaltsgrenzen sind die weltweiten Ressourcenbudgets[30]. Wer das Weltgeschehen dominiert, ist eben dafür verantwortlich. Doch ich will dir so gerne sagen, wie viel du kannst.

Das Leben braucht dich und mich. Klar, das stellt uns vor offene Fragen. Was bringt die Zukunft?

Kaum ein Geschäft kann über die Jahre stabil laufen, wenn die Chefetage und Teams Veränderung nicht anpacken. Die Vorstellung, was der Verlust fruchtbarer Böden oder die steigende Gefahr tödlicher Seuchen für unsere Wirtschaft bedeutet. Die Unswelt ist Arbeit und sie braucht jede und jeden von uns. Das wird kompliziert. Lass uns Utopien träumen, um ein positives Bild zu formen.

Schon die Tatsache, dass Zwischenmenschliches teilweise „Soft Skills" genannt wird, finde ich inspirierend für neue Geschichten! Zähl doch mal einige Soft Skills auf und frage dich dann, ob für manche davon schon spannende Filme oder gar Kriege entstanden sind. Von wegen „soft".

Ich beende die Reise in die Unswelt mit einer Empfehlung: Manage deine Pausen klug und weitsichtig. Wie im Satz von Paul und Paula ist nämlich genau das mein Thema. Von der Umwelt zur Unswelt, das wird gut. Was ich von ganzem Herzen liebe? Meine Bücherstapel. Danke, dass du hier bist. Gerade geht Musik durch mich, ich denke an Komplimente und singe das Lied von der Band Sportfreunde Stiller:

30 https://de.wikipedia.org/wiki/Planetare_Grenzen und die Bücher „Donut Economy" von Kate Raworth und „Sustainability Zeroline" von J. Daniel Dahm

„Wenn man so will, bist du das Ziel einer langen Reise, die Perfektion der besten Art und Weise, in stillen Momenten leise, ich wollte dir nur mal eben sagen, dass du das Größte für mich bist! So wertvoll, dass man es sich gerne aufspart und so schön, dass man nie darauf verzichten mag"![31]

AUTORINNEN-VORSTELLUNG

Astrid Beyer

@ Astrid_herzensbotschaften@posteo.de

DEIN BUSINESS IN MAXIMAL DREI SÄTZEN?

Kulturwandel, Veränderungsfragen und Digitalisierung: davon abgeleitete Projektorganisationen leite ich gern. Ob auf Bühnen oder als kurzzeitige Begleitung, meine vielseitige Berufspraxis weiterzugeben, ist mein zweiter Antrieb. Neu für mich ist das berufliche Glück, im Team und allein die Arbeit als Autorin zu erleben.

FÜR WEN BIST DU GENAU DIE RICHTIGE ANSPRECHPARTNERIN?

Wer Aufbau- und Ablauforganisationen im Unternehmen strukturieren und führen lassen will, kann auf mich zählen. Die Notwendigkeit ergibt sich daraus, dass es unzulässig ist, einen Fachkräftemangel in Zahlen darzustellen, während gleichzeitig eine ebenso große Anzahl von Arbeitssuchenden und erwerbslosen Müttern vorhanden ist. Nur mal eben die Welt besser machen. Wer das für eine Idee hält, mit der wir einander wieder mehr gönnen und aktiv die Zukunft gestalten können, findet in mir ein Ja. Möglicherweise können wir gar zusammenarbeiten.

31 Was nicht in Worte passt, passt vielleicht in Musik und Kunst? Fällt dir ein Lied zu diesem Kapitel, sing es gern laut. Ich singe gerade „Ein Kompliment" von Sportfreunde Stiller

ARBEITEST DU OFFLINE, ONLINE ODER BEIDES?

Was remote geht, soll remote passieren. Und wenn das Care-Umfeld remote braucht, dann will ich Lösungen fördern und fordern. Wer mit mir arbeitet, kennt das. Es gibt aber auch Termine vor Ort mit mir, entweder professionell oder als einladendes Open-Space-Treffen im Team. Kurz gesagt, ich arbeite nicht nur selbst viel remote, sondern kann dein Unternehmen auch dafür fit machen.

WELCHE WAREN DEINE DREI WICHTIGSTEN LEBENS- BEZIEHUNGSWEISE LERNSTATIONEN?

Es gibt Papageienarten, die sich wie ein Lehrstück der Selbstliebe verhalten. Sie spiegeln das Gefühl wider, das sie bei deinem Anblick bekommen, und können es schier zelebrieren. Fühlst du dich schön, dann steckst du sie damit an. Sie schmelzen dann förmlich vor Glück und du machst sie für einen Moment glücklich. Kleine Schritte, stabiles Beisammensein und die Liebe zum Lernen. Das waren meine drei wichtigsten Lebensstationen und sind es immer noch.

MAL ANGENOMMEN, DU KÖNNTEST 15 JAHRE IN DIE VERGANGENHEIT REISEN. WAS WÄRE DEIN WICHTIGSTER TIPP AN DEIN 15 JAHRE JÜNGERES ICH?

Vertraue in kommende Generationen und in das Zuhören. Wenn ich mir selbst einen Rat geben könnte, dann wäre es dieser.

Von der Wissenschaft zur Intuition.
Unsere nächste Herzensbotschafterin stellt dir die Frage:

„Wer bist du jetzt im gegenwärtigen Moment?"

Wem folgst du eher, deinem Verstand oder deiner Intuition?

Ist dein Leben so, wie du es gerne hättest?

Wenn du diese Frage mit einem Nein beantwortest, dann wird der folgende Beitrag ganz besonders wertvoll für dich sein. Doch lies selbst, welche inspirierenden Impulse die wundervolle Simone für dich hat.

Simone Schraner

Zwischen Sehnsucht und Bestimmung - dein besonderer Platz in dieser großen Welt voller Möglichkeiten

PROLOG

Visionboard. Was können wir uns nicht alles vorstellen, visualisieren und manifestieren? Es kann durchaus auch mal das Haus mit den lilafarbenen Fenstern, der grünen Tür und den rosaroten Blumen vor der Tür sein. Viele Menschen versuchen sich im Visualisieren und Manifestieren und stellen fest, es funktioniert nicht. Doch bevor wir auf dieses Beispiel eingehen und was du machen kannst, damit es dennoch funktioniert, kommen wir später. Vorher nehme ich dich mit auf eine Reise.

UNENDLICHES LEBEN? GIBT ES WIRKLICH EINEN ZUSTAND NACH DEM TOD?

Mein Körper wird dünner, er sieht aus wie eine Luftspiegelung in der Wüste. Mein Mund wird trocken, die Nase fühlt sich runzlig an und die Hände schrumpfen in sich zusammen. Innerlich sieht es aus, als ob Rauch aus einem Kamin tritt oder Rauch durch den Raum schwebt. Die Wärme in meinem Körper lässt nach. Sprühende Funken flitzen durch den Raum. Die Wärme zieht sich zusammen, von den Füßen aufwärts zum Herzen.

Oh, mein Atem bleibt stehen. Ich höre Stimmen. Sie rufen nach Ärzten. Alle sind in Bewegung und Aufruhr. Ich schwebe dahin, sehe erst den Wiederbelebungsmaßnahmen gelassen zu und tauche letztlich ein in eine Erscheinung von Licht, wie bei einer ruhigen Kerzenflamme. Die aufgeregten, aktiven Stimmen werden immer schwächer. Um mich herum wandelt sich alles in eine riesige, leuchtend helle und unermessliche Weite. Mein konzeptuelles Denken ist verschwunden, und nichts erscheint mehr außer diesem leuchtenden Licht.

Ein subtiles Gefühl von Subjekt und Objekt ist noch da, doch die Wandlung geht weiter. Alles erscheint mir nun schwarz. Eine leuchtende Schwärze, eine schwarze unermessliche Weite, wie ein mondloser, stockdunkler Himmel, wenn noch keine Sterne zu sehen sind. Ich versinke in dieser Dunkelheit. Plötzlich hört diese schwarze Erscheinung auf.

Es hat sich in ein klares Licht verändert, wie der natürliche Zustand des Himmels in der Dämmerung, ohne Mondlicht, Sonnenlicht oder Dunkelheit. Mit Worten lässt es sich nur annähernd beschreiben, wie wundersam integer, ekstatisch und subtil dieses Sein oder Nichtsein ist. Es ist ein Ort, den ich immer gesucht hatte, von dem ich wusste, dass es ihn gibt. Es ist ein Raum, an dem es keine Worte gibt und den keine Worte definieren können.

Jetzt erfolgt eine Energiewelle. Ich fließe mit ihr. Es führt mich fort von dem klaren Licht, ähnelt dem Zurückdrehen eines Films, doch definiert sich als etwas Neuentstehendes. Wie lange ich in diesem Zustand dieser klaren Lichter verweilt bin, kann ich nicht benennen.

Schnell oder langsam, kurz oder lange; es ist für mich irrelevant. Dann ein Ruck oder Stoß. Ich trete wieder in meinen menschlichen Körper ein, mit allen Sinnen und der subtilsten, tiefgründigsten und mächtigsten Ebene des Bewusstseins, dem grundsätzlich angeborenen Geist des klaren Lichts.

Wer sind wir? Wer bist du? Wer bin ich?
Warum sind wir hier? Wie oder was sind wir wirklich?

QUANTENMAGIE: DIE KUNST, IM HIER UND JETZT ÜBER GRENZEN ZU SPRINGEN

Um die Präsenz im Hier und Jetzt und dem Weg zur Fülle geht es in den folgenden Zeilen. Bestmöglich wiedergegeben mit wenigen Worten, die das Allumfassende frugal beschreiben, ohne viel Darlegungen etwaiger Wissenschaftsbereiche.

Glaube kein Wort, von dem, was ich hier schreibe! Überrascht? Schockiert? Hier werden nämlich nur meine eigenen Forschungen und Erfahrungen wiedergegeben sowie all derer, die ich für ein Stück ihres Weges begleitet habe. Nachdem ich das vorausschicke, vertraue ich darauf, dass du bei der Anwendung des hier Wiedergegebenen, dein Leben vollständig wandeln kannst. Ziel ist es, dein Leben so zu gestalten, dass du dein wahres Selbst frei und erfüllt leben kannst, um deinen Beitrag zu einer neuen Welt leisten zu können.

Was wäre, wenn du dir eine Quantenüberraschung wünschst, anstatt genau zu wissen, was du bekommst? Wenn du immer genau wüsstest, was passiert, wäre es eintönig, oder? Das hast du schon tausendmal erlebt. Wenn du immer nur tust, was du schon kennst, wird immer das Gleiche passieren. Das ist so, als würdest du immer nur die gleichen Regeln in einem Spiel befolgen.

Was wäre, wenn du das Spiel ändern könntest?

Wenn du möchtest, dass sich etwas in deinem Leben ändert, dann musst du Dinge erleben, die dich überraschen. Du kannst nicht genau planen, wie diese Veränderung aussieht. Sie soll dich sozusagen freudvoll umhauen und dir zeigen, dass noch mehr möglich ist, als du dir bisher vorstellen konntest. Das ist wie ein neues Level in einem Spiel zu erreichen. Stell es dir wie ein außergewöhnliches Erlebnis vor, das dich aus deinem Alltag herauszieht und dir zeigt, wie abenteuerlich und prickelnd das Leben ist. Das ist das magische Gefühl, wenn du neue Dinge erschaffst und wirklich lebst. Das ist die Freude, Leichtigkeit und Fülle des schöpferischen Vorgangs, des wirklichen Seins.

Anstatt dessen von außen kontrolliert zu werden, so als ob jemand dir sagt, was du tun sollst (das Prinzip von Ursache-und-Wirkung), kannst du selbst wählen und Veränderung von innen heraus kreieren.

Was wäre, wenn du ein Bild von deinem perfekten Tag malst? Du wählst, was auf dem Bild zu sehen ist und wie die Farben sich vermischen. Wie der Pinselstrich aussieht, überlässt du der Magie des Malens. Sei einfach dankbar für jeden Moment und glaube daran, dass alles stimmig ist. Wie oft willst du, dass Dinge genauso passieren, wie sie schon einmal passiert sind, weil du dich dann sicherer fühlst? Wenn du dir erlaubst, etwas Neues auszuprobieren, ohne zu wissen, was passiert, könntest du überrascht werden! Du würdest nicht nur reagieren, sondern Dinge aktiv ins Rollen bringen. Anstatt nur auf das Spiel zu reagieren, könntest du es selbst gestalten. Das ist genial, oder? Du bist zum Co-Creator, zum Mitschöpfer geworden und hast den Schritt von Ursache-und-Wirkung hin zum Verursachen einer Wirkung getan.

Für die meisten Menschen ist das die größte Hürde, die es zu überwinden gilt. Du wirst stetig versuchen, deine zukünftige Realität so zu formen, wie sie in der Vergangenheit war, um die Kontrolle zu behalten.

Das Was ist in deiner Verantwortung, das Wie überlässt du dem Universum, der Schöpfung, Gott oder dem Äther; je nachdem, wie du es für dich benennst.

ZWISCHEN ZWEI WELTEN: DAS MAGISCHE ERBE MEINER ELTERN UND DIE ENTDECKUNG MEINER URINTUITION

Da meine Mutter und mein Vater unterschiedliche Weltanschauungen hatten, haben sie mir einerseits das Logische und Analytische, und andererseits das Wahrnehmende und Spirituelle aufgezeigt. Dies ermöglichte mir, viele Fragen und insbesondere die Wahl zu haben.

Beide gaben mir Ratschläge. Ihre Empfehlungen waren sehr verschieden. Beide waren beruflich erfolgreich und arbeiteten ihr Leben lang hart. Für beide hatte Bildung einen hohen Stellenwert und beide wollten etwas anderes für mich.

Stell dir vor, deine Eltern sagen dir immer genau das Gleiche und du kannst nur Ja oder Nein antworten. Bei mir war es anders. Da ich Eltern mit unterschiedlichen Ansichten hatte, hatte ich stets die Wahl. Anstatt mich einfach für die eine oder andere Ansicht zu entscheiden, dachte ich viel darüber nach, hinterfragte, verglich, recherchierte und traf erst dann eine Wahl. Meine Wahl.

In zwei Dingen waren sich beide einig: „Das können wir uns nicht leisten." Der Einfluss dieses Satzes auf meine Fülle und mich erzähle ich später. Ich möchte hier keineswegs meine Eltern infrage stellen. Ganz im Gegenteil bin ich grenzenlos dankbar und froh darüber, was sie mir gezeigt und gegeben haben.

Als kleines Mädchen war es für mich nicht immer leicht, mit zwei starken Elternfiguren aufzuwachsen, die mich beide gleichermaßen beeinflussten. Als Tochter wollte ich beiden gefallen und auf sie hören. Ihre unterschiedlichen Ansichten erweckten meine Entdeckungsfreude und Offenheit. Ich erforschte die Aussagen beider Elternteile, wenn ich allein war, was sehr häufig vorkam, da ich diese Me-Time schon immer liebte. Da ich beide Elternteile liebte, keinen mehr oder weniger, wägte ich alle ihrer Aussagen ab und folgte dann meiner Intuition. Dies ermöglichte mir, wenn auch nicht immer zur Freude und Leichtigkeit meines Umfeldes, meine Wahrnehmung und Intuition zu aktivieren, zu vertiefen und zu erweitern. Auf lange Sicht, das ist mir heute noch mehr bewusst geworden, erwies es sich als viel wertvoller, dass ich meine eigenen Wahlen traf, anstatt einfach eine Sichtweise zu übernehmen oder abzulehnen.

Als du ein Baby warst, hattest du die Fähigkeit, alles wahrzunehmen und zu wissen. Das ist so, als hättest du eine innere magische Kugel gehabt, die ich „Urintuition" nenne.

Wenn wir größer werden, sagen uns andere oft, was wir denken oder fühlen sollen. So, als ob dir jemand sagt, wie du ein Spiel spielen sollst, anstatt dass du es selbst herausfindest. Das ist so, als würde jemand Sticker auf deine magische Kugel kleben und du nicht mehr richtig sehen kannst.

Das Schöne ist, dass diese magische Kugel, also deine Intuition, immer noch da ist. Einige von uns haben nur vergessen, wie man sie benutzt oder wie man auf sie hört. Es ist wichtig, sich daran zu erinnern und ihr wieder zu vertrauen, weil sie uns helfen kann, uns besser zu fühlen und die richtigen Wahlen zu treffen.

DAS MAGISCHE NETZWERK DES UNIVERSUMS: WIE ENERGIE UND INTUITION UNSER LEBEN VERBINDEN

Kennst du das Gefühl? Du denkst an eine Freundin und plötzlich schreibt sie dir oder ruft dich an. Oder du hast das Gefühl, jemand schaut dich an, und wenn du dich umsiehst, dann stimmt das auch.

Ein Kunde hat mir mal erzählt, dass als er noch klein war, draußen spielte und an seine Oma dachte. Als er hochschaute, kam sie gerade vorbei und setzte sich auf eine Bank in der Nähe.

Stell dir vor, das Universum, der Äther, ist wie ein riesiges Netz aus unsichtbarer Energie, das alles miteinander verbindet. In diesem Netz sind alle möglichen Ideen und Dinge, die zur Realität werden können, je nachdem, wie wir fühlen oder was wir denken.

Seit Langem versuchen Wissenschaftler herauszufinden, ob alles nur wegen unsichtbarer Energien passiert. Einige denken, dass das Besondere in uns einfach wegen der Natur und durch Zufälle entstanden ist.

Alles im Universum ist wie der Akku in deinem Handy, denn es gibt überall Energie. Sogar unsere Gedanken und Gefühle haben Energie. Diese Energie, die man nicht sehen kann, hilft unserem Körper zu funktionieren.

Ein anschauliches Beispiel dafür ist unser Herzschlag. Obwohl wir nicht darüber nachdenken, schlägt unser Herz von selbst. Das liegt daran, dass ein Teil unseres Gehirns, ähnlich wie eine Führungskraft, sagt, wann und wie es schlagen soll. Diese Führungskraft im Gehirn besteht aus winzigen Teilen, die alle ihre eigene Energie haben.

Es ist, als hätte jedes kleine Teil in uns einen Miniatur-Akku. Diese Energie ist in allem, was lebt, nicht nur in uns Menschen. Sie hilft uns zu denken, zu fühlen und kreative Ideen zu haben. Es ist so, als wäre diese Energie die Magie, die alles möglich macht. Sie ist die Quelle des Lebens, des Bewusstseins, des Gewahrseins, der Kreativität und der Intuition. Sie ist die Quelle von allem.

Diese Ansicht widerspricht der Äther. Denn wenn alles im Universum aus Energie besteht, dann besteht auch der Geist aus Energie. Diese Energie ist nicht materiell, sondern eine unsichtbare Intelligenz, welche die physischen und psychischen Strukturen und ihre Funktionsweise organisiert.

Das lässt sich an einem einfachen Beispiel verdeutlichen. Unser Herzschlag wird durch das autonome Nervensystem gesteuert, welches sich im Gehirn befindet. Das Gehirn besteht aus Zellen, die wiederum aus Molekülen, Atomen und subatomaren Partikeln bestehen.

Alle diese Strukturen sind also aus Energie gemacht und diese Energie ist die unsichtbare Intelligenz, die den Körper organisiert und am Leben hält.

Diese Intelligenz ist nicht nur in uns Menschen, sondern in allem Lebenden im Universum zu finden. Sie ist die Quelle des Lebens, des Bewusstseins, des Gewahrseins, der Kreativität und der Intuition. Sie ist die Quelle von allem.

Du bist wie ein Co-Regisseur in einem Film über dein Leben. Das bedeutet nicht, dass plötzlich all deine destruktiven und dissonanten Themen sofort verschwinden. Aber es wird einfacher für dich, diese Hindernisse zu überwinden. Du bist richtig gut darin, auf deine Intuition zu hören und danach zu handeln. Alles, was sich nicht stimmig anfühlt und nicht in Übereinstimmung zu deinem wirklichen Sein ist, kann dir manchmal Herausforderungen und Verkomplizierungen im Leben und in deinen Gedanken bereiten.

Du möchtest wissen, wie du in jeder Lebenslage deine Intuition als Beitrag zu einem leichten und erfüllten Leben anwenden kannst? Dann lass uns das gemeinsam anschauen.

Im Folgenden geht es darum, eine Sichtweise in Bezug auf Beziehungen zu anderen Menschen, Geld, Business und Ähnlichem zu erfahren, die du bisher vielleicht nie wahrgenommen hast.

Auf der materiellen Ebene in der dritten Dimension nehmen wir zeitliche und räumliche Trennung wahr. Vielleicht bist du bis jetzt mit anderen Menschen umgegangen, als seien sie rein körperliche Wesen. Die Körper erscheinen getrennt voneinander. Doch kein Körper ist ohne Bewusstsein und ohne Geist und kein Bewusstsein ist getrennt von allem anderen. In den höheren Dimensionen fließen alle ineinander und miteinander.

Hast du in der Schule je davon erfahren?

GOLDENER PFAD! DER WEG ZUR FÜLLE

Du weißt, dein Gehirn hat zwei Teile. Der linke Teil kümmert sich um Details, wie wenn du ein Puzzle zusammensetzt. Der rechte Teil öffnet den Empfang, wie ein Radio, das Musik empfängt. Es ist dein Zugang zur Schöpferkraft, zu deiner Intuition und zu dem Weg zur Fülle. Wenn du den rechten Teil einschaltest, ist es, als würdest du ein spezielles Radio einschalten, das dir hilft, auf deine inneren Gefühle und Ideen zu hören. Wie eine Superkraft!

Die Hilfe, die dir das Universum oder das höhere Selbst gibt, wenn du in den Äther eintauchst und Informationen empfängst, ist grenzenlos. Du kannst Tipps und Impulse von überall her bekommen, wie Magie. Und das Beste ist, dass je öfter du diese Superkraft benutzt, desto schneller wirst du darin. Bald wirst du merken, dass du in vielen Situationen immer genau weißt, was zu tun ist, ohne nervös zu werden oder Angst zu haben.

Stell dir vor, du übst mit einem Super-Ohr alles um dich herum zu hören. Je besser du darin wirst, desto mehr hörst du. Sowohl die konstruktiven, stimmigen als auch die destruktiven, unstimmigen Dinge. Es ist wie das Trainieren deines Gehörs, um sowohl leise als auch laute Töne besser hören zu können.

Mit vermehrter Kapazität der Wahrnehmung und der Intuitionserweiterung entwickeln wir mehr Verantwortung für unsere Gedanken, Gefühle und unser Handeln. Das bedeutet, dass alles, was gedacht, gesprochen und gefühlt wird, sich bewahrheitet. Destruktives und Dissonantes, genauso wie Konstruktives und Stimmiges.

„Wie soll ich all diese Rechnungen bezahlen?", wird umgewandelt in eine Vorstellung, Aussage und Handlung, in der du dich leicht und wohlgemut alle Rechnungen bezahlen siehst.

Es geht folglich darum, destruktive und dissonante Gedanken, Gefühle und Handlungen zu löschen und konstruktive und stimmige einfließen zu lassen. Dadurch gehst du in die Kreation deines Lebens.

VERFÜHRTE WEGE! IN DIE IRRE GEFÜHRT

Ich habe schon mit vielen Leuten gesprochen, die viel Zeit und Energie investiert haben, um Kompetenzen und Expertise in etwas zu haben. Manchmal waren sie unsicher, weil sie einerseits Dinge beweisen und andererseits auf ihre innere Stimme, ihre Intuition hören wollten.

Sie wussten, dass es noch viel mehr gibt und am Ende hat ihre Intuition, oder was sie dafür hielten, sie in die Irre geführt und sie waren enttäuscht. Es ist für mich herzzerreißend, wenn solche Klienten mir ihre Geschichte erzählen und mir mitteilen, dass sie das Gefühl haben, ihre Intuition und ihre innere Führung hätten sie im Stich gelassen.

Bedenke, dass dein Gehirn wie ein guter Freund ist, der versucht, Dinge zu erklären und zu rechtfertigen, auch wenn sie vielleicht nicht die besten Ideen sind. Wenn du lernst, auf deine Intuition zu hören, dann gilt es, achtsam und präsent zu sein. Denn manchmal versucht dein Gehirn, Sachen schönzureden und deine Intuition zu überreden.

Solche Rationalisierungen oder Rechtfertigungen findest du für fast jede Entscheidung. Und wenn du diese Realität über deinen Verstand nicht anerkennst, dann kann das Weiterentwickeln deiner Intuition zu massiven Problemen führen. Wenn du in diesen spirituellen und intuitiven Raum eintauchst, dann kann es passieren, dass dir tausend sehr spirituell klingende Rechtfertigungen für deine Entscheidungen einfallen.

Du kannst dir noch so oft einreden, dass du objektiv bist, aber wenn du ehrlich mit dir selbst bist, dann ist objektiv zu bleiben ganz schön anspruchsvoll. Natürlich haben wir alle Meinungen über uns selbst. Unser Verstand hat ganz eigene Ansichten und Glaubenssätze über die Welt und sich selbst. In meinem Unternehmen bilde ich Menschen in ihrer Urintuition aus. In dieser Ausbildung fängst du immer damit an, zuerst für andere zu lesen, denn so schulst du deine Objektivität.

Wenn du deiner Intuition lauschst, kannst du nicht einfach deinen Kopf ausschalten. Du versuchst all diese unsichtbaren, energetischen Gefühle und Gedanken in Worte zu übersetzen, die für dich Sinn ergeben. Dabei spielt es keine Rolle, ob du Dinge siehst, hörst oder fühlst, die andere nicht bemerken, denn dein Kopf versucht immer, diese Gefühle in Worte zu verwandeln.

Wenn du also auf deine Intuition hören möchtest, sei dir bewusst, dass du manchmal unbewusst über Dinge nachdenkst. Erst wenn du das anerkennst, kannst du deiner Intuition wirklich vertrauen. Beobachte einfach, dass dein Verstand und deine Emotionen manchmal den Wunsch haben, recht zu haben.

Witzigerweise ist unser Weg zu akkurater Intuition, unsere Bereitschaft, komplettes Neuland zu betreten.

SPÜR'S & LEB'S! DURCH INTUITION MEHR FÜLLE IM HIER UND JETZT–DER GEGENWÄRTIGE MOMENT

Die Intuition ist eine mächtige Quelle der Weisheit.

Sowohl das Erkennen und Interpretieren von intuitiven Eindrücken, als auch das Üben von Selbstreflexion sind Schlüsselkomponenten, die deine Intuition schärfen.

Indem du präsent bist, öffnest du dich deiner intuitiven Führung, die dich auf den stimmigen Weg leitet. Die Symbiose dieser beiden Kräfte hilft dir dabei, dein Leben bewusst, gewahr und erfüllt frei zu gestalten.

In meinen Tools erfährst du, wie du Präsenz und Intuition in verschiedenen Lebensbereichen anwenden kannst, sei es bei der Arbeit, in zwischenmenschlichen Beziehungen oder bei wichtigen Wahlen. Du lernst, wie du diese Fähigkeiten nutzen kannst, um dein Leben mit mehr Präsenz und Weisheit zu führen.

Stell dir vor, der gegenwärtige Augenblick ist wie eine Zauberkugel voller Energie. Präsenz und Intuition sind zwei mächtige Werkzeuge, die uns helfen können, das Beste aus jedem Moment zu machen und ein freies, erfülltes Leben zu führen. Es ist, als ob du eine geheime Superkraft hast, mit der du dich und alles um dich herum leicht verstehen kannst. Indem du diese Fähigkeiten übst und in deinen Alltag integrierst, kannst du eine tiefere Verbindung mit dir selbst und zu der Welt um dich herum aufbauen. Beginne noch heute damit, die Kraft des gegenwärtigen Moments zu nutzen, und lasse dich von deiner Intuition leiten; für ein bewusstes und freies, erfülltes Leben!

Wenn du intuitiv und präsent bist, dann nimmst du deine Umgebung, Gefühle und Gedanken im Moment wahr. Du erkennst, dass du die Kreation bist und jeder Moment eine neue Gelegenheit zur Kreation bietet.

Intuitive Präsenz ist ein besonderes Geschenk an dich selbst.

JETZT & HIER! PRÄSENZ IM HIER UND JETZT

Wer bist du im Hier und Jetzt?

Das echte Leben passiert jetzt gerade, in diesem Moment. Es geht nicht darum, was früher vorgefallen ist oder was später mal sein könnte. Wenn du im Hier und Jetzt bist, dann fühlst du dich lebendig und alles ist klar. Mit der Präsenz im gegenwärtigen Moment kommt sowohl das „Gesehenwerden" vom Leben und das „Beschenktsein", als auch das Empfangen, Geben, Begegnen und Kreieren.

Das Hier und Jetzt ist nicht ein und dasselbe.

Es ist die Zeit (das Hier), der Raum (das Jetzt) und das Selbst, welches zum Sein führen, wenn die Dimensionen offen sind und die Energien frei fließen können.

Wenn ich letztlich aus dem Bewusstsein „Ich bin" heraus kreiere, ist alles möglich. Sobald du jemanden oder etwas auf den Scheffel stellst, hast du dich selbst entmächtigt und herabgesetzt. Es sind Konditionierungen, die wir von klein auf mitgeteilt und in Handlungen vorgezeigt bekommen. Interessant ist, dass wenn ich als Kleinkind laufen lerne, werde ich entweder auf die Beine gestellt oder motiviert, proaktiv weiterzugehen.

Im gegenwärtigen Moment zu sein bedeutet, sich ganz im Hier und Jetzt auszudehnen und mit jeder Zelle des verkörperten Seins präsent zu sein. „Es ist" bedeutet immer in diesem einen Moment zu leben und mit allem, was du bist, da zu sein.

STEP BY STEP MAGIE! DAS SCHUHMODELLPRINZIP

Alle Erwachsenen ermutigen ihr Baby zu laufen und freuen sich, wenn es damit beginnt. Sie motivieren es, immer und immer wieder aufzustehen und weiterzugehen. Niemand sagt: „Du kannst nicht laufen (lernen)." Dann, wenn das gleiche Kind ein paar Jahre älter ist und auf einen Baum klettern möchte, hört es: „Das kannst du nicht" oder „Das darfst du nicht, das ist zu gefährlich!"

So fängt es an, dass viele von uns denken, es gäbe Dinge, die wir nicht können oder dürfen. Andererseits versuchen manche besonders gut in allem zu sein, um anderen zu zeigen, dass sie es sehr wohl können.

Weißt du noch, als du laufen gelernt hast? Am Anfang war es die Faszination und proaktive Motivation, das Leben zu erfahren. Du warst so gespannt und wolltest einfach nur gehen, ohne darüber nachzudenken, wie du deine Füße bewegst. Genau so, als ob du verschiedene Schuhe anziehst, je nachdem, welches Wetter ist oder was gerade in Mode ist. Manchmal trägst du Dinge, weil alle anderen es tun, ohne dich zu fragen, ob es dir wirklich gefällt oder ob es überhaupt bequem ist.

So ist es auch mit vielen Dingen im Leben, denn manchmal machst du Dinge einfach so wie alle anderen, anstatt herauszufinden, was für dich am stimmigsten ist. Frage dich: „Was ist dem Körper, meiner Verkörperung ein Beitrag?" Auch wenn du in die Freiheit gehen willst, bist du deinem äußeren Umfeld ausgesetzt und hast für dich zu überprüfen, ob das wirklich deinem Sein entspricht.

Das Schuhmodellprinzip ist übertragbar auf jede Situation im Leben.

EPILOG

Manchmal fühlst du dich wie in einem dunklen Raum, wo alles schwer und verwirrend ist, oder? Du möchtest einfach nur einen Ort finden, an dem du dich so richtig wohlfühlst, hell und fröhlich. Es ist, als ob du dich in einer riesigen, komplizierten Welt verloren fühlst und einfach nur deinen eigenen, besonderen Platz darin finden möchtest.

Du, eine Frau voller Energie und Träume, suchst nicht einfach nur einen Ort, sondern einen heiligen Raum. Einen Ort, der dich in helles Licht hüllt und an dem du dich frei und geborgen fühlst. Manchmal ist der Alltag anstrengend und alles erscheint einfach nur stressig und kompliziert. Doch tief in deinem Herzen weißt du, dass es einen Ort gibt, an dem du dich super fühlst und alles leuchtet und strahlt.

Du bist nicht allein mit deiner Suche. Du bist nicht allein mit diesen Gefühlen. Lass uns gemeinsam diesen besonderen, magischen Ort finden, an dem du dich total wohlfühlst und der dir zeigt, wie besonders du bist. Zusammen finden wir den Weg, der alles leichter und schöner für dich macht.

In den Momenten, in denen die Dunkelheit überwältigend erscheint, möchte ich dir einen Wegweiser an die Hand geben. Es sind vollkommen auf dich abgestimmte, einfache Hinweise und Anregungen, die sich anfühlen, als würden sie eine kleine magische Lampe entzünden, die deinen Weg beleuchtet.

Mit ihrer Hilfe wirst du dich erfrischt und energetisiert fühlen, bereit, die Welt mit einem klaren Geist und einem beherzten Schritt zu umarmen. Denke immer daran, dass das Gestern nur eine Erinnerung ist. Heute hast du die Feder in der Hand und das leere Blatt vor dir, um deine eigene inspirierende Geschichte zu schreiben.

Wenn dir diese Zeichen gefallen haben, dann sei informiert, dass es nicht mehr lange dauert, bis mein Buch erscheint, das mehr als nur diesen Auszug beinhaltet.

AUTORINNEN-VORSTELLUNG

Simone Schraner

@ simone@symphonyawareness.com

academy.symphonyawareness.com
(Online-Energie-Guide)

FÜR WEN BIST DU GENAU DIE RICHTIGE ANSPRECHPARTNERIN?

Zwischen Sehnsucht und Bestimmung: dein besonderer Platz in dieser Welt voller Möglichkeiten

1. „Du bist eine Frau voller Energie und Träume, suchst nicht einfach nur einen Ort, sondern einen heiligen Raum, der dich in helles Licht hüllt und wo du dich frei und geborgen fühlst."

2. Heute hast du die Feder in der Hand und das leere Blatt vor dir, um deine eigene inspirierende neue Geschichte zu schreiben.

3. Der Online-Energie-Guide ist wie die Lichtstraße zu jenem strahlenden Ort, den du suchst. Er steckt voller goldener Botschaften, die nicht nur deinen Geist, sondern auch dein Herz erleuchten.

ARBEITEST DU OFFLINE, ONLINE ODER BEIDES?

Ich arbeite in beiden Formaten, offline und online.

WELCHE WAREN DEINE DREI WICHTIGSTEN LEBENS-BEZIEHUNGSWEISE LERNSTATIONEN?

Meine wichtigsten Lern- und Lebensstationen waren die Geburten, die Gründung einer Schule der Zukunft, die (Wieder-)Begegnung mit meinem Seelenpartner und vor allem die Nahtoderfahrung.

MAL ANGENOMMEN, DU KÖNNTEST 15 JAHRE IN DIE VERGANGENHEIT REISEN. WAS WÄRE DEIN WICHTIGSTER TIPP AN DEIN 15 JAHRE JÜNGERES ICH?

Was ich meinem 15 Jahre jüngeren Ich mitteilen würde, ist: Vertraue in dich. Du bist die Kreation deines Seins. Alles ist möglich.

Nun sind wir schon fast am Ende angekommen. Zwei Autorinnen hast du noch vor dir. Eine Sache haben beiden gemeinsam: sie beschäftigen sich mit den Themen Herzensweg, Seelenweg, Inkarnation, Wiedergeburt, geistige Welt, Kontakt mit dem Jenseits und Karma. Auch, wenn du dich bisher nicht mit diesen Themen beschäftigt hast und sie vielleicht auch als „spooky" empfindest, empfehle ich dir, diese beiden Beiträge zu lesen. Auch, wenn beide Autorinnen sich thematisch ähneln, haben sie doch sehr unterschiedliche Ansätze und Beispiele für dich.

Glaub mir, es gibt so viel mehr, als unsere Sinne wahrnehmen können. Das hast du ja schon von der lieben Simone erfahren. Doch dies ist auch die feste Überzeugung unserer nächsten wundervollen Herzensbotschafterin Annika.

In ihrem Beitrag geht es unter anderem um dein Herz und um die Liebe, die du in deinem Herzen finden kannst. Kennst du die Aussage: „Die Liebe heilt alles"? Annika ist ein gutes Beispiel dafür.

Ich selbst durfte schon Wunderheilungen durch Annika erleben. Auch, wenn dir selbst der Glauben daran, dass Heilungsprozesse aus der Entfernung heraus angestoßen werden können, fehlt, und die Schulmedizin dieses auch komplett ablehnt, so durfte ich bei Annika erleben, wie durch eine Fernheilung bei verschiedenen Personen Schmerzen verringert wurden. Zufall? Vielleicht. Doch was ist, wenn tatsächlich etwas Wahres daran ist? Was ist, wenn es möglich ist? Probiere doch eine solche Fernheilung einfach mal aus. Mehr, als dass es dir danach unverändert geht, kann ja nicht passieren.

Annika nutzt nicht nur die Liebe, um Menschen auf ihrem Weg zur Selbstheilung zu unterstützen, sondern auch die sogenannte geistige Welt und ihre geistigen Helfer, mit denen sie eng verbunden ist. Was ist das und was bedeutet es? Das erzählt sie dir am besten selbst. Lass dich überraschen und inspirieren von der liebevollen Annika und ihrer Herzensbotschaft.

Annika Bobeth

Folge deinem Herzen und du bist dein größter Erfolg

Mit der Kraft der Liebe und deines Herzens gehst du deinen erfüllten und erfolgreichen Weg.

In der hektischen, schnelllebigen Welt kann es oft schwierig sein, seinem eigenen Herzen zu lauschen und ihm zu folgen. Es ist stets eine Herausforderung und ein Gleichgewicht zwischen Karriere, Führung und persönlichem Wohlbefinden sowie der Suche nach deinem Glück.

Viele Menschen kommen als Großbaustelle auf die Welt, bepackt mit Lasten aus dem Vorleben und karmischen Verstrickungen. Hinzu kommen dann die Themen der Familie, in die sie hineingeboren sind und die häufig miteinander zusammenhängen.

„Unter jedem Dach ein Ach", vielleicht kennst du ja die Redewendung. Noch dazu vergessen viele, durch die Inkarnation, welches Bewusstsein ihnen eigentlich zur Verfügung steht. Nun beginnen die Häutungen, Entwicklungen und Klärungen der Schlammpackungen, die jeder mitgebracht hat. Hier steht an vorderster Stelle die Frage: „Willst du dich entwickeln? Willst du ein erweitertes Bewusstsein haben?" Du bist frei, das bewusst zu wählen.

Mit welcher Aufgabe bist du geboren?

Was hat sich deine Seele, zusätzlich zu den Themen frei, erfüllt, glücklich, und liebend zu sein, hier auf der Erde vorgenommen? Häufig reicht dieses hohe Ziel bei vielen Menschen schon aus, Entwicklung zu benötigen, um es zu leben.

Einige Menschen kennen diese komplexen und sogenannten schwierigen Themen in ihrem Leben nicht. Vielleicht gehörst du auch zu diesen Menschen und fragst dich gerade, was das alles mit dir zu tun hat. Ich lade dich ein, beim Lesen zu schauen, was sich für dich stimmig anfühlt. Vielleicht sind karmische Verstrickungen neu für dich, oder du glaubst nicht an ein Vorleben. Lese gern dennoch weiter, lass los, wenn du auf Widerstände stößt, folge deiner Wahrheit und schau, was dich anspricht. Ich würde mich sehr freuen, dich mit meinen Zeilen zu berühren.

Damit du deinen Weg erfolgreich gehen kannst, gibt es eine transformierende Kraft, die nicht nur deine Leistungsfähigkeit verbessert, sondern auch deine Seele und dich erfreuen lässt. Es ist die Welt der universellen Liebe. Sie ist mit allem verbunden, existiert in allem und jedem und nährt dich.

Dein Herz und deine Liebe stehen in direkter Verbindung mit ihr und weisen dir deinen Weg tiefer hinein, wenn du es möchtest.

Warum sollte das wichtig für dich sein? Vielleicht bist du erfolgreich, triffst klare Entscheidungen und es fehlt dir an nichts in deinem Leben. Dann möchte ich dir herzlich gratulieren. Der folgende Text kann eine Bestätigung für deinen Weg sein und dich ermutigen, ihn mit vielen Menschen zu teilen.

Es kann, wie bei allen Menschen, dennoch Zeiten geben, in denen du persönliche Blockaden oder Unsicherheiten erfährst.

Manche Menschen erleben ein dumpfes, leeres Gefühl. Andere funktionieren gut, aber fühlen sich nicht wohl oder spüren Schmerz, Trauer, Einsamkeit oder Orientierungslosigkeit. Eventuell erreichst du deine Ziele trotz hoher Anstrengung nicht oder bist weniger leistungsfähig als sonst. Dies kann eine Suche nach Entlastung sein und eine Lösung entfachen.
Durch meinen eigenen Lebensweg und meine zwanzigjährige Berufserfahrung als Therapeutin, habe ich beobachten können, dass dein Herz dein bester Kompass ist. Du erlebst tiefe Freude und Liebe. Du wirst Menschen treffen, die deiner Essenz vermehrt entsprechen. Du wirst erfolgreicher sein, da du deinem ursprünglichen, universellen Platz folgst und ihn immer mehr einnehmen wirst.

Vielleicht nimmst du dir einen Moment und schaust darauf zurück, wann du in deinem Leben herzerwärmende Momente erlebt hast, deinem Herzen gefolgt bist und einfach nur schön, frei, lebendig und erfolgreich warst. Vielleicht ist es schon etwas länger her, da du eine herausfordernde Zeit hinter dir hast oder abgelenkt warst.

Es können kurze Momente sein, wie zum Beispiel, dass du deinem Impuls im Café gefolgt bist und der Bedienung ein Kompliment über ihre gute Arbeit gemacht hast und ein warmes berührendes Gespräch zwischen euch entstand.

Alles, was du brauchst, findest du in deinem Herzen. Denn es ist mit allem verbunden, trägt dich und weist dir den Weg zu deinem Glück.

Was ich hier anspreche, ist natürlich und nicht neu. Wenn ich mir die Geschehnisse in der Politik, im Gesundheits- und Schulwesen oder bei Menschen in ihrer Privatsphäre anschaue, beobachte ich, dass dem eigenen Herzen oft nicht oder nur ansatzweise gefolgt wird.

Vielleicht denkst du jetzt, dass sich davon nicht die Wäsche waschen, der Vorgarten akkurat in Linie bringen oder die Kinder für ihre Hausaufgaben motivieren lässt.

Es gibt eine lange Liste, warum du deinem Herzen nicht folgen kannst, und ich gebe dir recht. Es ist wichtig, den vollen Alltag zu meistern, den eigenen Anforderungen und denen der Familie gerecht zu werden. Dabei geschieht es nicht selten, dass wir funktionieren und uns dabei ertappen, weniger im Leben zu sein, als es unserem Sein entspricht.

Aber es gibt ein „Dennoch", denn wir sind nicht zum Funktionieren geboren, sondern zum Leben und Sein. Für die Balance zwischen diesen beiden Polen ist dein Herz der Schlüssel.

Wenn du noch weiter gehen möchtest und tiefer in die Schätze deines Seins eintauchen willst, braucht es irgendwann keine Balance mehr, weil du dann komplett anders leben wirst.

Ich möchte dich bitten, dich in deiner Umwelt und in dir drinnen einmal bewusst umzuschauen. Vielleicht stimmst du mir dann zu, dass es sich vor allem im Außen kalt anfühlt und eher die Zerstörung regiert als die Liebe. Wir sind zunehmend von der Natur abgewichen. Abgewichen und entfremdet von dem natürlichen Leben als Mensch. Für viele Kinder ist der Fernseher und das Handy der beste Freund.

Viele gewöhnen sich an die Lieblosigkeit im Außen und arrangieren sich, mogeln sich durch und machen das Beste daraus.

Deutlich wird es häufig im Urlaub. Häufig gibt es den Wunsch, oder sogar die Erwartungshaltung, dass es eine schöne, entspannte und freudige Zeit sei, im besten Fall gefüllt mit Liebe, um wieder Kraft für die Zeit danach zu haben. Nachdem du es geschafft hast, aus deinem Alltag herauszutreten und dich von der Schönheit der Natur, der Welt und der Liebe begeistern zu lassen, kommst du zurück. Dann erkennst du sofort, wo es an Liebe und Schönheit in deinem Umfeld mangelt. Doch genau das brauchen wir, um genährt und glücklich zu sein. Der aufgefüllte Speicher im Urlaub reicht bis zum Wochenende oder bis zum nächsten Urlaub. Eventuell hat diese Auszeit eine Tür dazu geöffnet, mit dir verbunden zu sein, zu deinem Herzen und der universellen Liebe.

Das Verbundensein erlebe ich nicht als einen statischen Zustand, der einmal erreicht ist und sich dann immer glückselig anfühlt. Ich erlebe es wie in einer Beziehung mit dir selbst zu sein. Du bist mal nah, mal fern, brauchst Übung, Erinnerung, die neue Entscheidung für ein Ja zu deinem Herzensweg und deiner Liebe.

Diese Verbindung zur universellen Liebe ist immer da!

Wir empfinden sie nur nicht immer und sind manchmal auf dem Holzweg. Die Illusion, dass wir nicht mit ihr verbunden sind, kann irritieren.

Die Kälte ist deutlicher zu spüren, wenn du zuvor Wärme erlebt hast oder tief berührt warst. Einige Leute wollen sich aus diesem Grund nicht mehr innerlich berühren lassen, weil der Schmerz über das, was sie nicht leben, zu groß ist.

Menschen sind Gewohnheitstiere und wir gewöhnen uns auch an Kälte. Das beste Beispiel sind die Coronamaßnahmen. Viele Menschen haben sich schnell an die Isolation gewöhnt und haben heute noch Mühe, sie zu durchbrechen.

Hilfreich sind hier dein Wille und deine Entscheidungsfähigkeit. Entscheide dich für mehr Wärme, mehr Liebe und mehr deinem Herzen zu folgen. Es wird geschehen, da dein Wille und deine Gedanken kraftvoll sind. Du wirst noch mehr erwachen. Das Gesetz der Resonanz wird wirksam sein und Menschen, Orte, Arbeitsplätze und Situationen werden mit diesen Qualitäten in dein Leben treten.

DIE LIEBE

Die Liebe ist so individuell, facettenreich und voller Wunder. Außerdem ist sie überall zu finden, am besten und schnellsten in dir selbst.

Nun möchte ich dich einladen, kurz innezuhalten und dich zu fragen, wen oder was du liebst. Vielleicht hast du Lust, einen Zettel oder einen Block bereitzulegen und die Liste täglich, über ein paar Tage verteilt, länger werden zu lassen. Durch dieses Bewusstsein erfährst du mehr über deine Herzenswünsche und erhältst Klarheit. Lass die Erwartung los, dass es große Dinge sein müssen. Für mich ist es zum Beispiel, wenn mein Hund träumt oder ich dem Wellengang des Meeres lausche. Du wirst sicherlich erstaunt sein, wie viel und in welchem Umfang du liebst.

Am intensivsten erleben wir Liebe in der Erwiderung. In der Natur und im Tierreich können wir dessen mit offenem Herzen gewahr sein. Nun geschieht es, dass wir oft in der Hinsicht auf die Liebe verletzt worden sind, vielleicht in der Kindheit, der Partnerschaft, der Freundschaft oder im Beruf. Das hinterlässt Wunden und Verunsicherung. Eine gute Nachricht ist, dass deine Liebe stärker ist. Nicht nur, weil sie mit der universellen Liebe verbunden ist und sich davon im Austausch nährt, sondern weil du auch hier deinen Willen und deine Entscheidung zu Hilfe nehmen kannst.

Zusätzlich steht uns in der geistigen Welt unglaublich viel Hilfe zur Verfügung. Darauf gehe ich später näher ein.

Jeder Mensch hat die Erfahrung der Liebe erlebt; manche mehr, manche weniger. Liebeswunden brauchen Zeit, deine Annahme und häufig menschliche Begleitung.

Durch die Verletzungen deines Herzens entstehen Ängste und Enttäuschungen. In Folge versuchst du dich zu schützen, weil du diesen Schmerz nie wieder erleben möchtest. Rückzug ist die Folge.

Vielleicht ist das Bild einer kleinen gefrorenen Raureifstelle in und auf deinem Herzen hilfreich, um zu verstehen, was Schmerz und Schutz auslösen kann. Dein Herz reagiert dann in entsprechenden Momenten (Trigger-Momenten) kühler und abweisender, als es dir sonst entspricht.

Dehne deine Liebe aus und wachse in noch mehr Liebe hinein. Genau das kann das Eis schmelzen lassen und du erfährst Heilung.

Manchmal sind Schmerzen und Wunden so stark, dass du eventuell den Tieren, der Natur und der Pflanzenwelt mehr vertraust als den Menschen oder sogar dir selbst. Dies ist gar nicht so ungewöhnlich, wenn wir allein an die Auswirkungen eines Krieges denken.

Die Kräfte und die Liebe der Naturwelt stehen uns mit ihrer Hilfe zur Verfügung. Wenn wir sie bitten und einladen, dann sind sie da.

Vielleicht bist du auch schon einmal mit einem Problem in die Natur gegangen. Ein schöner Baum, zum Beispiel, lädt dich zum Verweilen ein. Du setzt dich hin und lässt Gott einen guten Mann sein, bis die Zeit dich nach Hause ruft. Dabei stellst du überrascht fest, dass sich dein Problem geklärt hat und es dir besser geht. Nutze, was für dich funktioniert, dich liebend erfreut und suche Orte, die dich nähren.

Diese heilende Wirkung der Natur und ihrer Bewohner*innen gilt es zu erhalten und zu vermehren. Aus diesem Grund ist es von außerordentlicher Wichtigkeit, ihre Zerstörung zu beenden und die Liebe regieren zu lassen. Wie schon erwähnt, beginnt dies in dir. Dein Erfahrungsschatz fließt dann in die Außenwelt ein. Du erschaffst deine Welt, die du in dir trägst. Wenn dein inneres System eine Wandlung vollzieht, verändern sich die äußeren Systeme automatisch in Reaktion auf dich.

Falls das so ist, haben wir eine geniale Chance, die Zerstörung, die im Außen sichtbar ist, zu verkleinern oder sogar zu beenden.

Deine Wirksamkeit kann wie ein Lauffeuer sein, wenn du es möchtest.

HERZ

Für viele ist es ein überlebenswichtiges Organ, das ausschließlich pumpt und Blut von A nach B bringt. Das ist schon großartig. Davon mal abgesehen, dass das Herzkreislaufsystem über Sog funktionieren soll, gibt es für mich noch andere wesentliche Fähigkeiten unseres Herzens.

Nun sage ich dir, dein Herz ist dein kostbarstes Geschenk. Es ist einzigartig und dein Wegweiser durch dunkle Zeiten. Es macht dich zu deinem besten Exemplar.

Du kannst durch dein Herz in ein neues Universum eintauchen, in alten Erinnerungen aus vergangenen Leben schwelgen und deine Aufgaben für dieses Leben erkennen.

Was fällt dir noch ein, was dein Herz für dich ist?

Du kannst mit deinem Herzen reden, mit dir selbst und anderen. Nicht ohne Grund gibt es die Redewendung „von Herz zu Herz". Es ist das Organ, das laut Redewendung in die Hose rutschen kann oder auf der Zunge getragen wird. Der Herzschlag kann seine Frequenz so verändern, dass er bis in den Hals spürbar ist. Wir können damit lieben und unser Herzensfeuer vergrößern und noch mehr lieben lernen.

Im Herzen befindet sich auch deine Zellerinnerung über deine Fähigkeiten, dein Wissen und deine komplette Liebesfähigkeit über Raum und Zeit aus sämtlichen Inkarnationen. Ich konnte in Fortbildungen erleben, dass die Liebe und die Hingabe der Menschen, die einen begleiten, tiefste Traumata transformieren lassen, zusätzlich mit der Hilfe der geistigen Welt.

Dein Herz ist mit allem verbunden. Mit der universellen Liebe, dem Herzen der Erde und des Universums, und reicht somit bis in die Galaxie. Dein Herz ist das Portal deiner höheren Bewusstseinsebenen.

Auch wenn es so manchen vielleicht erschrickt, denke ich, dass alle Herzen miteinander in Konversationsverbindung sind. Es ist eine gigantische Dimension, die größer zu sein scheint als die Tiefsee. Es ist das Verbindungsorgan, Heilungsorgan, Liebesorgan schlechthin und vieles mehr.

Es trägt die Liebe in sich, die in ihrer Facettenvielfalt schon allein bezaubernd ist. Es ist eine Offenbarung, und diesen Schatz kannst nur du heben. Unabhängig von meinen Behauptungen scheint das Herz einen Tiefgang zu besitzen mit bislang unbekannten Sphären.

Was, wenn meine Behauptungen wahr sind? Ist es dann nicht unwiederbringlich wichtig, sich dem eigenen Herzen zuzuwenden, es zu erforschen und ihm zu lauschen?

Lauschen, was es sagen möchte? Wäre es dann nicht möglich, dass du dich neu verliebst? Dieses Mal in dein Herz und seine Kostbarkeiten, jedes Mal aufs Neue. Dabei verlieren deine Wunden an Schrecken. Dein Herz trägt außerdem viel Humor in sich.

DEINEM HERZEN LAUSCHEN

Kennst du das? Dein Kind oder dein Haustier liegen auf dir und du spürst ihr Herz?

Oder du schmiegst dich an deine Liebe und legst dein Ohr auf seine oder ihre Brust und hörst den Herzschlag? Du tauchst tief in den Klang ein und freust dich über diese Kraft und das Dasein des geliebten Herzens. Über diese Verbindung lauschst du dem Herzen.

Genauso geschieht es mit deinem Herzen. Falls du es nicht intensiv erlebst, kannst du als Unterstützung deine Hand auf deine Brust legen. Fang an, mit ihm zu reden und stelle ihm Fragen. Anfangs habe ich die Wahrhaftigkeit der Botschaften meines Herzens schwer differenzieren können. Die wiederkehrende Übung und die Reaktion meines Körpers halfen mir. Wenn es sich angenehm, freudig und leicht angefühlt hat, bin ich ihm gefolgt.

Manchmal fühle ich auch die Eisschichten und den Schmerz in meinem Herzen, wenn ich ihm lausche und es sich zusammenzieht oder holpert. Dabei half mir die Frage, was mein Herz jetzt entspannen kann oder was es gerade braucht.

An Tagen mit schlechter Kommunikation bitte ich die geistige Welt, mich zu unterstützen oder ich suche Ruhe in der Natur, bei den Tieren, bei Freund*innen oder Klärung mit professioneller Begleitung.

Wie schon angesprochen, handelt es sich anteilig um Traumata oder blinde Flecken, die du in deinem Herzen antreffen kannst. Meiner Meinung nach bedürfen diese ein menschliches Gegenüber oder professionelle Begleitung, damit deine Schatten schmelzen oder integriert werden können.

Du folgst deinem Herzen und es befähigt dich, selbstsicher, unabhängig und frei deine Geburtsrechte zu leben, die unter anderem beinhalten, mit der Liebe zu sein und diese in einem glücklichen, erfüllten und erfolgreichen Leben zu leben.

GEISTIGE WELT

Die geistige Welt habe ich nun schon häufiger erwähnt. Vielleicht ist dir dein Schutzengel schon begegnet, indem er dich aus einer brenzlichen Situation geholt hat. Vielleicht sind dir die Erzengel aus der Kirche, wie die heilige Sofia, Christus, Gott oder Mutter Maria, geläufig. Jeder Mensch ist unterschiedlich mit dem Gewahrsein der geistigen Welt aufgewachsen oder hat sich in verschiedenen Weisen mit ihr beschäftigt, und auch hier gibt es hell und dunkel. Bei Unsicherheiten darüber, wem du trauen kannst, braucht es manchmal Fortbildungen und Menschen, die mehr Erfahrung in der Differenzierung haben.

Andere kennen die unsichtbaren Freunde ihrer Kinder oder dass sie mit Elfen und Feen sprechen. Die Zahnfee und das Christkind sind beispielsweise in unserem Wortschatz geläufig. Nun behaupte ich, dass es die geistigen Helfer tatsächlich gibt, obwohl ich die Zahnfee noch nicht wahrgenommen habe.

Naturvölker haben Krafttiere. Ihre Erzählungen sind umfangreich und gehen ins Unermessliche. Frag dich gerne, an wen oder was außer der Liebe, das du nicht mit bloßem Auge sehen kannst, du sonst noch glaubst? Mein inneres Helferteam, wie ich es nenne, besteht im Wesentlichen aus meinen Krafttieren, Engeln, Natur- und Baumwesen sowie meinen Ahnen. Es ist eine Freundschaft entstanden, indem ich meine Wahrnehmung vertiefe und sie öfter in Form von Licht oder auch in Strukturen erlebe.

Mit ihnen ist die Magie in meinem Leben vermehrt möglich. Kennst du das nicht auch? Du stehst an einem Ort in der Natur und spürst die Magie und die unglaubliche Schönheit und den Zauber dieses Ortes. Meiner Meinung nach sind in jedem Wassertropfen Lebendigkeit und ein Geist innewohnend. Es gibt unterschiedliche Namen dafür.

Abhängig vom Thema und meiner Tagesform benötige ich manchmal die Unterstützung meiner geistigen Welt, um mein Herz zu spüren oder es zu verstehen. Es ist häufig ein Prozess, den man nicht mit einer einzigen Frage beantworten kann. Dann bitte ich mein Krafttier um Botschaften und Bilder, die meinem Herzen entsprechen. Unsere geistigen Helfer möchten um ihre Hilfe gebeten und mit Respekt behandelt werden, so wie jeder von uns. Meine geistigen Helfer freuen sich, integriert zu sein.

WIRKUNGSKREIS DER LIEBE

Je mehr du in Liebe bist und deinem Herzens -und Seelenplan folgst, desto mehr bist du durch dein Dasein, dein Bewusstsein und dein komplettes Gefüge im „All-eins-sein", also mit allem verbunden. Dies bewirkt, dass du durch dein Bewusstsein intuitiv zu einem Leuchtturm für die Orientierungslosen wirst, sowohl unter den Lebenden als auch den Verstorbenen. Beide zusammen ergeben die Menschheit.

Du fragst dich jetzt vielleicht, was das bedeutet. Du kannst dir orientierungslose Seelen so vorstellen, wie sich Teenager anteilig verhalten, nicht wirklich ansprechbar, nicht richtig erreichbar, unruhig und auf der Suche. Gründe für Orientierungslosigkeit auf der Seelenebene sind sehr individuell und vielseitig. Zu Lebzeiten können es Belastungen aus den Vorleben, familiäre Verstrickungen, Traumata, Schocks, Krankheiten, Unfälle oder Medikamente sein. Suizid und Medikamente können das Bewusstsein beispielsweise so verschwimmen lassen, dass diese Seelen orientierungslos sind.

Wir sind nicht getrennt. Wir können unsere Wahrnehmung ausbauen, um dies vermehrt zu erleben. Durch das Üben deiner liebenden Präsenz im Jetzt hast du den bestmöglichen Schutz und klärst dein Umfeld.

Vielleicht hört sich das seltsam für dich an. Ich kann dir von meinen Erfahrungen und Erkenntnissen erzählen und du kannst spüren und prüfen, ob es sich für dich auch wahrhaftig anfühlt.

Verschiedene Bereiche der Wissenschaft haben eine Veränderung auf der Erde und in unseren Leben entdeckt. Um dieser Veränderung folgen zu können, benötigen die Menschen eine Herzöffnung, durch welche die Anhebung der Frequenzen adaptiert werden kann. Somit würde ich mich sehr freuen, wenn auch du dich deinem Herzen öffnest und durch meine Zeilen neugierig geworden bist, was für einen Schatz du in dir trägst.

Ich wünsche dir von Herzen, dass du ihm folgst und unendlich viel Liebe auf deinem Weg erfährst.

AUTORINNEN-VORSTELLUNG

ANNIKA BOBETH

02794683102

ergobobeth@gmail.com
info@feuerherzen

www.ergobobeth.de

DEIN BUSINESS IN MAXIMAL DREI SÄTZEN?

„Feuerherzen" ist eine ganzheitliche Energiearbeit. Es ist eine Mischung aus unterschiedlichen energetisch-therapeutischen Methoden, die klärend, zentrierend, entspannend, stabilisierend und unterstützend wirken. Sowohl die Natur und ihre Elemente als auch mein Pferd können diese Arbeit begleiten.

FÜR WEN BIST DU GENAU DIE RICHTIGE ANSPRECHPARTNERIN?

Menschen, die ihren Herzensweg gehen und sich von Blockaden, Unsicherheiten oder Beschwerden jeder Art befreien wollen. Ich begleite diese mit meinen Kompetenzen individuell. Außerdem biete ich Fortbildungen zur Erweiterung des Bewusstseins nach Grigori Grabovoi an, damit du deinen Körper, deinen Geist und deine Seele vermehrt integrieren kannst, um deinen Seelenweg zu gehen.

ARBEITEST DU OFFLINE, ONLINE ODER BEIDES?

Ich biete beides an, online und offline.

WELCHE WAREN DEINE DREI WICHTIGSTEN LEBENS- BEZIEHUNGSWEISE LERNSTATIONEN?

Mit 18 Jahren auszuziehen, der Start meiner Selbstständigkeit im Jahr 2011, mein Pony in die Heilung zu begleiten von 2019 bis 2022, mein Umzug an die Ostsee im Jahr 2022. Alle Situationen hatten eines gemeinsam, und zwar, dass ich meiner Intuition und mir vertraut habe.

MAL ANGENOMMEN, DU KÖNNTEST 15 JAHRE IN DIE VERGANGENHEIT REISEN. WAS WÄRE DEIN WICHTIGSTER TIPP AN DEIN 15 JAHRE JÜNGERES ICH?

Wenn ich 15 Jahre in die Vergangenheit reise, würde ich meinem Ich sagen, dass es sich entspannen soll, denn es wird schön werden und du wirst geführt. Am Ende wirst du dir selbst begegnen und alles wird gut werden. Deine Fülle wird immer mehr in dein Leben treten.

Liebe Leserin, lieber Leser,

nun bist du schon fast am Ende dieses Buches angekommen. Du hast Antworten auf viele Fragen erhalten und konntest hoffentlich einiges an Inspiration mitnehmen.

Doch vielleicht kennst du das Gefühl, dass ein paar Fragen unbeantwortbar zu sein scheinen. Manche Themen scheinen für immer ungeklärt zu bleiben, vor allem, wenn es um Konflikte mit Menschen betreffen, die nicht mehr auf dieser wundervollen Erde weilen.

Manchmal erlebst du eine Krise nach der anderen und fragst dich:

„Warum immer ich? Was ist es, das ich nicht verstehen kann?"

Was ist, wenn ich dir sage, dass es dazu sehr wohl spannende Antworten gibt?

Was ist, wenn ich dir erzähle, dass du durchaus nach dem Tod von Menschen mit diesen deine Konflikte und Unausgesprochenes klären kannst? Es müssen nicht immer die besonders herausfordernden Themen sein, die Fragen aufwerfen. Viele Menschen stellen sich die Frage nach der eigenen Berufung oder nach dem eigenen Lebensweg. Sie wüssten so gerne, was ihre wahren Talente und Fähigkeiten sind, weil sie diese selbst nicht erkennen können und sich als mittelmäßig empfinden. Sie fragen sich, welcher der optimale Weg für sie ist. Vielleicht stehst du selbst gerade vor diesen großen Fragen?

Ich kann dir die perfekte Ansprechpartnerin dafür vorstellen, denn sie beschäftigt sich mit den Themen Jenseitskontakte und Seelenweg. Hochspannende Themen, wie ich finde.

Unsere letzte Herzensbotschafterin dieses Buches hat noch einmal ein paar ganz besondere Ansätze für dich bereit. Und auch wenn du skeptisch bist, lies dir diesen Beitrag bitte unbedingt durch. Wie wäre es, wenn du es einfach mit kindlicher Neugier angehst? Es gibt so viele Dinge, die wir hier auf Erden nicht erklären können. Und was ist, wenn es etwas gibt, das dir viel Trost spenden und Zuversicht geben wird? Was ist, wenn das, was du im nächsten Beitrag entdecken wirst, dein Leben verändern wird? Doch nun spanne ich dich nicht weiter auf die Folter.

Freue dich auf das spannende Kapitel von der wundervollen Kathrin.

Kathrin Ennen

Es gibt so viel mehr auf der Welt, als wir sehen können

„Wenn ich bei einer Handvoll Menschen etwas Gutes zu deren Lebens- und Seelenweg beitragen konnte, dann hat es ich gelohnt zu leben."

„Es gibt so viel mehr auf der Welt, als wir sehen können."

Das sind nicht nur meine Herzensbotschaften für dieses Buch, sondern auch mein Lebensmotto und meine Leitsätze.

Ich liebe es, sichtbare oder für andere unsichtbare Spuren zu hinterlassen, gern Spuren der Liebe. Und gern über Themen, die über unser bisheriges Denken hinauswachsen.

Das hört sich eventuell pathetisch an, ist aber zutiefst ehrlich gemeint und ich bin ein ganz normaler, pragmatischer Mensch.

Wie kam es zu diesem Lebensmotto?

Es ist über die Zeit gewachsen, 50 Jahre lang fast unmerklich und drei Jahre lang sehr intensiv.

Entlanghangelnd an ein paar Leitthemen, wie die Grundgedanken meiner Mission, meine persönlichen Wendepunkte, sowie meine detaillierten Erfahrungen in der Umsetzung dieser spannenden Themen, wird sich dieses Motto Schritt für Schritt vor deinen Augen entfalten.

Legen wir los. Ich starte mit dem eigentlichen thematischen Finale, und zwar der Frage:

Was ist meine aktuelle berufliche Mission?

Hast du dir schon einmal richtig oder regelmäßig Gedanken zu der Mission deines Wirkens gemacht?

Ich bin fest davon überzeugt, dass ich nach einigen anderen Stationen in meinem Leben jetzt zwei Missionen habe, die wie Puzzlesteine direkt in mein bisheriges Leben passen, ohne dass es im Vorfeld erkennbar war.

Vielleicht kennst das ja auch, wenn sich positive sowie negative Erlebnisse im Nachhinein so zusammenfügen, sodass du den tieferen Sinn dahinter erkennen kannst. Oder hast du vielleicht mal erlebt, dass insbesondere anspruchsvolle Situationen zu einem wichtigen Entwicklungsschritt in deinem Leben wurden?

Vielleicht kennst du es auch, wenn du auf dem Weg bist und das Puzzle sich noch nicht zusammengefügt hat und du denkst: „Nicht auch das auch noch! Warum passiert mir all das? Was habe ich getan, dass ich so viel Mist erleben muss?"

Vorweg die Botschaft, dass ich niemanden überreden möchte, die Dinge so zu sehen wie ich.

Ich würde gern inspirieren.

Meine eine Mission ist, das Thema Channeln und Anbindung an die geistige Welt in einer greifbaren und normalen Art publik zu machen und gut im Alltag umsetzbar zu gestalten.

Es geht mir um die Verbindung zwischen der sogenannten feinstofflichen und der bekannten Welt.

Stell dir zum Beispiel vor, dass dein Inneres, also deine Seele, sich noch bevor dein Körper auf die Welt kam, zu einer besonderen Erlebnistour mit positiven und anspruchsvollen Facetten entschieden hat.

Es geht darum, was deine Seele hier lernen möchte, woran sie wachsen möchte, was sie in purer Zufriedenheit genießen will und welchen Beitrag sie in der Welt leisten möchte. Interessanterweise werden die Erinnerungen an das, was deine Seele hier auf Erden wirklich erleben möchte, vor der Geburt gelöscht, damit die Erlebnisreise aktiv erlebt werden darf.

Wenn du dich jetzt fragst, wie du an diese Informationen, die doch vor deinem ersten Atemzug gelöscht wurden, kommen sollst, dann ist die Antwort darauf das Channeling. Das Thema Seelenwegarbeit liefert dir alle Schlüssel.

In diesem Prozess erfährst du, was genau dein Seelenweg, für den du gekommen bist, ist und mit welchen Aufgaben und welchem Ziel, damit du eine tiefe Erfüllung erlebst.

Für diesen Prozess sind zwei Begriffe hilfreich: die Channeltechnik und das Medium.

Nicht esoterisch, ganz irdisch.

Ich arbeite als Person und sogenanntes Medium mit einer Channeltechnik. Dieses Channeln kannst du dir so vorstellen, dass ich Fragen für dich an die sogenannte geistige Welt, oder wie ich sie gern nenne, die Bibliothek des Universums, stellen darf.

In dieser Bibliothek ist alles gespeichert, was für dich und deine Seele relevant ist.

Durch gezielte Fragen, die du dann auch jeweils individuell ergänzen kannst, leite ich die Informationen über deinen Seelenweg ungefiltert und direkt an dich weiter.

Ich bin keine Auserkorene, sondern habe das Bibliothekswesen als Kommunikationstechnik gelernt.

Stell dir also vor, du erfährst, mit welchen Aufgaben, Zielen und mit welcher Mission du auf die Welt gekommen bist. Was würde das für dein Glücklichsein bedeuten?

Stell dir einen weiteren Schritt in der Realität vor.

Auf der Basis deines offenbarten Seelenweges durch die Antworten der Bibliothek des Universums unterstützt dich ein Coach dabei, diesen Weg aus eigener Kraft und mit deinen Ideen zu gehen. Wie du handeln wirst, was du konkret tun willst und was dein realer Masterplan für deine nächsten Schritte ist. Diese Schritte sind dein sogenannter Lebensweg, mit all deinen Gedanken, deinem Geist und deinem Handeln. Und nun stell dir final vor, wie schön es wäre, wenn der Seelenweg, die Mission und der Lebensweg, die Realisierung zu deiner totalen Zufriedenheit synchron laufen würden. Wie fühlt sich das für dich an? Halte einmal kurz inne und genieße.

Genau dazu, diese Verbindung herzustellen, fühle ich mich berufen. Menschen in beiden Themen, Channeln und Coachen, hochwertig auszubilden, weil es einen großen Mehrwert auslöst, wenn dieses Vorgehen möglichst viele Menschen erreicht und so viel Glück gelebt werden kann.

Meine zweite Mission ist mindestens genauso spannend und real.

Auch hier geht es um die Bibliothek des Universums, doch dieses Mal um andere Bücher. Diese Mission betrifft das Thema Jenseitskontakt, also einen Weg zu der Energie verstorbener Personen zu finden.

Du hast es bestimmt schon mal erlebt, dass ein geliebter Mensch oder ein Tier nicht mehr leben. Vielleicht ging eine Schwangerschaft zu früh zu Ende oder du machst dir Gedanken über deinen eigenen finalen Lebensweg.

Jetzt brauche ich deinen ganzen Mut und Neugierde für eine weitere Gedankenreise:

Stell dir vor, dass die innere Energie eines Lebewesens erhalten bleibt, nachdem es körperlich gestorben ist.

Interessanterweise ist das gar keine Vorstellung, sondern wurde 1902 von MacDougall nachgewiesen. Beim Tod eines Menschen entfleucht ein Mikrogewicht von durchschnittlich 21 Gramm sofort aus dem Körper. Dieses Phänomen wird oft so interpretiert, dass es sich hierbei um die sogenannte Seele eines Menschen handelt, die dann an einem anderen Ort weiter existiert.

Wenn wir diesem Gedanken folgen, entsteht das Szenario, dass sich der Körper nach Erfüllung seines Seelenplans verabschiedet. Die Seele bleibt in einer anderen feinstofflichen Ebene, der sogenannten geistigen Welt, erhalten.

Es ist nicht nur unglaublich tröstlich, dass sie dadurch als liebevoller Zuschauer an unserem Leben teilnehmen kann, sondern ist diverser Jenseitskontakt nach dem Channeln in meiner Erfahrung vollkommen real.

Vielleicht hast du es schon einmal erlebt, dass du zufällig Dinge wiederholt gesehen hast, die du mit einem Verstorbenen in Verbindung bringst. Du bekommst Gänsehaut, wenn bestimmte Dinge passieren, die ihr gemeinsam erlebt habt.

Du sendest leise im Geiste eine Frage an einen Verstorbenen oder eine Verstorbene, und total unerklärlich wird dir kurze Zeit später ein Symbol für eine Antwort geliefert.

Die liebende Seele des Verstorbenen bleibt somit bei dir. Nicht nur als Erinnerung, sondern als aktiver Beobachter, Begleiter, Ratgeber und Helfer. Das ist so magisch, liebevoll und heilsam.

Wir sind es, die einen Menschen als Körper vermissen, aber der Seele des Verstorbenen geht es in einer anderen Ebene des Universums richtig gut. Wieso glaube ich, das zu wissen? Weil ich es zigfach in meiner Rolle als Channelmedium für Jenseitskontakte erlebt habe. Ich erhalte Botschaften von den Seelen verstorbener Erwachsenen und Kindern, die in unterschiedlichen Worten dieselbe Botschaft haben: „Es geht mir hier gut", „hier kann ich endlich wieder das erleben, was ich wollte, Ruhe haben, spielen, gesund sein".

Diese Energie konkret zu erleben, ist so wunderbar.

Auch hier möchte ich nicht überreden, sondern Inspiration für Gedankenfelder und Erlebniswelten anbieten.

Stell dir vor: Verstorbene Eltern sind weiter bei dir. Kinder, die gezeugt, aber nie lebendig geboren wurden, begleiten dich. Ich erlebe den Tod eines Menschen seit dieser Erkenntnis ganz anders. Dankbar. Entspannt.

Und als wäre das nicht schon ein Gewinn, kann ich dir auch sagen, dass die Seelen nicht nur erreichbar sind, sondern auch bedingungslose Liebe senden. In der geistigen Welt gibt es nur pure Liebe, frei von Bewertungen, Krankheiten und Konflikten. Wenn du um Hilfe bittest, wird dir Liebe direkt und real gesendet, zum Beispiel von den Seelen Verstorbener. Die Energien oder Seelen gegangener Menschen arbeiten übrigens nur nach Auftrag, also nur wenn wir eine Frage stellen oder versuchen, einen Kontakt herzustellen. Sie mischen sich ansonsten nicht ein, sondern nehmen nur liebevoll wahr.

Vielleicht melden sich jetzt die ersten Gedanken bei dir, die sagen: „Äh na ja, also das ist schon sehr speziell. Das kann und möchte ich mir so gar nicht vorstellen. Klingt ziemlich seltsam" oder „da glauben nur Menschen dran, die ein bisschen schräg sind oder selbst nicht klarkommen".

Alles ist Energie und Energie geht nie verloren. Die Quantenphysiker sind sich da einig.

Doch mich überzeugt vor allem das Erlebte im Herzen.

Gönn dir ein paar Sekunden Auszeit und stell dir Folgendes über den Prozess eines Jenseitskontaktes vor.

- Du hast einen geliebten Menschen verloren und Dinge waren nicht geklärt. Du bist traurig.
- Du suchst zufälligerweise ein Medium auf, das für Jenseitskontakt ausgebildet ist (nur eine Annahme, es ist noch nicht passiert), aber glaubst vielleicht gar nicht daran.
- Dieses Medium stellt professionell einen Kontakt zum Universum her, zur verbliebenen Energie des Verstorbenen und seiner Seele.
- Die Seele freut sich vollkommen, wieder mit dir in Kontakt treten zu dürfen. Diese Botschaft erhältst du und denkst vielleicht: „Na ok, das kann ja jeder behaupten".
- Das Medium redet wie ein normaler Mensch und sitzt dort in Jeans und T-Shirt.

Jetzt folgt etwas, das verwirrend sein kann und du dich eventuell fragst, ob du bei der versteckten Kamera gelandet bist. Es hat nichts mit dem Medium zu tun, sondern mit den Inhalten. Das Medium schildert dir Dinge von dem Verstorbenen und zu Erlebnissen, die nur der oder die Verstorbene wissen kann. Sie bringen mehrere Beweise, die nur zu ihnen passen. Sie berichten etwa über ein konkretes gemeinsames Urlaubserlebnis von vor 20 Jahren oder über die neuen Schuhe, die ein Familienangehöriger erst vor ein paar Tagen gekauft hat. Oder sie geben Hinweise zum Aussehen ihrer Lieblingskette oder ihr Lieblingsessen. Vielleicht wird die Zahl Vier gesendet, wenn sie vor vier Tagen bei dem Hinterbliebenen im Traum erschienen sind. Unfassbar und ganz konkret.

Das ist der Moment, wo der Geist langsam anfängt, an das, was hier passiert, zu glauben. Ein wahrer Schlüsselmoment.

- Die Seelen senden die Beweise, damit wir ihnen glauben, dass sie es sind.
- Sie beantworten dir jetzt alle Fragen, die du hast, und du hörst es nur wie durch einen Stimmverzerrer, also durch den Profi vor dir. Wenn du etwas nicht verstehst, fragst du einfach. Du wirst sehen, die Antworten sind liebevoll und jenseits von Bewertungen. Entspannung, Glück und das Gefühl, geliebt zu werden, breitet sich in dir aus.
- Du kannst auch etwas mitteilen. Deine Erleichterung und dein Frieden wachsen.
- Wenn der oder die Verstorbene alles an Liebe, Klärung und Anregungen gesendet hat, was wichtig war, endet der Kontakt.
- Der Kontakt kann auch nach längerer Zeit immer wieder aufgebaut werden und es fließen dann Informationen zu der zu dem Zeitpunkt relevanten Situation.

Vielleicht kannst du erahnen, wie berührend und heilend dieser Prozess für alle Beteiligten ist. Und das Beste daran ist, dass du durch die gehörten Beweise weißt, dass es real ist und die Seele des Verstorbenen wirklich gerade in einem Dialog mit dir ist.

Du kannst entspannter trauern, dich leichter und friedvoller verabschieden und dein eventuelles Kopfkino beenden. Ein Quantensprung in deinem Leben.

Jeder meiner erlebten Jenseitskontakte war eine wundersame Bereicherung im Leben des Hinterbliebenen. Ich bin immer wieder dankbar dafür, solche Wundermomente gestalten und erleben zu dürfen.

Zusammengefasst hast du nun ausführlich die Kernelemente meiner Lieblingsthemen kennengelernt:

Channeln, Coachen und Jenseitskontakte.

Bevor du gleich erlebst, wie mehrere „Zufälle" dazu geführt haben, dass ich mein Leben auf diese intensiven Erlebniswelten neu ausgerichtet habe, gebe ich dir als Zwischenfazit einen Überblick über meine prägenden Überzeugungen und Herzensbotschaften.

Meine Herzensbotschaft und tiefe Überzeugung sende ich als Appell, wobei bitte jeder selbst entscheidet, was er davon für sich annehmen oder modifizieren mag.

- Vertraue darauf, dass es in dieser Welt mehr gibt, als wir sehen. Und dieses Mehr ist eine sehr liebevolle Energie, die unser ganzes Leben bestimmt.
- Bislang unverständliche und anspruchsvolle Erlebnisse entwickeln sich nachträglich als wichtige Lernfelder auf dem Lebens- und Seelenweg. Dein Seelenweg hat einen Sinn und eine Mission. Du entscheidest, welche Spuren du hinterlassen willst und wie erfüllt du lebst.
- Unvorstellbar schmerzhafte Verluste von Menschen können aus einer liebevollen Perspektive viel entspannter und friedvoller als bisher angesehen werden. Der Umgang mit dem Thema Tod und auch Gedanken zur eigenen Endlichkeit dürfen leicht sein.

Und nun eine kleine Gedankenpause für dich. Stell dir vor, dass ich dich frage, von welchen drei Botschaften du zutiefst überzeugt bist. Was ist deine Antwort? Antworte gern intuitiv, du kannst das!

Wie angekündigt verrate ich jetzt ein paar sehr persönliche Wendepunkte meines Lebens, um dich mit auf die Reise zu nehmen, wie diese Herzensbotschaften entstanden sind und wie ich sie heute glücklich mit Leben fülle.

Auch du wirst eine persönliche Reise deines Lebens haben, hier ist meine.

Kennst du das, wenn du denkst, dass jemand in deinem Lebensfilm gerade nur falsche Knöpfe drückt.

Mir ging es ähnlich, als plötzlich alles anders und falsch war:

Mein Leben hat sich im Jahr 2019 innerhalb von drei Wochen komplett auf den Kopf gestellt. Damals habe ich nicht verstanden, warum. Heute weiß ich es.

Was ist passiert?

Ich war seit 20 Jahren beruflich sehr erfolgreich als Coach und selbstständige Institutsleiterin für Coachingausbildungen.

Ich war und bin glücklich verheiratet, mit zwei gesunden Kindern. Mein Alltag war geprägt durch unglaublich umfangreiche Arbeitszeiten und bewusste Familienzeit. Alles lief gut im Turbogang.

Eines Tages bemerkte ich einen Knubbel in der Brust. Die Diagnose der Ärzte war eindeutig: alles in Ordnung!

Ich dachte intuitiv: „Hmm, für mich fühlt sich das nicht gut an, doch wenn die Ärzte grünes Licht geben, kann ich wohl nichts machen".

Meine nächste Untersuchung folgte nach drei Monaten. Die Arztdiagnose wiederholt sich: alles ok! Neue Untersuchung in sechs Monaten.

Meine innere Stimme sagte mir, dass das nicht stimmen konnte, und ich gab mich nicht mit der Diagnose zufrieden und ging intuitiv den nächsten Schritt.

Ist es dir auch schon einmal so ergangen, dass du deiner Intuition gefolgt bist, wenn du Informationen nicht verarbeiten konntest?

Es folgte somit eine neue Untersuchung, auf meine Initiative.

Der Arzt rief an und übermittelte mir die Information: „Sie haben Krebs. Da haben Sie ja noch einmal Glück gehabt, denn das ist die beste Art, die man sich wünschen kann. Lassen Sie sich operieren und in drei Wochen passt das wieder".

Hatte ich richtig gehört? Krebs in meinem Leben? Ich verknüpfte eine existenzielle Bedrohung, vielleicht sogar den Tod, mit diesem Wort.

Plötzlich kam eine komplette Vollbremsung der Normalität. Beruf, Familienzeit und Lebenszeit waren alle auf dem nicht kontrollierbaren, ungewollten Prüfstand.

Ich habe den Krebs umbenannt in „Knubbel" umbenannt. Das war für mich wichtig, um die bedrohliche Energie in eine objektive Tatsache umzuwandeln. Ich dachte instinktiv, dass das schon wieder wird. OP, Strahlen und Medikamente. Ein bisschen müde werde ich sein und dann geht es aber normal weiter. Mein hektischer innerer Fahrplan fand auch Einzug.

Gleichzeitig wusste mein Körper auf einer anderen Ebene, dass ich mir seit drei Jahren eine Pause wünschte und sie nun hier ist.

Ich fragte mich intuitiv erst leiser und später lauter: „Was soll mir die Krankheit sagen, welches Zeichen setzt sie, wozu fordert sie mich auf, was brauche ich, damit es mir gut geht?"

Doch die Fragen waren letztlich zu leise und verhallten, denn das Stoppschild zur inneren Einkehr war zu klein.

Ich habe dann das Programm des Arztes absolviert und viel Zeit für mich gebraucht. Ich wollte nur die Kinder und meinen Mann sehen, ansonsten niemanden. Nicht einmal meine Eltern. Ich brauchte all meine Kraftreserven für mich selbst.

Mit den Eltern, mit denen es einige ungeklärte Themen gab, habe ich verabredet, dass wir alles nach der Reha klären werden. Und schon ging es los. Ich packte meine Koffer und fuhr los. Folgender Gedanke prägte mich: „Das ist alles zu regeln, einfach weitermachen".

Der erste und zweite Tag der Reha verliefen sehr entspannt. Den Strand entdecken und die Cafébars des Ortes ausfindig machen, waren die Kernelemente meines Tages.

Am dritten Tag der Reha genoss ich den Strand von St. Peter-Ording und machte fantastische, bewegende Fotos von dicken Sonnenstrahlen, die fächerförmig vom Himmel auf den Strand und das Meer fielen.
Plötzlich rief mein Mann an und erzählte, dass meine Mama umgekippt ist. Ich fuhr mit großem Herzklopfen zu meinen Eltern. Dieser Anruf sollte mein Leben aus den Angeln heben, dieses Mal so richtig, damit ich anfange, wirklich zu lernen.

Vor der Haustür meiner Eltern wurde ich von meinem Mann, meinen Kindern und meinem Papa empfangen. Die erste Sekunde der Vorahnung sagte mir, dass hier etwas ganz und gar nicht stimmte.

Mein Mann sagt mir: „Deine Mama ist tot". Andere hören mich schreien. Nichts ging mehr. Trauer, Verzweiflung, keine Möglichkeit der Klärung oder des Abschieds.

Ich kann nicht mehr. Ich weiß nicht weiter. Horrorphase. Schlaflosigkeit. Meiner Mutter ist gegangen, ohne eine Chance der emotionalen Aussöhnung und Adieu. Schlimmer als Krebs. Endgültig. Furchtbar. Das war mein zweites Stoppzeichen innerhalb von drei Wochen und es war mein schlimmstes Erlebnis. Ich sollte anhalten und lernen, doch das habe ich angesichts des Dramas zuerst nicht gesehen und hatte keine Idee davon, dass irgendetwas an dieser Situation auch nur ansatzweise sinnvoll sein könnte.

Vielleicht kennst du das, wenn eine Vollbremsung nicht ausreicht, um sich neu zu sortieren. Und du vor lauter Drama in einem Moment keinen Blick für das langfristige Lernfeld hast.

Es kam natürlich noch mehr: Mein Papa ist dement. Das Thema wurde vorher durch meine Mutter perfekt versteckt.

Vielleicht kennt ihr solche Momente, wenn man nur noch taub funktioniert und denkt, dass es endlich an schlechten Nachrichten reichen sollte.

Stichwortartig stand jetzt an, dass ich mich um meinen Papa kümmern musste. Zwei große Firmen meiner Eltern wollten ohne Einarbeitung spontan inhaltlich übernommen werden.

Mein Tag gestaltete sich folgendermaßen. Jeden Tag um vier Uhr am Schreibtisch. Ich wühlte mich durch 80 Firmenordner, ohne einen Ansprechpartner oder eine Ansprechpartnerin zu haben. Finanzielle Baustellen in ungeahnten Dimensionen taten sich auf. Zeit für Trauer konnte ich mir nicht nehmen, denn alles musste laufen und darin bin ich ja gut. Ich habe im gewohnten Arbeitsmodus bis zur Erschöpfung sortiert und geregelt.

Ich stand vor so vielen Herausforderungen und wusste nicht, was ich tun sollte. Meine Mutter konnte ich nicht mehr fragen, meinen Vater auch nicht. Ich war zutiefst erschöpft, mitten in der Krebsbehandlung, ein finanzielles Chaos nach dem nächsten tauchte auf und die Ordner-Bücherei nahm kein Ende. Wie ging es mir? Ich fühlte mich der Situation ausgeliefert, ungeliebt, besiegbar und verzweifelt. Am Abgrund.

Endlich folgte die nächste Reha, was bedeutete, Zeit zu haben, um alles ansatzweise zu verarbeiten. Ich ertrug den Verlust meiner Mutter nicht. Es war für mich unerträglich, dass ich keinen Abschied nehmen konnte. Noch schlimmer fühlte es sich an, dass wir in einem ungeklärten, eher streitigen Modus auseinandergegangen sind. Nichts, was ich über den Umgang mit Krisen kannte, half. Ich fühle mich taub und hilflos, kein Anker in Sicht. Du kennst das Anker-Suchen bestimmt.

Zufällig googelte ich das Thema Jenseitskontakte. Ich konnte mir nichts darunter vorstellen. Ich ging mit der Einstellung in den Termin, dass es emotionales, allgemeines Liebesgesäusel nach dem Motto „deine Mutter liebt dich" wird und völlig inhaltsfrei ist. Doch ich dachte gleichzeitig, dass es ja nicht schlimmer werden kann und wahrscheinlich sowieso nur Blödsinn ist. Das Schlimmste, was passieren könnte, ist eine Stunde verschenkte Zeit und die Bezahlung der Sitzung, dachte ich.

Der Telefontermin für den Jenseitskontakt startete. Ich war allein auf meinem Bett in der Rehaeinrichtung und ein bisschen aufgeregt. Ich wusste nicht genau, was mich geritten hat, diesen Termin zu buchen und hatte Gänsehaut am ganzen Körper.

Es ging los. Nach ein paar einführenden Worten folgten die ersten konkreten Inhalte.

Es war ein bisschen spooky. Die Frau am anderen Ende der Leitung wusste nichts außer den Namen über meiner Mutter. Auf einmal erzählt sie, dass meine Mutter mit Zahlen und Tabellen im Büro zu tun hatte. Ich stimmte zu, Steuerbüro. Ich dachte, das kann noch ein Zufall sein.
„Ihr Schreibtisch ging über Eck und stand im Obergeschoss", sagte sie. Das stimmte und ich dachte: „Bitte, was? Woher weiß sie das?"

„Sie hatte zuletzt einen blauen Wagen". „Ja! Moment mal, was geht hier ab? Jetzt wird es surreal", waren meine Gedanken. Die ersten Gedanken kamen, dass wohl ein Fünkchen Wahrheit in dem Jenseitskontakt stecken könnte.

Sie erzählte von den Haaren meiner Mutter und ich war mir sicher, bei der versteckten Kamera gelandet zu sein.

Aufgrund der sehr spezifischen Inhalte, die diese Frau als Channelmedium in Kontakt mit der Energie und Seele meiner Mutter nannte, stand fest, dass sie diese Informationen zu meiner Mutter nicht hätte googeln können.

Dann folgten andere Beweise, wie das Beschreiben von Schmuckstücken und persönlichem Verhalten meiner Mutter.

Okay, ich war überzeugt, dass es real war. Die Energie oder Seele meiner Mutter war auf jeden Fall an diesem Gespräch beteiligt.

In der Mitte der Sitzung kam eine wunderbare Herzensbotschaft, eine enorme Energie und viele Worte quasi aus dem Mund meiner Mutter. Es war wunderbar, unfassbar energiereich und der erste Punkt eines Abschieds und einer Aussöhnung. Du kannst es dir so vorstellen, als würde ein unfassbar starker Lichtstrahl direkt in dein Herz gehen und es mit Liebe füllen. So war es bei mir. Ich war gefüllt mit Liebe und der Gewissheit, dass die Energie meiner Mutter involviert war. Es folgten drei Stunden erleichtertes Weinen und Freude, es war unglaublich magisch. So viel Mutterliebe hatte ich seit Ewigkeiten weder erhalten noch zugelassen.

Ich habe mir meine Notizen dazu etliche Male durchgelesen und parallel war ich weiter abgelenkt durch die komplexe Erbregelung. Nach drei bis vier Monaten habe ich mir jeweils noch einmal einen Jenseitskontakt gebucht. Dieses Mal per Zoom, sodass ich die Botschaften der Energie meiner Mutter immer wieder anhören konnte. Wie wunderbar, einzigartig und heilend. An einigen Tagen hörte ich die Sätze in Dauerschleife und sie wurden mein beruhigender Anker. Diese Botschaften meiner Mutter waren für mich wesentlich wichtiger als die Krebstherapie, Erbschaftszahlen und alles andere. Ich genoss immer mehr, dass ich mich mit meiner Mutter ausgesöhnt fühlte.

Und noch einmal: Ich verwaltete von den Zahlen her ein komplexes Erbe, war seit 20 Jahren erfolgreiche Ausbilderin für systemische Coaches mit einem eigenen Institut. Ich steckte also inmitten des irdischen Lebens.

Ich konnte meinen Liebestank auch ohne die Anwesenheit des Körpers meiner Mutter füllen. Kannst du dir etwas Schöneres vorstellen?

Plötzlich war ich mitten im Thema der geistigen Welt und wollte dazu mehr erfahren und erleben. Es stand für mich fest, dass es etwas Reales war und eine für mich bislang verborgene Seite der Welt.

Ich wollte unbedingt auch lernen mit der geistigen Welt durch das Channeln zu sprechen, um nachzuvollziehen, was mich so nachhaltig gestärkt hat.

So begann meine persönliche Reise in die Bibliothek des Universums mit vielen Ausbildungen zum Channeln, Jenseitskontakten, Zeitreisen (Akasha Chronik) und vielen anderen verwandten Themen. Wunderbare, liebevolle Inhalte in Kombination mit einzigartigen Erlebnissen prägten diese Workshops.

Nun hatte ich verstanden, wie die Technik des Channelns funktioniert und war zufrieden. Zu keinem Punkt dachte ich damals daran, dass diese Erfahrung ein Puzzleteil meiner Berufung sein könnte.

Mein Wendepunkt zum Thema „Ist diese zusätzliche Ebene real und kann ich wirklich in dem Bereich arbeiten?" kam ganz unerwartet und unbewusst.

Nach dem Abschluss einer meiner Coachingausbildungen hatte ich intuitiv den Impuls, einer Teilnehmerin eine Channelsitzung zu schenken. Sie durfte entscheiden, ob ich ihre Frage kenne, oder ob ich ohne Informationen zu ihrem Anliegen einfach direkt die Bibliothek des Universums befrage.

Sie entschied sich dafür, dass ich nicht wusste, worum es ging.

Ich erhielt ein Foto von der zugedeckten Fragekarte und schon ging es los. Ich wollte ihr eine Freude machen und habe nicht groß über den Prozess nachgedacht. Ich fing an zu channeln und es war das erste Mal für jemanden außerhalb meiner Ausbildungen.

Spannend zu wissen ist, dass die Person, für die ich channelte, eine sehr zart wirkende, liebevolle und konstruktive Person ist.

Das erste Bild, das ich bekam, war aber alles andere als zart, denn mir wurde ein Wald gezeigt, dunkel, feucht und viel Moos. Eine bedrückte

Stimmung in Grautönen beherrschte die Situation. Mein Verstand sandte mir von Anfang die Impulse, dass ich falsch channelte, da das nicht stimmen konnte. Ich machte weiter, ohne etwas zu verstehen, aber hatte unterschwellig den Eindruck der Sinnlosigkeit.

Die nächsten Bilder tauchten auf. Weiterhin ein dunkler Wald. Ich bekam starke Schmerzen im hinteren Nacken, so als hätte mir jemand mit einer Stange von hinten an den Hals geschlagen. Ich erhielt Bilder von Dunkelheit, hohen Bäumen und kaltem Moos.

Ich dachte, dass es vielleicht noch thematisch passender werden könnte. Ich wartete auf weitere Botschaften.

Langsam wurde die Umgebung heller und die Stimmung entspannte sich. Bäume verschwanden, die Umgebung war weit. Alles war erfüllt von hellem, weißem Licht. Alles wirkte sehr friedlich, hell und weit.

Mein Verstand meldete weiterhin deutliche Zweifel.

Ich sammelte weiterhin die gechannelten Bilder und Worte und nahm anschließend ein Video für meine Teilnehmerin auf, in dem ich meine Eindrücke schilderte. Am Ende des Videos sollte ich laut Channeling ein Bild von einem Meer einblenden.

Ich war felsenfest davon überzeugt, dass alle von mir übermittelten Botschaften Schwachsinn waren, keinen Sinn ergaben und ich vielleicht einfach nicht gut darin war.

Das Video ging raus und ich hörte tagelang nichts von der Teilnehmerin. Ich wunderte mich nicht darüber. Mein Verstand hakte das Thema ab, denn ich dachte, dass es nichts zu reden gab und ich ja eh wusste, dass diese Arbeit für mich nicht funktionierte.
Nach ein paar Tagen kam ein tränenerstickter Anruf von der Person, für die ich gechannelt habe. Mein erster Impuls war: „Oh nein, was habe ich ausgelöst?"

Es waren jedoch Tränen der tiefsten Rührung und einer dankbaren Bewegtheit.

Ich möchte hier verkürzt die Rückmeldung dieser Person wiedergeben.

Für sie hat jede einzelne Botschaft Sinn ergeben und ihr im irdischen Leben viele bedeutende neue Türen geöffnet. Sie war zutiefst dankbar, sehr bewegt und fühlte sich zu weiteren Schritten eingeladen. Wieso?

Ihre Frage, die ich ja nicht kannte, war: „Was passiert, wenn ich an meinen verstorbenen Vater denke?" Ich wusste nichts über ihr persönliches Umfeld, weshalb ich dankbar war, dass sie mir dann folgende Erläuterungen zu meinem Video gab.

Für sie waren die Botschaften aus der Aufzeichnung wertvoll, weil sie bewiesen, dass ich mit der Energie des Vaters verbunden war und ihre Frage beantwortet wurde.

Die Bilder aus der Channelsitzung ergaben dank ihrer Erläuterungen absoluten Sinn.

Meine dunklen, kalten Waldbilder: Ihr Vater ist nachts im Wald gestorben. Mein starker, ruckartiger Schmerz im Nacken: Es ging um einen Tod durch Erhängen.

Und die Antwort auf die Frage „was passiert?" war die Helligkeit, Schönheit und reine Freude, die entsteht, wenn dieses Ereignis besprechbar wird. Das finale Bild des Meeres war ein starker Beweis, dass ich mit der Seele ihres Vaters gearbeitet habe, denn er hatte eine Seebestattung.

Ich war sprachlos, denn mein Gegenüber war zutiefst positiv bewegt.

Ermuntert durch diese gechannelten Informationen aus der geistigen Welt und durch die auftauchende Helligkeit, war sie zum ersten Mal bereit, Schritte in Richtung Familiengespräche über den Tod des Vaters einzuleiten. Es entstand eine gute Energie. Die nächsten Handlungen folgten darauf aufbauend durch eine berufliche Umorientierung und ein starkes inneres Wachsen in einer unfassbar kräftigen Dimension.
Und jetzt noch einmal zusammengefasst: Diese lebensverändernden Ereignisse setzten sich durch ein Channeling, dessen Frage ich nicht kannte, in Bewegung. Mein Verstand konnte also nichts steuern.

Für mich war dies ein Geschenk, das ich dieser Person machen durfte. Und gleichzeitig war es ein Geschenk, erleben zu dürfen, welche Genauigkeit und Kraft diese Botschaften haben. Unfassbar schön!

Danach kam der Zeitpunkt, an dem ich bewusst für andere gechannelt habe. Es war so beglückend.

Und mein Wunsch wuchs, diese unfassbare Energie in die Normalität auf der Erde zu bringen. Ich wollte anderen Menschen zeigen, dass es so viel mehr gibt, als wir sehen können, und das Ungewohnte zur Normalität werden kann. Darüber hinaus war mein Wunsch, Menschen einzuladen, diese starken gechannelten Botschaften, die wir mit dem Verstand selbst nicht herleiten können, als Startsignal für neue, kräftige reale Handlungen zu verstehen.

Kannst du dir etwas Schöneres vorstellen, als aufbauend auf liebevollen Botschaften eine neue eigene Welt zu erschaffen und diese deine real werden zu lassen?

So entstand etwas unsagbar Kostbares und Einzigartiges, und zwar die Kombination aus Channeln und Coaching. Du kannst es dir auch gern als Verbindung zweier Welten vorstellen. Die gechannelte Information aus der Bibliothek des Universums oder der sogenannten geistigen Welt, in Verbindung mit Handlungen in der realen irdischen Welt, die du im Coaching entwickelst.

Vielleicht fragst du dich jetzt: „Wie funktioniert diese Kombination konkret für mich?"

Ich antworte gern zum Einstieg mit einer Impulsfrage an dich:

Kennst du die Sehnsucht von innen heraus, erfüllt zu Hause zu sein und diese Zufriedenheit aktiv weiter auszubauen?

Anhand der folgenden zwei Beispiele kannst du dir ein gutes Bild machen, wie die Verbindung aus Channeln und Coaching dein Leben bereichern kann.

Es ist dabei unerheblich, ob wir beim Channeln oder Coaching starten, denn jede Kombination ist möglich. Die Arbeitsweisen des Channelns und Coachings funktionieren auch losgelöst voneinander sehr wirkungsvoll, und ich praktiziere beides noch einzeln. Doch die Kombination beider erlebe ich bei meinen Klient*innen als extrem erfüllend.

BEISPIEL 1: CHANNELN EINER FRAGE, PLUS DIREKTEM COACHING

Stell dir dieses Setting vor.

Ein Klient kommt mit einer Frage, die er von der geistigen Welt beantwortet haben möchte, und entwickelt dann aus den erhaltenen Impulsen seine Umsetzung im Coaching.

Folgende reale Situation erlebte ich im Institut.

Eine Klientin hatte die Wahl zwischen zwei Wohnorten. Die Entscheidung würde etliche Konsequenzen mit sich bringen, beginnend mit einem Hausverkauf. Vom Kopf her war die Entscheidung nicht zu fällen, denn es war ein ewiger Gedankenkreisel. Vielleicht kennst du das Hin und Her ohne Anker auch.

Per Channeling stellte ich der geistigen Welt Fragen darüber, welche der Häuser, welche Energien, Chancen und Themen für sie bereithielten und was es für sie bedeuten würde, dort zu wohnen, auch beruflich. Ich konnte tatsächlich, ohne die Immobilien zu kennen, die Häuser und ihre Gärten genau beschreiben, mit den Visionen zum jeweiligen Wohnort.

Die Beschreibungen waren für die Klientin so wertvoll, dass sie einen klaren, emotional fundierten Entschluss darüber fassen konnte, welches Haus verkauft wird.

Im gleichtägigen Coaching hat sie dann durch meine Fragen konkrete Schritte dazu erarbeitet, wie das Haus vermarktet wird, wann es so weit ist und was die Schritte sind, um sich von dem Haus zu lösen.
Das Rundumpaket war für die Klientin sehr erleichternd und klar, dank der konkreten Schritte.

Spürst du schon die Kraft, die solche Lösungen beinhalten?

BEISPIEL 2: SEELENAUFGABEN CHANNELN UND UMSETZUNGEN COACHEN

Du erfährst beispielsweise in einem Channeling, weswegen du lebst und was dein sogenannter Seelenweg ist. Leitfragen hierbei sind: „Warum bin ich hier und was ist meine Erfüllung? Was ist in der Bibliothek des Universums als mein Auftrag angelegt und welche Schritte wünscht sich meine Seele zu seiner tiefen Erfüllung?"

Bei einer Klientin erhielt ich als gechannelte Botschaft, dass ihr Auftrag ist, ihre Krebserkrankung mit Kommunikation zu verbinden. Dies war ein komplett neues Thema für sie. Ihre Frage, die durch den unerwarteten Impuls entstand, war dann, wie das gehen sollte.

Genau dieses Thema kann dann in einem anschließenden Coaching erarbeitet werden. Welche Schritte wirst du real gehen müssen, um zutiefst erfüllt zu sein? Diese konkreten Handlungen bilden den roten Faden deines irdischen Lebensweges, deiner faktischen Schritte.

Bei der oben beschriebenen Klientin stellte sich nur zwei Wochen nach dem Channeling heraus, dass sie in einer medizinischen Einrichtung im Bereich Patientenkommunikation arbeiten wird. Wäre diese Lösung ihr nicht zufällig in ihr Leben geflattert, hätten wir im Coaching genaue Schritte dazu erarbeiten können, wo und wie sie Kommunikation mit ihrer Erkrankung verknüpfen kann.

Sie war begeistert. Sie hatte vor dem Channeling keine Vorstellung ihres Weges und jetzt ist er da!

Die Verbindung aus Seelen- und Lebensweg bestärkt meine Klientinnen und Klienten aus Erfahrung, weil sie aus einer neugewonnenen, tiefen, inneren Motivation heraus ins Handeln gehen.

Stell dir vor, wie großartig es wäre, von neuen erfüllenden Impulsen zu erfahren, und die Realisierung konkret vor dir liegt!

BEISPIEL 3: JENSEITSKONTAKT UND NACHGELAGERTE ANSCHLUSSHANDLUNGEN

Falls du auch schon einmal Trauer erlebt hast, kennst du vielleicht das Gefühl und die Fragen darüber, wie es weitergehen soll oder dass du so gern noch mehr gefragt und mehr gemacht hättest. Oft kehren diese Gedanken und Fragen wie ein Brummkreisel immer wieder zurück und binden so viel Energie, dass eine Vorwärtsbewegung anspruchsvoll wirkt.

Folgende reale Situation schildert eindrücklich, was durch Jenseitskontakte möglich ist.

Eine Mutter, die Monate zuvor ihr erwachsenes Kind verloren hatte, kam verzweifelt zu mir. Per Channeling schilderte ich ihr konkrete Beschreibungen der Hobbys ihres Sohnes, der Farbe und Aussehen seines Lieblingskuscheltieres und des Lieblingsvokabulars. Alle Dinge, die ich nicht wissen konnte.

Durch diese glasklaren Botschaften wusste die Mutter genau, dass der Jenseitskontakt real ist.

Sie erhielt Antworten auf ihre zwei Hauptfragen.

„Konntest du gut gehen?" „Ja, es war ein sanftes Hinübergleiten und du hättest es nicht verhindern können."

„Wie geht es dir jetzt?" „Mir geht es hier richtig gut. Ich erlebe grenzenlose Freiheit."

Die Antworten ihres Sohnes haben sie so beruhigt, dass sie in den nächsten Wochen begann, wieder Aktivitäten in ihrem Leben aufzunehmen und Lust auf eine eigene Weiterbildung bekam, die sich im Anschlussgespräch entwickelte.

Stell es dir so vor, dass der Energieumschwung von Verzweiflung zu eigener Handlung eindeutig im Gesicht der Frau ablesbar war. Magisch!

Gerade die Energie der Jenseitskontakte ist ein unfassbar starker Hebel für die eigene Seelenzufriedenheit und somit Basis für die persönliche Entwicklung. Ich selbst habe noch nie so kräftige Wirkungen, wie durch diese Arbeit erlebt.

Wie du wahrscheinlich herausgehört hast, ist die Einzeldisziplin Coaching besonders wirkungsvoll für Körper, Geist und durchdachte Schritte.

Das Einzelelement Channeln ist wichtig für das Entdecken und Einbeziehen der Seele.

Viele Coaches, Energiearbeiter*innen, Berater*innen und Begleiter*innen sind wunderbare Expertinnen und Experten in diesen Einzelthemen und das ist gut so.

Die Kombination dieser Einzeldisziplinen steigert jedoch die Wirkung in der persönlichen Entfaltung exponentiell, weil der Körper, der Geist und die Seele zutiefst in Einklang kommen und dadurch beglückende Handlungen in einer einmaligen Qualität entstehen können.

Dieses Megapaket ist die Zukunft der Persönlichkeitsentwicklung, davon bin ich zutiefst überzeugt. Dieses Bild spiegelt meine Erfahrung und persönliche Vision als liebevolle, gestandene Person und als Ausbilderin für Channeling und Coaching.

Hast du solche Momente, wo alles zusammenpasst, schon einmal erlebt? Und nun stell dir vor, dass du dieses Erlebnis aktiv herbeiführen kannst. Nicht nur für dich, sondern auch für andere Personen.

Stell dir vor, du bist von innen erfüllt und gehst intuitiv passende Schritte im Außen. Wie wunderschön ist das bitte.

Als finale Frage steht jetzt im Raum: Was tue ich persönlich, um meine Mission zu leben und meine Herzensbotschaften zu leben?

Mein größter Wunsch ist, dass das Thema Seelenweg und Channeln mit dem irdischen Coaching verknüpft wird, um Menschen zutiefst glücklich zu machen.

Und mein allergrößter Wunsch ist, dass möglichst viele Menschen erleben, dass die Seelen Verstorbener noch bei ihnen sind. Ich wünsche mir so sehr, dass eine möglichst hohe Anzahl an Menschen heilende Botschaften erhält. Ich sehe Live-Sessions vor Publikum vor meinem inneren Auge, in denen Leute die Chance haben, von den heilenden Sätzen Verstorbener in ihre persönliche Mitte und Milde zu finden. Stell dir diese ruhevolle und mit Liebe geladene Energie vor. Es ist so wunderbar und braucht keine schicken Ergänzungen.

Ich habe mich entschieden, meinen Herzenswünschen intuitiv zu folgen und sie zu realisieren.

Folgende zwei Richtungen bilden deshalb den Fokus meiner Aktivitäten und ich genieße den Luxus, mein Leben so gestalten zu dürfen.

Als ersten Schwerpunkt biete ich in unserem Unternehmenszweig GateAtma Ausbildungen an, die Channeln und Coachen verbinden. Wir sind bundesweit das erste zertifizierte Institut in diesem Bereich. Natürlich war das nur möglich, weil wir schon seit 20 Jahren systemische Coaches zertifiziert ausbilden.

Auf die neue zertifizierte Ausbildung bin ich nicht nur stolz, sondern auch felsenfest überzeugt, dass diese Themen in hoher Qualität das Startfundament für die Arbeit mit Menschen in den nächsten Jahren sein wird.

Fragst du dich gerade, was GateAtma heißt? Das Tor zur Seele!

Mein zweites Fokusthema stellt der Jenseitskontakt dar. Hierfür arbeite ich sehr gern live, um Menschen eine Vorstellung der Brillanz und der Normalität dieses Wirkens zu geben.

Regelmäßig findest du mich in umfangreichen Präsenzveranstaltungen oder Terminen online und kannst direkt teilnehmen und das Thema auf dich wirken lassen.

Auch für Eins-zu-eins-Kontakte live oder per Zoom stehe ich immer gern zur Verfügung und biete auch Ausbildungen dazu an, wie man diese Kontakte erlernt. Diese wunderbaren Techniken kann übrigens jeder und jede lernen, solange man Lust hat, seinen Wahrnehmungen zu trauen.

Bei dem Thema Jenseitskontakte beziehe ich noch ein wunderbares Thema mit ein, das vielleicht auf den ersten Blick unkonventionell wirkt.

Ich stelle Kontakt zu Sternenkindern her, also früh verstorbenen Kindern oder Babys, die ohne Herzschlag auf die Welt kamen. Auch bei frühzeitig beendeten Schwangerschaften ist Kontakt zur Seele aufnehmbar. Beide Themen sind mir aufgrund eigener Erfahrungen sehr vertraut und ich kenne die Sehnsucht nach Kontakt zu diesen Seelen. Wenn ich Eltern in ihrem Verlust helfen kann, dann hat sich mein Wirken gelohnt.

Es ist unfassbar schön und unbeschreiblich zu erleben, wenn Eltern das erste Mal mit ihrem verstorbenen Baby oder einer Seele, die sich in der frühen Schwangerschaft verabschiedet hat, sprechen.

Es sind unbeschreiblich starke Momente für alle Beteiligten, wenn die gegangenen Seelen berichten, mit welchen Vorfahren sie in der geistigen Welt verbunden sind oder schildern, dass sie bei der Einschulung der Geschwister dabei waren.

Mein Traum ist es, eine bekannte Unterstützungsplattform zu gründen, die Menschen in Trauer einen einfach erreichbaren und konkreten Anlaufpunkt bietet.

Wie großartig, dass du bis hierhin dabei bist. Ich freue mich, wenn du viele Impulse erfahren hast.

Zum Finale fasse ich dir gern noch einmal meine wichtigsten drei Kernbotschaften und Überzeugungen zusammen:

1. Es gibt viel, viel mehr Erlebniswelten als die, die wir mit den Augen sehen können. Diese bieten ein energiereiches persönliches Wachstum!

2. Dein Seelenweg und Impulse für konkrete Fragen zu deinem Leben sind in der Bibliothek des Universums per Channeling abrufbar. Hierdurch und durch eine Begleitung durch Coaching lässt sich dein Leben wesentlich gehaltvoller, leichter und freudiger gestalten. Du weißt, wofür du lebst und lebst es.

3. Die Seelen Verstorbener begleiten dich regelmäßig und liebevoll zuschauend. Wenn sie dir etwas senden, ist es pure Liebe. Jeder Kontakt ist ausnahmslos ein emotionales Geschenk.

Ich wünsche dir viel Freude beim Entdecken neuer persönlicher Wahrheiten in deinem Leben. Lasse dich auf das Erkennen deiner Herzensbotschaften ein.

It´s a short trip.

AUTORINNEN-VORSTELLUNG

Kathrin Ennen

0151-15602723

info@gateatma.de
info@busco.de

www.busco-institut.de
www.gateatma.de

Kathrin Ennen
Gate Atma

Kathrin Ennen
Gate Atma

Kathrin Ennen

DEIN BUSINESS IN MAXIMAL DREI SÄTZEN?

Ich bilde leidenschaftlich gern Coaches im klassischen systemischen Coaching und als Life-Coach aus. Ich bin außerdem Ausbilderin für die Verbindung von Seele und Handeln.

In der Eins-zu-eins-Begleitung gehe ich gern in den Kontakt zu Seelen Verstorbener.

Das Malen von Unikat-Seelenbildern für Lebende oder Verstorbene als persönliche Energiebilder macht mir viel Freude.

FÜR WEN BIST DU GENAU DIE RICHTIGE ANSPRECHPARTNERIN?

Ich freue mich, wenn du den Weg zu mir findest. Vielleicht spricht dich ein Teil der folgenden Sätze an –

- Du suchst einen echten Menschen, der Tacheles mit Seele, Liebe und Realitätssinn spricht.

- Du möchtest dich mit gegangenen Seelen aussöhnen oder mit ihnen Kontakt aufnehmen, egal ob es eine Frühgeburt, eine stille Geburt oder ein lang gelebtes Leben waren.
- Du möchtest lernen, wie du Menschen im Alltag und im Job fundiert begleitest und stärkst.
- Du möchtest tief mit Einzelmenschen in der Vergangenheit, Gegenwart und Zukunft arbeiten. In der Verbindung von Seelenarbeit und Realität.
- Dabei ist dir wichtig, dass dein Ausbildungsinstitut von einem Dachverband zertifiziert ist.
- Du suchst deinen inneren Kern und deine Bestimmung, und somit deinen Seelenweg.
- Du möchtest gern einen energetischen Anker in Bildform als Unikat zu Hause haben, für dich oder als Erinnerung an die Seelen Verstorbener.

ARBEITEST DU OFFLINE, ONLINE ODER BEIDES?

Beides.

WELCHE WAREN DEINE DREI WICHTIGSTEN LEBENS- BEZIEHUNGSWEISE LERNSTATIONEN?

Mein Sternenkind Anna. Meine Krebserkrankung. Der Tod meiner Mutter ohne Abschied, mitten in zu besprechenden Prozessen.

MAL ANGENOMMEN, DU KÖNNTEST 15 JAHRE IN DIE VERGANGENHEIT REISEN. WAS WÄRE DEIN WICHTIGSTER TIPP AN DEIN 15 JAHRE JÜNGERES ICH?

Traue deiner Seele, die sich durch deine Intuition bemerkbar macht.

LUST AUF VIDEOS?

Du findest auf dem YouTube-Kanal von Daniela Landgraf eine Playlist mit dem Namen „Herzensbotschaften". In dieser Playlist findest du Interviews, die Daniela Landgraf mit den Mitwirkenden dieses Buches geführt hat.

Die Videos sind fast alle online aufgenommen worden. Bearbeitet wurden sie von Nele Andresen, einer großartigen Video-Produzentin.

Doch lassen wir Nele einmal selbst zu Wort kommen:

Moin, ich bin Nele, Videoproduzentin und wohne im schönen Schleswig-Holstein. Viele Jahre habe ich als Videojournalistin beim Stern gearbeitet und tagesaktuelle Beiträge, Reportagen und Interviews produziert. Heute fließt meine große Storytelling-Erfahrung in meine Arbeit im Marketing-Bereich ein.

Ich liebe es, Videos zu produzieren, von der Konzeption bis zum fertigen Beitrag. Egal ob kurze Clips für deine Social Media Kanäle oder ein längeres Showreel, Produktvideo oder ein Imagefilm für deine Homepage. Hauptsache, das Endprodukt ist ein schönes und authentisches Video für deine Marketing-Kanäle!

Viele Menschen denken, dass die Produktion von Videos sehr kosten- und zeitaufwendig ist und deswegen für ihr Unternehmen nicht in Frage kommt. Dem möchte ich gerne widersprechen. Denn an nur einem Drehtag können wir eine ganze Reihe für deine Social Media Kanäle produzieren. Wenn wir einen Imagefilm für deine Homepage erstellen, können wir das Material für kurze Social Media Sequenzen wiederverwenden.

Noch nicht mal ein Drehtag ist nötig, um dein Unternehmen in bewegtem Bild zu zeigen. Du kannst auch Online-Interviews führen, die ich in der Postproduktion zu professionellen Videos verwandele. Oder du hältst einfach mal die Kamera bei der Arbeit drauf. Daraus entstehen im Schnitt dann schöne, authentische Videos, die dich und dein Unternehmen präsentieren.

Schon als Kind habe ich es geliebt, mit der Kamera unterwegs zu sein. Während des Studiums wurde meine Leidenschaft immer größer. Ich liebe es, Menschen zu zeigen, wie viel Spaß es bringt, vor der Kamera zu stehen. Und welche Wirkung toll produzierte Videos auf mögliche Kunden haben. Denn kein Format stärkt die Bindung so sehr, wie ein Video. In Videos sehen Interessierte, wer du bist, was dich ausmacht und warum sie dich buchen oder dein Produkt kaufen sollen.

Jetzt hast du auch Lust auf Videoinhalte bekommen? Dann melde dich gerne bei mir und wir schauen, welches Paket für dich in Frage kommt. Ob du das All inclusive-Paket möchtest oder eigentlich ganz gerne selber filmst und mich nur für den Schnitt brauchst.

Meine Herzenbotschaft für dich: Jeder Mensch ist es wert, vor der Kamera zu stehen. Trau dich!

Ich freue mich auf dich!

Nele Andresen

andresenmarketing.de

andresen.marketing@web.de

linkedin.com/in/nele-andresen-videoproduzentin

Daniela Landgraf

Ein paar Abschlussworte von der Herausgeberin

Liebe Leserin, lieber Leser,

wie geht es dir jetzt, nach all diesen unterschiedlichen und dennoch teilweise ähnlichen Impulsen?

Der große Bogen, der sich über alle Kapitel spannt, besteht aus den Themen Selbstbestimmtheit und Selbstwirksamkeit. Von mir als Herausgeberin hast du noch nicht viel erfahren. Dieses Buch sollte vor allem den wundervollen Herzensbotschafterinnen, die du kennenlernen durftest, eine Bühne bieten.

Ein bisschen über mich werde ich dennoch erzählen. Mein Leben war früher einmal alles andere als leicht. Heutzutage darf ich ein glückliches, zufriedenes und erfülltes Leben in Freiheit und Freude genießen.

Mein Leben hat mich gelehrt, dass es immer irgendwie weitergeht und alles für irgendetwas gut ist.

Wege sind zum Gehen da. Doch es darf auch mal Pause am Wegesrand gemacht werden. An manch einer Kreuzung heißt es, mutige Entscheidungen zu treffen. Manchmal gehst du Umwege und pflückst dabei die tollsten Blumen (= Erfahrungen, Begegnungen, Momente ...), von denen du gar nicht wusstest, dass es sie überhaupt gibt. Und manchmal landest du auch in einer Sackgasse. Ja, das passiert. Doch vielleicht bietet sie dir den richtigen Moment zum Innehalten und Spüren, ob du überhaupt auf deinem Herzensweg (oder Seelenweg) bist. Manch ein Stoppschild oder eine rote Ampel ermahnen dich vielleicht, über deinen Weg nachzudenken. Ist das, was gerade da ist und das, was du gerade tust, wirklich das, was du willst?

Mein Weg war lang und steinig. Heute weiß ich, es war alles für irgendetwas gut. Jede noch so schwierige Erfahrung war nötig, um mich weiterzubringen. Es ist, als hätte mir jemand ein Geschenk gemacht, das nur für mich bestimmt ist. In den Händen von jemand anderem hätte es eine völlig andere Bedeutung gehabt. Aber für mich war es genau das, was nötig war, um mich zum nächsten Meilenstein zu bringen. Wäre nur eine Sache anders gewesen, hätte ich meine Entwicklung nicht gemacht. Deswegen vertraue ich darauf, dass auch die nächste Hürde mich nicht ausbremsen, sondern weiterbringen wird. Rückblickend wird sie ein Geschenk sein.

Ich wäre heute nicht die, die ich bin, ohne diese teilweise sehr schmerzhaften Lernerfahrungen. Ich gebe dir einen kurzen Einblick in meine Geschichte, ich möchte dich nicht lange damit langweilen. Denn es geht um dich und deinen Weg. Doch manchmal können die Wege anderer eine Quelle für Inspiration und Mut sein.

Wenn du auf meine Homepage schaust, wirst du feststellen, dass meine Themen sehr vielfältig sind: **danielalandgraf.com**

Selbstwert, Pferde, Finanzen, Krisenbewältigung, mentale Stärke–auf den ersten Blick mögen diese Themen völlig unterschiedlich erscheinen. Oft habe ich gehört: „Daniela, du musst dich auf eine Sache konzentrieren!" Jedes Mal, wenn ich diesen Satz hörte, dann ließ sich „Miss Selbstunsicherheit" in mir davon beeinflussen. Doch heute weiß ich, dass all diese Themen zusammenhängen und mich ausmachen.

Geboren mit dem Tourette-Syndrom, was ich heutzutage gerne meinen Special-Effekt nenne, fühlte ich mich als Kind anders. Ich wurde ausgegrenzt und gehänselt (heute würde man „gemobbt" sagen). Die Tics in meinem Körper machten mir das Leben schwer, und ich dachte, ich sei die Einzige, die so ist. Als ich später in die Finanzbranche ging, arbeitete ich hart, um Anerkennung zu gewinnen. Erfolg und Geld wurden zu meinem äußeren Selbstwertgefühl, doch innerlich blieben die Selbstzweifel. Ich vergleiche es heutzutage immer mit einem Leuchtturm, der von außen angestrahlt wurde. Solange Erfolg und Anerkennung von anderen kamen, war alles gut. Dramatisch wurde es, als das Licht von außen erlosch. Dann ist von meinem Leuchtturm nicht viel mehr übriggeblieben als ein Haufen alter Steine.

Nach 20 Jahren höher, schneller, weiter und ständiger Vollpower streikte mein Körper. Noch dazu zog ich mir viele gruselige Umstände in mein Leben: nicht zahlende Kundinnen und Kunden, Messies, Mietnomadinnen und Mietnomaden in meinen Immobilien sowie viele andere negative Umstände. Du merkst schon an meiner Formulierung „ich zog es mir ins

Leben", dass vieles mit der inneren Haltung zu tun hat. Doch nicht nur das. Ich hatte zuvor so viele Stoppschilder übersehen. Wenn ich in einer Sackgasse gelandet bin, rannte ich einfach blindlings zurück, ohne auch nur einen Moment innezuhalten und nachzudenken. Ich machte weiter, weiter und weiter. Nie, wirklich nie, nahm ich mir Zeit für das, was zu diesem Zeitpunkt wichtig gewesen wäre: zum Innehalten und Nachdenken. Ich funktionierte auf höchstem Niveau und dachte nie darüber nach, ob das, was ich tat, mich auch glücklich machte. Es brachte mir vor allem viel Geld und Anerkennung. Das war zu dem Zeitpunkt der Hauptsinn meiner Existenz. Und wenn du deine Existenz auf Geld und Erfolg reduzierst, fühlst es sich irgendwann ganz schön leer und traurig an.

Der Zusammenbruch kam, als ich Insolvenz anmelden musste. Das Licht von außen erlosch und ein inneres Leuchten gab es nicht. Zu diesem Zeitpunkt hatte ich alles verloren: mein Unternehmen, meine Immobilien und mein Selbstwertgefühl.

Die Folge war, dass ich acht Wochen in einer psychosomatischen Klinik verbrachte, weil ich eine Depression aus Erschöpfung hatte, oder moderner ausgedrückt einen Burnout. Einige Zeit später ging auch noch meine Ehe nach 16 Jahren auseinander. Seit meinem Komplettzusammenbruch auf allen Ebenen sind nun zwölf Jahre vergangen (Stand Oktober 2023). Doch ich fand meinen Weg zurück und heute bin ich wirklich glücklich.

Und was hat es mit den Pferden auf sich?

Pferde begleiten mich schon fast mein ganzes Leben lang. Ich bin zum Zeitpunkt, an dem ich diesen Text schreibe, 51 Jahre jung. Vor 39 Jahren hatte ich meine erste Reitstunde. Nach meinem Komplettzusammenbruch durfte ich zunächst nicht mehr in der Finanzbranche arbeiten, weil ich eine schlechte Schufa hatte. Dadurch wurde mir meine Existenzgrundlage entzogen. Zum Glück hatte ich zuvor schon einige Coaching- und Trainerausbildungen sowie die Ausbildung zur Heilpraktikerin für Psychotherapie absolviert. Meine neue Berufstätigkeit wurde dann für einige Jahre lang das pferdegestützte Training und Coaching. Pferde spiegeln uns, sie zeigen unsere Ängste und unsere Persönlichkeit. Bis heute mache ich noch immer hin und wieder Führungskräfte- und Teamtrainings mit Pferden und biete regelmäßig die Ausbildung zum pferdegestützten Coach an.

Doch auch mit den Pferden war es nicht immer einfach.

Am 21.01.2019 geschah ein beinahe tödlicher Unfall. Ich überlebte und wurde sogar recht schnell wieder gesund, trotz eines gebrochenen Brustbeins, fünf gebrochenen Rippen und Luft außerhalb meiner Lunge.

Mein Leben hatte mich im Vorfeld viel gelehrt, vor allem die Themen Akzeptanz, Vertrauen und Dankbarkeit. Diese drei wichtigen Eigenschaften aktivieren deine Selbstheilungskräfte und deine mentale Stärke in großem Maße.

Seit einigen Jahren liebe ich es, als Moderatorin und Rednerin auf der Bühne zu stehen und Menschen zu inspirieren. Meine Erfahrungen teile ich in meinen Büchern, von denen ich bereits 18 veröffentlicht habe. Jede Erfahrung, ob gut oder schlecht, hat mich zu dem Menschen gemacht, der ich heute bin.

Dieses Buch ist meine 19. Veröffentlichung und es ist dank 16 anderer wundervollen Persönlichkeiten entstanden.

Meine wichtigste Herzensbotschaft an dich ist:

Lebe in Dankbarkeit und Vertrauen.
Akzeptiere, was du nicht ändern kannst.

Dankbarkeit ist der Schlüssel zur Zufriedenheit. Wenn du dankbar auf das schaust, was du hast, und nicht immer nur darauf blickst, was dir gerade fehlt, dann entsteht nach und nach ein Gefühl von innerer Fülle. Dieses wirst du nach außen ausstrahlen und vertraue bitte darauf, dass genau diese Fülle, die du zuerst tief in deinem Inneren spüren wirst, sich dann auch innerhalb kürzester Zeit im Außen zeigen wird. Solange du jedoch ein Gefühl des Mangels verspürst, wird sich auch im Außen nicht viel tun. Vertraue darauf, dass das, was du in dir drinnen spürst, du auch im Außen erlebst. Uns das im Positiven sowie im Negativen.

Apropos Vertrauen. Ich selbst lebe inzwischen stets in der Grundhaltung: „Für irgendwas wird es schon gut sein". Auch mir passieren Dinge, die mir nicht gefallen. Auch in meinem Leben gibt es immer mal wieder Ärger und Stress. Es läuft nicht immer alles rund und es ist auch nicht immer alles

„Friede, Freude, Sonnenschein". Und dennoch weiß ich, dass alles für irgendetwas gut ist.

Manchmal brauchen wir diese Lernerfahrungen, um uns persönlich weiterzuentwickeln. Manchmal braucht es Absagen oder Verzögerungen, damit noch viel bessere Dinge in dein Leben treten können.

Manchmal ist es noch nicht die richtige Zeit oder der richtige Ort für deine Vorhaben. Manchmal fehlen noch die richtigen Kontakte oder eben eine für dich wichtige Lernerfahrung.

Bitte, glaub an dich! Du bist wundervoll, so wie du bist. Und eines garantiere ich dir:

Wunder geschehen, wenn du bereit bist, sie zu sehen!

Akzeptanz hilft dir, aus deinem inneren Widerstand herauszukommen. Für mehr Zufriedenheit im Leben hast du meist nur zwei Möglichkeiten:

Ändere die Situation oder deine Einstellung dazu.

Und wenn du in einer schwierigen, herausfordernden Situation bist, dann denke daran: All das, was du heute erlebst, macht dich zu dem wundervollen und erfahrenen Menschen von morgen! Wundervoll bist du heute schon, aber morgen bist du noch etwas erfahrener.

Vertraue! Denn Vertrauen ist die leiseste Art von Mut.

Dieser Satz stammt nicht von mir, sondern von der wundervollen Eva Schulte-Austum. Sie ist die Vertrauensexpertin Nummer eins im deutschsprachigen Raum.

Schaue dankbar und demütig auf das, was du hast. Es ist ein wichtiger Schlüssel zum Glück.

Schreibe dir jeden Abend drei Dinge auf, für die du dankbar bist.

Und wenn du mal einen nicht so schönen Tag hattest, dann schreibe dir auf, was du alles Wundervolle an diesem Tag lernen durftest.

Noch etwas möchte ich dir abschließend mit auf den Weg geben:

Die Reise zu einem selbstbestimmten, glücklichen Leben ist eine Reise und kein Ziel. Und die wundervollsten Glücksmomente finden sich oft ganz unscheinbar am Wegesrand. Nimm sie mit Dankbarkeit wahr und es werden Wunder geschehen.

Wenn du mehr über mich als Herausgeberin wissen möchtest, dann schaue doch auf einer meinen Webseiten vorbei oder besuche meinen YouTube-Kanal:

Meine allgemeine Homepage: danielalandgraf.com

Bücher-Homepage: autorin-daniela-landgraf.de

Coaching mit Pferden: coachingundpferd.de

Mein YouTube-Kanal: youtube.com/channel/UCzE6l-6QzAdMSDuNHZF4lZw

Alles Liebe für dich und vielleicht begegnest du einer der anderen Herzensbotschafterinnen oder mir ja irgendwann irgendwo einmal persönlich. Du hast von allen Herzensbotschafterinnen und von unserem Herzensbotschafter die Kontaktdaten in diesem Buch bereitgestellt bekommen. Jede Einzelne und auch unser „Quotenmann" freuen sich über deine Kontaktaufnahme!

Bis dahin, ganz liebe Herzensgrüße

Deine Daniela Landgraf

und ihre wundervollen Herzensbotschafterinnen und Herzensbotschafter

VORSTELLUNG DER HERAUSGEBERIN

Daniela Landgraf

0174-2419788

dl@danielalandgraf.com

danielalandgraf.com

autorin-daniela-landgraf.de

coachingundpferd.de

youtube.com/channel/UCzE6l-
6QzAdMSDuNHZF4lZw

DEIN BUSINESS IN MAXIMAL DREI SÄTZEN?

Bei mir dreht sich alles um Bücher, Bühne und Pferde. Als Autorin schreibe ich Bücher zu den Themen Selbstwert, mentale Stärke und Finanzen, sowie Bücher für Coaches und als Vortragsrednerin und Moderatorin liebe ich die Bühne. Wenn ich nicht gerade selbst Bücher schreibe oder auf der Bühne stehe, dann unterstütze ich andere Menschen beim Schreiben und Veröffentlichen ihrer Bücher und ich gebe Kommunikations- und Rhetoriktrainings – mit und ohne Pferde-Unterstützung.

FÜR WEN BIST DU GENAU DIE RICHTIGE ANSPRECHPARTNERIN?

1. Menschen, die ein Buch schreiben und veröffentlichen möchten.

2. Menschen, die ihre Rhetorik- und Kommunikations-Skills verbessern wollen.

3. Coaches, die sich weiterbilden möchten – mit und ohne Pferde-Unterstützung.

ARBEITEST DU OFFLINE, ONLINE ODER BEIDES?

Beides.

MAL ANGENOMMEN, DU KÖNNTEST 15 JAHRE IN DIE VERGANGENHEIT REISEN. WAS WÄRE DEIN WICHTIGSTER TIPP AN DEIN 15 JAHRE JÜNGERES ICH?

Vertraue. Alles wird gut. Alles hat seinen Sinn. Vertraue darauf, dass alles zu deinem Weg gehört. Irgendwann schaust du zurück und du wirst verstehen. Vertraue!

HAFTUNGSAUSSCHLUSS

Dieses Buch enthält Meinungen und Ideen der Autorinnen und des Autors und hat die Absicht, Menschen hilfreiches und informatives Wissen zu vermitteln. Die enthaltenen Hinweise und Methoden passen möglicherweise nicht zu jedem Leser, und es gibt keine Garantie dafür, dass sie auch wirklich bei jedem funktionieren. Die Benutzung dieses Buches und die Umsetzung der darin enthaltenden Informationen erfolgt ausdrücklich auf eigenes Risiko. Haftungsansprüche gegen die Autorinnen und den Autor oder den Verlag für Schäden materieller oder immaterieller Art, die durch die Nutzung oder Nichtnutzung der Informationen bzw. durch die Nutzung fehlerhafter und/oder unvollständiger Informationen verursacht wurden, sind ausdrücklich ausgeschlossen. Das Werk, inklusive aller Inhalte, gewährt keine Garantie für Aktualität, Korrektheit, Vollständigkeit und Qualität der bereitgestellten Informationen. Druckfehler und Fehlinformationen können nicht vollständig ausgeschlossen werden.

DISCLAIMER

Das in diesem Werk gewählte generische Maskulinum bezieht sich zugleich auf die männliche, die weibliche und andere Geschlechteridentitäten. Zur besseren Lesbarkeit wird teilweise oder gänzlich auf die Verwendung genderspezifischer Sprache verzichtet. Alle Geschlechteridentitäten werden ausdrücklich mitgemeint, soweit die Aussagen dies erfordern.

IMPRESSUM

Daniela Landgraf
wird vertreten durch:

Verlagshaus Stopfer
Daniel Stopfer
Gutleutstraße 57
60329 Frankfurt am Main
www.verlagshaus-stopfer.de

Lektorat: Verlagshaus Stopfer
Covergestaltung: Denise Gahn
Layout: Denise Gahn

ISBN-Taschenbuch: 978-3-910258-41-9
ISBN-Hardcover: 978-3-910258-40-2
ISBN-eBook: 978-3-910258-39-6

Bibliografische Information der Deutschen Nationalbibliothek:
Die Deutsche Nationalbibliothek verzeichnet diese Publikation in der Deutschen Nationalbibliografie; detaillierte bibliografische Daten sind im Internet über http://dnb.dnb.de abrufbar.

Solltest du Fragen, Kritik oder
Anregungen haben, freuen wir uns
jederzeit über deine Nachricht!
Schreibe hierzu einfach eine Mail an:

info@verlagshaus-stopfer.de

Printed in Poland
by Amazon Fulfillment
Poland Sp. z o.o., Wrocław
16 June 2024

d7e14dbc-bb89-461f-aa85-79f545712a28R01